Research on the Agricultural
Science and Technology Revolution of China in
the Context of Sustainable Development

"三农"若干问题研究系列

Research Series on "Three Rural Issues"

可持续发展框架下
我国农业科技革命研究

王秀东 / 著

中国财经出版传媒集团

经济科学出版社

Economic Science Press

《"三农"若干问题研究系列》编委会

总 序

"三农"问题是农业文明向工业文明过渡的必然产物。我国是农业大国，更是农民大国，在全面建设小康社会的进程中，最艰巨、最繁重的任务在农村。"三农"问题关系党和国家事业发展全局，因此，历来是党和国家工作的重中之重，也是整个社会关注的焦点问题。近年来，我国重大政策决策连年聚焦"三农"问题，出台了一系列强农惠农政策，我国农业和农村发展取得了显著成效，粮食连年增产，农民收入也连续较快增长。但是，在"四化"推进过程中，农业发展依然滞后；城镇化快速发展的形势下，城乡差距依然非常突出；农民增收面临经济下行和农产品国际竞争力持续减弱的双重压力。农业发展现代化进程中，耕地、水等资源压力不断加大，生态环境改善要求持续提高。因此，我国"三农"问题还需要持续关注。

本套丛书从战略角度出发，从农业发展、社会主义新农村建设、农民收入以及农业科技革命等多个维度对我国"三农"问题进行了较为全面、系统、深入的探索。其中，农业发展战略研究维度，分析不同历史阶段农业的主要功能及其发展的客观条件，探讨各种农业政策的出台背景与实施效果，并对当前社会经济环境变动及其对农业的影响进行了重点剖析，提出了新中国发展60多年三阶段的论点，即先后经历了"粮食农业"、"食物农业"和"食品农业"；社会主义新农村建设研究维度，依据公共品供给方式、持续发展潜力、发展资金来源、区域间发展差异、要素流动状况等因素将我国社会主义新农村建设的模式归纳为政府扶持、村庄结构转变及村镇扩展三大类；农民增收研究维度，从宏观、中观和微观三个层面对我国区域间农民收入增长及差异进行深入探讨，提出了持续增加农户收入同时缩小农户间收入差异的政策建议；农业科技革命研究维度，通过剖析全球洲际引种、石化革命、绿色革命、基因革命发生发展内在动因，探索分析可持续发展框架下，我国农业科技革命发生、发展的推动、制约因素和进一步发展的"瓶颈"，并针对我国农业科技革命发展存在的主要问题，提出对策建议，为我国制定农业可持续发展的科技战略提供了有益参考。

本套丛书凝聚了各位作者的真知灼见，研究深入扎实，为破解"三农"难题提出了有针对性、实践性和前瞻性的建议。"三农"研究，情系"三农"，相信经过全国广大"三农"研究者持续不断的努力，定能在理论层面不断明晰问题根源，提出有效解决问题的方法和路径，为全面实现"两个一百年"的奋斗目标提供有力支撑。

编委会

2015 年 9 月

前　言

　　自 20 世纪 50 年代以来，人类所面临的人口剧增、粮食短缺、能源紧张、资源破坏和环境污染等问题日益恶化，导致"生态危机"逐步加剧、经济增长速度下降、局部地区社会动荡，这就迫使人类重新审视自己在生态系统中的位置，并努力寻找长期生存和发展的道路。这一切的努力都必须建立在农业生产能够解决粮食安全的基础上。我国也面临着同样的问题。反观历史我们可以发现，在发展的道路上，科技的发展给了我们解决问题的力量。

　　本书的研究主题是可持续发展框架下我国农业科技革命研究。目的就在于通过对可持续发展框架下我国农业科技革命发生、发展的推动、制约因素和进一步发展所面临的"瓶颈"问题进行全面、系统的分析研究，针对我国目前农业科技革命发展存在的问题提出对策建议，以期为我国制定农业可持续发展的科技战略提供有益参考。

　　本书在广泛吸收和整合利用已有研究成果的基础上，对 15 世纪以后农业科技革命的阶段进行了重新划分，分为四个演化阶段：洲际引种、石化革命、绿色革命和正在发展的基因革命；回顾分析了洲际引种在世界的源起和在我国的发展，从洲际引种在我国的发展动因剖析出发，总结了洲际引种对我国农业发展的推动作用以及在我国农业可持续发展方面的消极影响，在此基础上提出了农业生产进一步发展的"瓶颈"；根据具有代表性国家的农业机械化发展进程，以及农药、化肥的使用变化情况，研究了世界石化革命的发展和沿革情况，并分别从积极和消极方面分析了石化革命对世界的影响；以所处的社会背景分析了石化革命在我国的发展情况，以及推动我国石化革命的宏观、微观动因和制约因素；以杂交小麦、杂交玉米和杂交水稻的产生和发展简要分析了绿色革命对世界农业生产的积极作用和消极影响，从宏观层面和绿色革命自身的特点出发，分析了我国绿色革命快速发展的原因，以及绿色革命对我国农业可持续发展的制约因素；从世界和我国农业新科技革命——基因革命的发展，分析了基因革命对农业发展的影响以及我国基因革命的必然性和可行性，从我国目前基因革命进程中存在的主要问题入手，提出了解决相关问题的对策措施；最后，归纳分析了农业科技革命的演化规律和特点，分析了农业科技革命的一般驱动因素。

笔者选取了新的分析视角和切入点，以可持续发展作为研究我国农业科技革命的框架，并且在研究长时期的农业科技革命变迁中结合截面资料进行了分析。另外，本书以一般世界史研究者公认的世界史开端——1500 年左右作为研究的起点，以世界农业科技革命进展作为系统研究我国农业科技革命的背景，以期发现我国农业科技革命的共性和特性；同时，本书研究对象涵盖科学技术的发展历史和现实两个领域，在这一意义上具有"承古通今"的方法论创新的含义。最后，本书在研究过程中试图贡献一个开放性的研究框架，并且已详细说明数据来源及其处理方法，以方便学者们进行批评和指正。

目　录

Contents

第 8 章　几点讨论 / 301

第 1 章

绪　　论

1.1　研究的背景

　　自 20 世纪 50 年代以来，人类所面临的人口剧增、粮食短缺、能源紧张、资源破坏和环境污染等问题日益恶化，导致"生态危机"逐步加剧、经济增长速度下降、局部地区社会动荡，这就迫使人类重新审视自己在生态系统中的位置，并努力寻找长期生存和发展的道路。而我国自新中国成立以来，尤其是改革开放以来，无论是在政治、经济还是在社会方面都取得了令世人瞩目的成绩。但是，在快速的发展中，我们同样面临着人口、粮食、能源和环境等问题。在反观历史、结合本国实际的基础上，我国提出了具有重大理论和现实指导意义的科学发展观。我国科学发展观提出的发展是坚持速度规模与结构效益相统一、经济社会与环境资源相协调、人与自然和谐发展。这就要求我们处理好发展与资源、环境的关系，形成相互促进的良性循环，绝不能把两者对立起来，当然，也不能因担心破坏资源、污染环境而放弃发展。事实上，我国许多地区环境退化的最根本原因是发展比较落后。因此，只有加快发展，从根本上消除落后，改善人民生活，才能为保护资源和改善环境提供必要的能力和条件。也只有做好人口资源环境工作，才能有效地促进可持续发展战略的实施。从根本上讲，人口、资源、环境是经济社会发展过程的一部分，只有做好这项工作，才能更好地落实科学的发展观。

农业作为基础产业，不仅解决粮食问题，其发展也直接影响到人口资源环境，同时也受到人口资源环境的制约。

从国际背景看，联合国全球契约组织 2016 年 8 月 22 日在北京举行的"2016 实现可持续发展目标中国峰会"上发布的《全球性目标的本土化落实》报告指出，2030 年，世界人口将超过 80 亿人，大部分新增人口将来自低收入经济体。联合国粮农组织研究显示，到 2050 年，世界将需要增加 60% 的粮食来供应 90 亿人口。除此之外，全球气候变化、农药过度使用、耕地数量减少等也为农业发展和粮食安全带来巨大压力。人口对粮食生产的压力依然巨大，针对这种情况，人类生存和发展要解决的首要问题就应该是在可持续发展的前提下完成人口增长和粮食生产的协调发展，从根本上说，是要解决农业可持续发展问题。

从国内背景看，目前我国农业虽然基本上保证了 13 亿多人口的吃、穿等基本生活需要（中国用 7% 的可耕地养活了世界上 20% 的人口，其中谷物自给自足率达到 95%），但农业生产水平仍然低下，农作物单产、劳动生产率以及农产品的人均占有量仍然不高。21 世纪前期，我国将迎来人口城市化发展高峰。2017 年国务院印发的《国家人口发展规划（2016—2030 年）》预测 2020 年我国总人口将达到 14.2 亿人左右，2030 年达到 14.5 亿人左右。以中等需求水平计算，到时粮食需求总量将达 6.5 亿吨。以粮食外贸依存度小于 8% 计算，我国粮食年生产能力必须不低于 6 亿吨。换言之，要求粮食年均增长率不低于 1.3%，才能满足养活 14.5 亿人口的基本目标。在当前的生产技术下，粮食是土地和水资源密集型产品。而实际国情是：我国人多地少，人均耕地和淡水资源是世界平均水平的 1/3 和 1/4；资源利用率低，且浪费严重，农业灌溉水有效利用率仅为 30%～40%，化肥当年利用率仅为 30%～35%（发达国家分别为 60%～70%）；自然灾害频繁，成灾率高，损失巨大；生态环境污染日益严重。上述都是农业发展中的重大隐忧。我国农业生产的物质与资金成本投入已接近上限，农业增产不能再依靠扩大资源消耗和增加投入，也不能以牺牲环境为代价，唯一出路在于依靠科技的力量在可持续发展的框架下，提高现有资源利用率，挖掘单产潜力，开辟新的增产途径。

1.2 研究的目的和意义

面对目前的环境背景，国内外对我国农业现在和未来发展的研究都很丰富。这些研究大多从过去的某一段时期或纯粹从历史的角度来研究问题，或者针对我国现实农业状况所存在的问题提出发展战略。到目前为止，笔者还未发现有学者在农业可持续发展框架下，以人口（粮食）—技术—环境为主线来研究我国农业科技革命的发展，探索农业科技跨越式发展的规律。

纵观世界和我国农业科技发展的历史，从 16 世纪开始，西方发达国家和部分发展中国家都经历了几次农业科技的跨越式发展，极大地推动了这些国家农业的快速发展。但是，它们带来的不仅仅是积极影响，在一定程度上，它们也影响了人口、资源和环境的协调发展。参考各次农业科技革命的得失，发现它们的内在规律，将有助于我国针对自己的国情制定新农业科技革命的总目标和重点攻关领域，推动新的农业科技革命，实现我国农业的可持续发展。

本书旨在可持续发展框架下，对农业科技革命在各时期表现出来的特点、产生的内在根源及其影响作深入系统的研究，找出在各次农业科技革命中发挥关键作用的因素，以及影响或制约进一步推动农业可持续发展的主要环节；分析目前可持续发展框架下推动我国新农业科技革命发展所面临的问题，并借鉴历史发展经验，结合我国农业的实际情况，提出相应的对策建议。

1.3 研究的理论基础

1.3.1 技术创新理论

技术创新理论最早由经济学家熊彼特（Schumpeter，1912）在其著作

《经济发展理论》中提出。不过，熊彼特当时还没有明确界定"技术创新"的概念。他把发明看作新产品、新工具、新工艺的开端，创新则是结尾；发明只停留在发现阶段，而创新则与应用相联系。今天，人们对"技术创新"概念的表述依然莫衷一是，可归纳为六种观点：（1）认为技术创新是新产品的创始、演进和开发；（2）认为技术创新包括发明构思、产品设计、试制生产和应用等所有环节；（3）认为技术创新是科研成果的首次商业化，强调"首次"和"商业化"；（4）认为技术创新泛指自新思路的形成到向市场推出适销产品的整个过程；（5）强调以新的技术创造尽可能多的经济效益，并获得最大的企业利润；（6）认为技术创新是对生产要素的重新组合，或是对企业、产业的生产函数做出某种改变，但不一定引入新的发明（朱勇，1999；Schumpeter, J. A. , 1952）。

1.3.2　农业发展中的技术理论

在新古典增长理论框架中，经济增长最终产生于两个根源：一是投入生产要素的增加；二是技术进步。其中，技术进步更可能是以节约某种生产要素的形式出现。速水佑次郎和弗农·拉坦（2002）在关于国际农业发展的研究中，提出技术进步在很多情形中是一种内生的变化。因此，生产要素的配置变化或内生于其中的技术进步对农业生产的影响至关重要。由于任何生产技术的改进，通常既会引起各种投入要素配合比例发生变化，也可能昭示着要素配合比例决定的技术进步的变迁，而且会导致整个农业和非农业之间配置、利用生产要素的相对数量发生变动，所以，以生产要素配置效率的提高所表现的农业技术进步被视为农业经济发展的重要推动因素之一。

1. 资源要素生产力与技术进步

由于技术的进步，同量的资源要素投入可以生产出更多的产品，因而生产函数所表示的数量关系随着技术进步而增大，亦即生产曲线不断提高（见图 1-1）。同量的资源要素 OX_1，在原有的技术水平下仅能生

产 OA 数量的产品，但在新的技术状况下，则可能生产 OB 数量的产品，
这种生产曲线的向上移动即属于技术进步。但在实际生产过程中，往往
是资源要素投入量也同时随技术进步而发生增减，当要素投入量由 OX_1
增至 OX_2 时，在技术进步情况下，产量由 OA 增至 OC，但这种情形的
产量增加可视为资源要素投入量固定为 OX_1 时，产量因技术进步由 OA
增至 OB，然后由于要素投入数量的增加（由 OX_1 增为 OX_2），产量沿
着新的生产函数曲线由 OB 增为 OC。这种情况可以认为产量因增加资
源要素投入而沿着原有生产曲线增加，然后因技术进步使整个生产曲线
向上移动。资源要素生产力提高引起的技术进步类型可分为节省资源要
素、多用资源要素和产量增加三种形态，它们均可以等价为生产曲线不
断向上移动，即同数量的资源要素投入所能生产的产品数量的增多。绿
色革命对农业发展的影响就属于这一种情况。

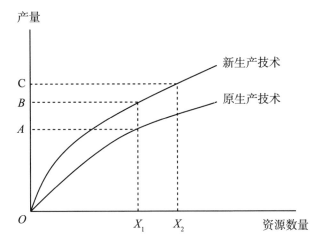

图 1 - 1　资源—技术生产曲线

2. 技术进步与资源要素间的代替

另一种技术进步为影响资源要素间的相互代替和资源要素利用的报
酬，也就是由于技术进步会影响到生产曲面的形态发生变动，使资源要
素间的边际技术替代率发生变化。因为随着技术进步会引起某一资源要
素投入增加，即以某一要素代替另一要素。图 1 - 2 表示一定量的产品，

在原有技术状况下如曲线 O 所示，但在技术进步后，同量产品的等产量曲线变为 N。此时的等产量曲线必定位于原技术之等产量曲线的左下方，技术进步必须能以较少资源生产同一产量，否则生产者不会采用新技术。在新的技术情况下，等产量曲线与原有等产量曲线的形态不同。由于技术进步，要素 X_2 所能代替要素 X_1 的数量增多，也就是减少一定量的 X_1 所需 X_2 的投入较少，而能维持产量固定不变。因而，在此情况下，生产者会增加 X_2 的投入以代替 X_1 原有投入量，即 X_2 的边际生产力较之 X_1 的边际生产力由于技术进步而获得了相对提高。在农业生产中，如果劳动和资本对土地的边际技术替代率（Δ 劳动/Δ 土地、Δ 资本/Δ 土地）提高，这种技术进步就分别称为"劳动—土地替代"和"资本—土地替代"。它们表示农产品的增加是以较小比例的土地和较大比例的劳动与资本而获得的。石化革命的发展就属于"资本—土地替代"（Hicks，1963）。

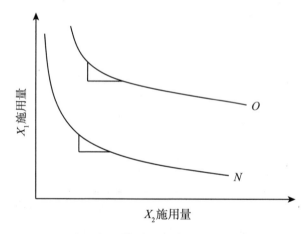

图 1－2　资源边际技术替代率

德怀特·H. 珀金斯（Dwight H. Perkins，1984）通过将各原有生产要素的变化结合新的生产要素的投入来揭示中国农业和农业社会的变化。珀金斯收集了大量的资料，做了大量的工作，但没有从农业科技发展的角度入手，而主要从社会经济的角度来展开研究。但这仍然给我们提供了借鉴意义，也提供了大量的数据来源。同样的，富兰克林·金（Franklin King）所著的《四千年农夫：中国、日本和朝鲜的永续农业》

(*Farmer of Forty Centuries – Permanent Agriculture in China，Japan and Korea*)
一书中对于我国农业进步亦有所论及。

1.3.3 科技生产力理论

1. 一元论

一元论包括技术推动说和需求拉动说。

技术推动说认为，科学技术的发展是一种永不停息的过程，在不同的时期，对不同的国家，仅有速率或方向之差，而不会停止前进。科学技术一方面因其惯性而持续发展，另一方面也不断地在产业化和商业化之中寻找出路，这就有了技术推动的高技术产品的流通。例如，近代第一次产业革命中，蒸汽机的发明导致了蒸汽机车的出现；蒸汽机用于交通运输之中，推动了铁路运输和轮船水运的商业化。在纯正技术推动说看来，科学技术在高新技术产品流通中起着决定性作用。这一论点的提出者是英国的 E. A. 哈艾福纳。他所依据的是电子工业早期的发展事实，但他忽视了无线电通信、电视、雷达、计算机技术在起步阶段都受到市场需求的强大刺激；忽视了技术进步的规模受经济需求的制约和影响。例如，早期蒸汽机的发明也曾受当时经济发展需求不高的制约，几十年后才在铁路运输和其他经济部门中得到普遍应用。

需求拉动说认为，某个社会的技术创新，特别是高新技术产品的流通，主要是由广义需求引发的。这包括市场需求、政府或军事需求、企业经营发展需求以及社会需求。企业总是将自己开发高新技术产品的努力与满足广义需求联系在一起。英国的莫尔曾指出，消费者给创新者提供何种商品需求更大的信号，高技术产品的研制过程正是由此开始；成功的高新技术产品生产者正是那些能够为满足广义需求而给市场带来创新产品的企业。英国的迈尔斯和马奎斯通过对一个高新技术产品创新案例的实证分析指出，人们在从事某项技术创新之前，有可能知道市场将把这项新技术引领到什么方向。据此，英国的布鲁斯进而指出，对未来市场的分析以及对用户目标的了解，与技术创新的成功紧密相连，而不是科学发现和闪光的思想。但布鲁斯同期的某些学者，指责布鲁斯显然忘记了一个基本的事实，即在尚无某项新技术产品，或者说某项新技术还没有以具体的产品形式存在之前，用户不可能"未卜先知"地表述这种需求，也就不存在这种需求的纯正拉动。这种对布鲁斯的指责似乎过于绝对。因为，虽然人们还未获得某种创新产品，但往往会想象出对其的需求欲望和数量。例如，早先人们谁也没有坐过汽车，但是会期望一种比马车更快一些的交通工具，一旦有了汽车，大家都想坐。当汽车售价降到一定程度，就会有人想买；再降到一般人都能买得起时，汽车就会普及。

2. 二元论

二元论认为科技生产力运行可由技术发展推动或广义需求拉动。成功的高技术产品往往是二者共同作用的结果，既反映需求的特征，又包含研究与开发活动所带来的新技术提供的机会。高新技术产品的生产和流通过程，如研究与开发、产品设计和试制，以及销售活动，都是迎合各种技术可能性和市场条件的过程。英国的罗森保长期坚持这一观点，他指出，人们从多重需求（广义需求）看到潜在的盈利机会，并诱导企业家启动技术创新活动；没有社会对于技术创新的持续需求，任何创新都毫无意义。任何高新技术产品，只有找到了与其吻合的市场定位、市场空间和适当的市场容量，才可能实现其经济价值和使用价值，也只有在此条件下，才有其社会意义。

3. 三元论

三元论认为科技生产力运行主要起源于技术推动和需求拉动。但是，政府行为也可以启动高新技术产品的生产和流通。科技、产业、地缘经济、财政、信贷、外贸等政策和法律，以及推行这些政策和法律的政府行为，都会在生产力进步中发挥作用。这里所讲的启动是双向的，不管是在市场经济国家还是在计划经济国家都是如此。高新技术产品的需求拉动和技术推动，往往都需要政府行为的有效启动。最为成功的高新技术产品的流通，往往是三者共同作用的结果。

4. 技术轨道

英国经济学家多斯首先提出了技术轨道的概念。他认为，根本性技术创新会带来某种新的观念；这种观念一旦模式化，就成了技术典范；某种技术典范如果在较长时间内发挥作用，产生影响，就相对固化为技术轨道；一旦形成某条技术轨道，在这条轨道上就会有持续的高新技术产品涌现。这就是技术轨道推进论。电子器件集成化后，电子计算机在集成电子技术典范下走过的道路，电子计算机的加速更新换代，似乎是技术轨道推进论的重要例证。技术轨道推进论的核心在于，一旦有某项根本性高新技术出现，形成技术轨道，某类技术就会沿着它本身开辟的轨道，自发地启动并完成多项渐进型创新，同时，为新的根本性技术创新积累能量。如此叠进积累，创新层出不穷。技术轨道推进论的政策意义在于，人们可以通过有计划的研究与开发活动，不断地创造新的技术典范，从而使高新技术产品沿着这些典范所开辟的技术轨道持续出现。

农业科技的发展包括渐进式和跳跃式发展，与工业上的技术发展有着相近的机制，但又有自己的特殊性。我们可以借鉴科技革命的研究方法来解读农业科技革命。笔者认为，农业科技革命的发展作用机理是在技术推动和需求拉动作用下完成的，同时在以后的发展道路上遵循一定的轨道运行。

1.3.4 可持续发展理论

第二次世界大战后，特别是20世纪60年代至80年代初，西方学者综合各学科相关研究成果和先进分析方法对日益恶化的全球人口、经济、生态、资源问题的理论探讨，为可持续发展理论的形成提供了直接的思想来源和理论依据。表1-1列出了可持续发展各阶段的标志性文献和主要观点，为我国农业可持续发展战略提供了重要的借鉴意义和研究的理论框架。

表 1 - 1　　　　　　　　可持续发展各阶段的标志性文献

年份	标志性文献	著作者	主要观点
1962	《寂静的春天》	[美]卡逊	有机农药的无节制使用会带来威胁人类生存的大破坏
1972	《生存的蓝图》	[英]史密斯	指出人类的困境
	《增长的极限》	罗马俱乐部	人类面临着一系列复杂的"世界性问题",指出了人类的困境
	《只有一个地球》	[美]沃德、杜皮斯	人类活动对生物圈的影响,人类社会的生存具有同环境的相互依存性
1974	《人类处于转折点》	[德]梅萨罗维克	在人类面临的转折关头,必须选择一种新的发展模式
1987	《我们共同的未来》	[挪威]布伦特夫人	比较全面和完整地表述了可持续发展的概念
1991	《保护地球,可持续生存战略》	自然资源保护联盟	阐述了地球伦理、可持续生存的原则和行动建议,及其在各领域中的应用

　　20 世纪 70 年代以来一系列有关国际会议的召开和国际协议的签署,加快了可持续理论的发展(见表 1 - 2)。具体概念的含义在随后章节再作具体分析。

表 1 - 2　　　　　　　重大国际会议上制定的标志性文献

年份	会议名称	标志性文献	主要观点
1972	斯德哥尔摩召开的人类环境会议	《人类环境宣言》	首次将环境问题提到国际议事日程,提出保护环境拯救地球
1987	保护臭氧层国际大会	《蒙特利尔议定书》	制定了臭氧层的控制措施,确定了控制物质的生产量和消费量
1992	里约热内卢召开的联合国环境与发展会议	《21 世纪议程》	将可持续发展的概念变成各国政府和国际组织在共识基础上的发展战略

1.3.5　马尔萨斯的人口理论

粮食产量的增长对人口的增长有什么影响？马尔萨斯对这个问题的回答是：第一，日益提高的生活水平将引起人口增长；第二，人口的增长将超过粮食产量增长的速率；第三，人口的增长总是为生活资料的限度所制约。因此，他的主张概括起来就是，粮食增产能力的增长，必将使人口增长达到这种能力的极限。无论如何，这些都是马尔萨斯原来对这个问题做出的答案。在后来的说法中，他比较强调，只要人类有意节制生育，就有可能打破人口增长和粮食供应之间的联系。以爱尔兰为例，爱尔兰人口从 1700 年到 1840 年增加了三倍，主要原因是由于种植马铃薯而使粮食产量增加，每英亩马铃薯提供的粮食要比以往从谷物中获取的粮食多得多。在另一些国家，主要因素则是分配得到改善，由于战争停止了，粮食贸易开展起来，建设了比较好的交通网。如果不进行贸易，交通不便，每个地区所需要的粮食要靠本地区自己供应，如果当地作物歉收，那就可能意味着饥荒和死亡，哪怕本国其他地区的粮食充足也无济于事。所以，在那些全国各个地区的雨量年际变化很大的国家，如果交通不发达，就可能发生严重饥荒，但是，建设了交通网，即使这些国家的粮食产量没有什么变化，也可能使死亡率大大下降。

在没有农业生产技术突破和没有人为的政策干预的情况下，马尔萨斯关于这方面的论证有很大的借鉴意义。而在我国实行了计划生育政策的情况下，为了能保证一定的经济增长速度和民族发展，仍需要一定的人口规模，人口和粮食问题依然是我国未来几十年发展所必须面对的大问题。科林·麦克伊韦迪和理查德·琼斯所著《世界人口历史图集》、何炳棣所著《1368～1953 年中国人口研究》和珀金斯所著《中国农业的发展（1368—1968）》中提供了我国和世界发生农业科技革命期间的人口相关数据。

1.3.6　技术的社会进化模式

技术进步的宏观模式就是指技术体系与其外部因素（如社会需求、

科学理论、人类社会）之间的矛盾运动发展的模式。相对应地，技术进步的微观模式就是技术体系内部因素之间的矛盾运动发展的模式。这两种进步模式只是观察问题的视角不同，无论哪一种模式都不能准确反映技术历史进化的全貌。本书将结合两种模式的作用方式，来分析我国的农业科技革命。

1.4　主要研究方法和基本内容

1.4.1　主要研究方法

本书采用了多种研究方法，主要有以下六种。

1. 定性与定量相结合的分析方法

在分析农业科技革命的沿革和发展之前，首先对农业科技革命作定性分析，采用语汇变迁的模式进行比较，对本书涉及的一些基本概念进行界定，并以技术社会进化理论作为分析的理论基础，即对农业科技革命的概念、内涵及特征做出抽象概括。而且，在分析农业科技革命对农业生产的促进作用时，对农业科技革命用灰色关联作定量分析。

2. 动态与静态相结合的分析方法

从时空看，可持续发展框架下农业科技革命问题是一个历史的、动态的发展过程。随着时空的变化，农业科技革命的重点不断演化为新的内容，对农业生产的可持续发展会造成不同的影响，因此，必须在动态中、相互联系中把握可持续发展框架下农业科技革命的规律性和趋势。同时，在可持续发展框架下对农业科技革命问题的研究又会表现出明显的阶段性特征，即在一定的农业发展的历史阶段具有相对的独立性和静态性特征。因此，研究在可持续发展框架下进行农业科技革命不能离开既有的社会和农业历史条件，否则会失去研究和借鉴的意义。

3. 经济学与其他相关学科相结合的分析方法

在可持续发展框架下对农业科技革命进行研究，不仅仅是一个农业发展战略问题，实质上是一个社会问题，它涉及多领域和多学科，如农业自然科学、社会学、人口学、资源学、环境学、农史学等，必须运用综合学科的知识来研究。

4. 系统论的研究方法

把农业科技革命与我国农业可持续发展的研究放入人口发展、粮食生产、环境变化的综合系统中，通过各子系统的发展变化及各子系统之间的相互影响，来揭示农业科技革命与我国农业可持续发展的规律。

5. 实证分析和思辨分析相结合

通过农业历史的演进和农业科技革命自身的演化来分析其变化规律并揭示其突破方向，然后进行理论概括，形成富有学术创新价值的结论。

6. 比较的研究方法

把我国农业科技革命的进程置于世界宏观环境中，对照世界农业科技革命的进展，对我国农业科技革命的发展进程及其对我国农业可持续发展的影响等各个方面进行深入研究。

1.4.2 基本内容

本书主要研究可持续发展框架下我国的农业科技革命，力求通过对可持续发展框架下我国农业科技革命发生、发展的推动、制约因素和进一步发展的"瓶颈"进行全面、系统的分析，并针对我国目前农业科技革命发展存在的问题提出对策建议，为我国制定农业可持续发展的科技战略提供有益参考。本书共分8章。

第1章：绪论。主要阐述了本书研究的背景、研究的目的和意义、研究的理论基础、主要研究方法和基本内容、数据来源、特色与创新等。

第2章：相关概念的阐释及研究回顾。在阐释科学、技术、科技革命和农业科技革命等基本概念的基础上，结合前人的研究成果，把公元1500年以后的农业科技革命分为前后相连的四个演化阶段：洲际引种、石化革命、绿色革命和正在发展的基因革命，为接下来的研究打好基础。

第3章：洲际引种对我国农业发展的影响。首先，从玉米、马铃薯和甘薯传出美洲和在世界各地的传播详细研究洲际引种的世界源起，并分析了洲际引种的世界影响；其次，以玉米、甘薯和马铃薯传入我国及在我国的传播来阐述洲际引种在我国的发展，在此基础上分析我国洲际引种发展的动因；最后，在当时技术—资源情况下，提出我国农业生产进一步发展的"瓶颈"分析。

第4章：石化革命对我国农业发展的影响。首先，以农业机械化、化肥和农药的发展作为主要研究对象，阐述世界石化革命的发展和沿革概况。其次，分析了石化革命对世界的影响，为研究我国的石化革命做好铺垫。从中华人民共和国成立之前和之后两个历史阶段考察我国石化革命的发展情况，在此基础上，分析推动我国石化革命发展的动因、制约因素。最后，分析了石化革命对我国农业发展的积极作用和在我国农业可持续发展方面的消极影响，结合我国实际和农业发展本身的特点分析石化革命在农业可持续发展方面的先天制约。

第5章：绿色革命对我国农业可持续发展的影响。在概述世界范围绿色革命的产生、发展及其对农业发展的巨大影响后，分中华人民共和国成立之前和之后两个阶段研究我国绿色革命的发展；接着分析我国绿色革命快速发展的原因、绿色革命对我国农业发展的积极推动、绿色革命对我国农业可持续发展的消极作用；最后，提出我国绿色革命在今后农业可持续发展方面的制约。

第6章：推动基因革命促进我国农业可持续发展。从基因革命的理论与技术的发展和基因革命在农业生产实践中的发展入手，确定基因革命作为农业新科技革命已经在世界及我国发生。对比绿色革命与基因革命核心技术的优劣；针对基因革命在农业生产中的积极作用和可能产生的消极影响进行现实的技术风险分析，确定我国加速发展基因革命的必然性和可行性；针对目前我国基因革命进程中存在的主要问题提出对策措施。

第7章：农业科技革命的一般演化规律、特点及驱动因素分析。在借鉴前人对科学技术革命理论研究成果和前面各章关于农业科技革命的研究基础上，对农业科技革命的一般演化规律进行总结，对农业科技的发展特点进行分析，最终从农业生产发展角度、常态农业科技面临的反常问题角度和农业科技自身发展规律的角度分析农业科技革命的驱动因素。

第8章：几点讨论。可持续发展框架下我国农业科技革命研究是一个涉及面较广、难度较大的课题，而笔者的学识、时间、精力有限，所得出的一些结论、对策建议也还有不成熟之处，希望各位读者批评指正。

1.5 数据来源

本书的数据来源分以下两大部分。

第一，中华人民共和国成立前的数据来源于广泛吸收和整合利用已有研究成果，并加以文献回溯，以求数字尽可能地准确；利用经济学原理和统计分析常识，对数据数量和质量进行合理的分析。

第二，中华人民共和国成立后的数据，国内数据主要以国家统计局的统计年鉴和人口统计年鉴、农业部的农业统计年鉴和农业报告为主，以农业部各个司局提供的一些具体数据作补充；国际数据主要源自联合国粮食及农业组织（FAO）的官方网站，也有一些数据源自一些专著、论文和网站。

1.6 特色与创新

本书以可持续发展作为研究我国农业科技革命的框架，选取了新的分析视角和切入点，在研究长时期的农业科技革命变迁中，提出农业科技革命的四阶段理论，结合相关资料进行详细分析。另外，本书以一般世界史研究者认为的世界史开端——1500 年左右作为研究的起点，以世界农业科技革命进展作为系统研究我国农业科技革命的背景，分析农业科技革命的一般演化规律，探究农业科技革命的驱动因素、历次农业科技的正反两方面的作用，以期发现我国农业科技革命的共性和特性。同时，本书研究对象涵盖科学技术的历史和现实两个领域，在这一意义上具有"承古通今"的方法论含义，同时，也试图贡献一个开放性的研究框架。

第 2 章

相关概念的阐释及研究回顾

2.1 相关概念的阐释

理论界长期以来对农业科技革命（跨越式发展）问题缺乏足够系统的认识，也没有明确统一的定义，这不仅影响了理论研究的一致性，也不利于指导实践。本章首先对科学、技术等概念进行基本界定，在此基础上对科技革命等概念进行分析，以便在科学研究的意义上形成"农业科技革命"的理论和立论基础。

2.1.1 科学和技术

现代社会的一个显著特征就是以科学技术的发展和应用带动经济与社会的发展进步。从工业革命开始，现代工业技术的应用引发了生产力的根本性革命，在应用现代技术的近、现代社会两百年左右的时间中，经济和社会发生了比以往几千年还要大的变化。可以说，科学技术是现代社会发展的原动力之一。"二战"以后，科学技术渗透社会生活的各个方面，其"第一生产力"的作用已经表现得淋漓尽致。但是，科学技术在给人类带来巨大福利的同时，也因为被滥用而引发了一系列威胁到人类生存与发展的"全球性灾害"，如环境污染、生态失衡、资源枯竭、气候反常、能源短缺、核战争威胁，等等。严酷的现实，迫使人们不得不从根本上去重新思考科学与技术的本质和社会功能，重新调整科学技术与社会以及人与自然的关系。因此，在研究农业科技革命的概念之前，首先对研究中将要遇到的关于"科技"问题的几个基础性概念给予明确的阐释。

1. 科学的定义

科学的产生、形成和发展有一个历史过程，人们对它的认识也有一个过程，因此，科学概念的内涵和外延也随之发生了很大的变化。

较早形成的理解是：就科学是理性的、批判的而言，它是一项力图去整理事实，并在清晰的语言结构中用一种首尾相融贯的、系统的语言来表达这些事实的尝试。因此，科学大多开始于观察的终止处，甚至大多数科学还涉及观察开始之前发生的情况（Marx W. Wartofsky，1968）。

1974 年版的《苏联大百科全书》认为，科学是人类活动的一个范畴。

1984 年上海辞书出版社出版的《简明社会科学词典》，对科学的定义为：关于自然、社会和思维的知识体系，拉丁文词源 scientia，意为知识，是社会实践经验的总结，并在社会实践中得到检验和发展，是精神文明中的重要因素。

1986 年上海人民出版社出版的《当代新学科手册》中，对科学作了如下解释：科学有广义和狭义两种理解。广义的科学，泛指人类创造知识的认识过程以及由此建立起来的知识体系。狭义的科学，即自然科学，专指人类创造自然知识的认识过程以及由此建立起来的知识体系，或者定义为研究自然界运动、变化和发展规律的学科。

也有学者认为，科学是反映自然、社会、思维等的客观规律的分科的知识体系。科学的任务是揭示事物发展的客观规律，探求客观真理。客观规律就是真理的代名词。所以，科学就是真理的代名词（A. 莱西，1986）。

1996 年《现代汉语词典》对科学的定义是：反映自然、社会、思维等的客观规律的分科的知识体系。

《中国大百科全书》这样定义科学：科学是以范畴、定理、定律形式反映现实世界多种现象的本质和运动规律的知识体系。科学一词在用以表示知识体系的不同领域时，是在"学科"的意义上使用的。现代科学按其研究对象大体可以分为以自然、社会和思维三个领域为研究对象的自然科学、社会科学和思维科学，以及总括或贯穿上述三个领域的哲学和数学；按与实践的不同联系，科学可分为理论科学、技术科学和应用科学三大类。其他一些权威的辞典如《韦氏大辞典》等，除了"科学一词用以表示知识体系的不同领域时，是在'学科'的意义上使用的"外，基本持相近的观点。这样的解释基本上客观地把握了"科学"的现象，并对具体使用意义加注了补充说明，并且谨慎地预留了对"科学"含义的理解存在的模糊性。但是，这些权威解释的主要缺陷在于，仍然缺乏对科学的具体特征的特别凸显。

英国著名的哲学家、科学家罗素（Russell，1995）认为：科学是依靠观测和基于观测的推理，试图首先发现关于世界的各种特殊事实，然后发现把各种事实互联起来的规律，这种规律（在幸运的情况下）使人们能够预言将来发生的事物。

另一位学者查尔默斯（1995）在其所著的《科学究竟是什么》一书中写到：科学知识是已证明了的知识。科学理论是严格地从用观察和实验得来的经验事实中推导出来的。科学是以我们能看到、听到、触到……的东西为基础的。个人的意见或爱好和思辨的想象在科学中没有地位。科学是客观的。科学知识是可靠的知识，因为它是在客观上被证明了的知识。

随着科学的进一步发展，人们发现，反映科学真实面貌的科学概念已经难以界定。科学学的创始人贝尔纳（1981）指出："科学在全部人类历史中确已发生如此重要的变化，以致无法下一个合适的定义。'科学'不能用定义来诠解""必须用广泛的阐明性的叙述来作为唯一的表达方法"。此后，人们更注重从哲学、历史学、社会学等各种不同的角度全面研究科学。贝尔纳认为，假如要说明科学过去的情形及其在历史上的成就，人们就会发现难以找到一种既表述简洁又适用于一切时间和地点的科学定义。因此，他指出，第一，"科学"不能以严密的或者简单的定义来诠释，而必须用广泛的阐明性的叙述来作为唯一的表达方法；第二，"科学"在不同的场合会具有不同意义，只有在科学发展的一般图景中才能把这些意义联系起来；第三，"科学"具有多种形象，每个形象都反映着其某一方面的本质，换言之，科学具有多元的质的规定性，只有通过对这些规定性的全面透视，才能提炼出科学的完整意义。他对科学进行了深入的研究后指出，完整意义上的科学至少包含五层含义：科学是一种建制；科学是一种方法；科学是一种累积的知识传统；科学是一种维持和发展生产的主要因素；科学是一种重要的观念来源和精神因素，是构成我们诸信仰的最强大势力之一（贝尔纳，1981；高志敏，2000）。

"科学是一种建制"——作为一种建制是科学不断演进的一个重要标识，人们可以从中看到，科学如今已不再仅是一种限于个人的自发行为，还是一种由人类整个社会组织起来认知事物、获得新知识的活动，并且已经成为一种深受尊敬的社会职业，有越来越多的有志人士投身其中，而他们为之所做出的一切努力又使这一建制变得日趋稳固和庞大。自然地，这个发展着的建制又与其他各种人类活动的关系变得越来越紧密。

"科学是一种方法"——为了使科学活动按照其自身规律有序、有效地运行和推进，需要一整套的思维、操作规则来配合，科学家们遵循和运用这些规则来进行科学研究活动，并在此本质上对智力活动不断地加以修正、完善和创新。

"科学是一种累积的知识系统"——科学不仅指人类特有的从事知识创新的活动，同样还包括这个活动的结果。这种成果从本质上说，是一种精神产品。它的每一个果实，只要货真价实，都将综合构成世界科学图景中科学知识的总合。或者说，任何发明与创造，只要经得起检验，都将被迅速地、系统化地融入科学的总体之中。

"科学是一种维持和发展生产力的主要因素"——科学可以转化为

现实的社会生产力。科学与技术的密切结合，已被无数事实所证明，而且还将被更多的发展事实所证明，它会导致生产的迅速发展和人类社会的长足进步。

"科学是一种观念的重要来源"——人们除了通过科学的种种定律、假设和理论认识客观世界之外，还可以从科学蕴涵着的另一种更加广泛的意义中受益，那就是，尽管科学认识会受到当时一般非科学的知识背景，如来自社会、政治、宗教、哲学方面观念的制约和影响，但它又常常会反过来推动这些观念变迁。总之，它是人们形成或改变信仰、宇宙观、人类观乃至对其发生超越的最强大的影响力之一。

综合以上关于"科学"概念的理解，不难从中辨析出以下几项要旨：科学是一种社会化的组织起来探求自然规律的人类活动；科学是一组关于自然、社会乃至思维等的客观规律的分科的知识体系；科学是一种重要的观念来源和精神因素；科学是一种维持和发展生产力的主要因素；科学知识来自观察和实践；科学知识是已证明了的知识；科学生产是产生知识的人类社会活动；科学以范畴、定理、定律形式反映现实世界多种现象的本质和运动规律；科学知识有助于预言尚未发生的事物。

总之，从科学的由来、结果和意义等方面探寻科学的本质，才能真正体会科学的深刻内涵。

2. 技术的定义

技术诞生于人类改造自然的物质生产领域，迄今为止，人类运用得最纯熟的还是非生命的理化技术，其机械、主客二分法甚至主客对立的技术哲学背景，使近代技术在工业革命以来取得了不可阻挡的辉煌成就，但也使原始、和谐的自然资源和生态环境遭到了不可容忍的劫掠与破坏。技术的发展和普及有其自身的规律性，其中一个重要规律是技术必须适应它所运用的领域和对象的特殊性。要做到这些，就必须先认清技术概念的核心和内涵。但是，技术的概念究竟是什么，它的本质和内涵到底是如何随着历史背景的变化发生演变的？对于"技术"，各国学者有一些具有代表性的认识。

　　哈维·布鲁克斯（Harrvey Brooks）把技术定义为：技术就是运用科学知识以可以复制的形式来解决问题。西蒙（Simon）认为：技术是为了保证人类掌握物质世界，通过应用科学、可靠的原理而设计的一种理性的法则。德国的邦格认为：技术是某种有价值的实践，是用来控制、改造和创造自然的和社会的事物和过程并受科学方法制约的知识总和。美国的 H. A. 西蒙认为：技术是关于如何行事、如何实现人类目标的知识；技术不是物体，而是知识；把技术看成机器或有形的物体，犹如错把甲壳当作蜗牛，把蜘蛛网当作蜘蛛一样是大错了。阿根廷的 A. O. 赫里拉认为：技术是满足整个公共需要的物质工具、知识和技术的集合，并保证对这种集合的控制优于其自然的环境（腾福星，1995）。

　　还有学者将技术定义为：一套将投入转换成有用的产出的物理或心理历程。具体而言，此历程包括使某项工作得以完成的具体的物理历程（如身体活动、物理设施的操作等），以及抽象的心理历程（如知识、意念或数学程式等）（Greenberg J. et al.，1995；Guilford，J. P.，1950）。

　　刘大椿（2000）把技术的定义分为狭义和广义两种，分别引用了戴沙沃、R. 麦基、G. 罗波尔、C. 米切姆、M. 邦格、埃吕尔、H. 马尔库塞等学者的观点来进行说明。同时，他还论述了技术的要素和结构，对我们深入理解技术有着重要的参考价值，概述如下。

　　第一，技术要素的分类。经验形态的技术要素主要是指经验、技能这些主观性的技术要素；实体形态的技术要素主要是指以生产工具为主要标志的客观性技术要素；知识形态的技术要素主要是指以技术知识为象征的主体化技术要素。

　　第二，技术的结构。经验型技术结构就是由经验知识、手工工具和手工性经验技能等技术要素形态组成的，而且以手工性经验技能为主导要素的技术结构。实体型技术结构就是由机器、机械性经验技能和半经验、半理论的技术知识等要素形态组成的，而且以机械等技术手段为主导要素的技术结构。知识型技术结构就是由理论知识、自控装置和知识性经验技能等要素形态组成的，而且以技术知识为主导要素的技术结构。

一般比较通俗的理解，技术是人类在实践（包括生产、交往等）活动中，根据实践经验或科学原理所创造或发明的各种物质手段（如工具、机器、仪表等）及经验、方法、技能、技巧等。

人们对技术有广义和狭义两种理解。广义的技术包括在解决某一问题时涉及的所有物化技术和智能技术的有机整合；狭义的技术强调其中一部分技术而并非全部。并且，技术的本质决定了它具有双重属性，其自然属性表现为任何技术都必须符合自然规律；其社会属性则表现为技术的产生、发展和应用要受社会条件的制约。

综合上面的各种观点，笔者认为：技术定义的一般理解是人类在利用自然、改造自然，以及促进社会发展的过程中所掌握的各种活动方式、手段和方法的总和。它包括经验形态、实体形态和知识形态三大要素，并由此形成不同的技术结构。实体形态的技术与具体的物质（工具、设备、材料）有关，我们称之为物化技术（即一般狭义理解的技术）；经验形态和知识形态的技术与人的智力有关，我们称之为智能技术。因此可以认为，技术由物化技术和智能技术两部分所组成。

但是，如果想准确阐明技术的概念，就必然要涉及五个要点：把技术与科学区别开，技术是"有目的的"；强调技术的实现是通过广泛"社会协作"完成的；指出技术的首要表现是生产"工具"，是设备，是硬件；指出技术的另一重要表现形式，即生产工艺、方法、制度等知识；和科学一样，把定义的落脚点放在"知识体系"上，即技术是系统的生产知识。

学术界关于技术比较具有代表性的定义，大体上可以分为三种。第一种观点可称为知识派，认为"技术"是指掌握了一定专门科学知识的劳动者的技能、技巧和经验，以及根据科学原理利用自然力、克服自然力和改造自然的一切方法。也被称为狭义的技术定义。第二种观点称为生产力派，认为任何一项技术都是针对一定目的而产生的，不存在抽象的技术。因此，"技术"不仅包括知识形态的"软件"，也应包括设备和利用技术设备进行加工处理的劳动对象。这也被称为广义的技术定义。第三种观点是系统派，认为"技术"是为某种目标而组成的系统，其核心是技术软件，泛指人类在科学实验和生产活动过程中认识和改造自然所积累起来的知识、经验和技能的总和。这里应包含三个层次：一是根据自然科学原理和生产实践经验而发展成的各种工艺流程、加工方法、劳动技术和窍门等；二是将这些流程、方法和技能、诀窍等付诸实现的相应的生产工具和其他物资装备；三是适应现代劳动分工和生产规模等要求的对生产系统中所有资源（包括人、财、物）进行有效组织与管理的知识、经验与方法。这三个层次构成了技术创新中所涉及技术的全部内容。现在，越来越多的学者认为第三种定义更为科学和全面，更具灵活性。本书的研究目的是农业科技革命的演进过程对农业可持续发展的影响，以及农业可持续发展如何导引农业科技革命发展方向的问题，其中既涉及第一个和第二个层次中所包含的技术范畴的应用和选择问题，也必然会涉及技术及其相关的资源组织与管理，因此，本书分析的范围包含了这三个层次的技术内涵。

3. 科学和技术的区别与联系

科学和技术联系非常密切，常常是科学中有技术，技术中有科学；技术产生科学，科学也产生技术。科学和技术相互促进、相辅相成，而且相互渗透，两者之间没有明显的界限。尤其在现代社会，科学与技术的联系更加紧密，以致人们常常把两者作为一个合成同义词汇使用。但是，不能忽视科学与技术是两个不同的概念，二者连用也存在一些弊端。例如，可能造成对科学认识功能的忽视，而只看到其技术功能；或只看重技术的功利性，而忽视了其革新性。

（1）科学和技术的区别。

科学和技术二者的区别主要表现在：科学回答"是什么""为什

么",技术回答"做什么""怎么做",技术是科学知识的物质化、程序化,科学又要以技术为手段使研究得以进行、成果得以实现。科学提供物化的可能,技术提供物化的现实,即科学是创造知识的研究,技术是综合利用知识于需要的研究。如当前人们关心的"克隆技术",早在 20 世纪 50~60 年代,细胞质、细胞核、DNA 双螺旋结构等生物科学成果已为克隆技术奠定了科学基础。我们谈论克隆技术是与科学密切相关的科学,只不过是应用科学的科学,而不是通常所说的基础科学或纯粹科学的科学。应用科学与基础科学不同,应用科学是以已知的基本科学原理知识为出发点,求解有具体目标的问题,实质上,它是属于技术范畴。应用科学所使用的方法和过程虽与基础科学无基本的不同,但有动机的不同,因而其观点、视野、态度亦不同。应用科学的研究可引致所谓"技术"的发展,终乃达到应用上,规模大的便成为工程,直接影响人类的生活(吴大猷,2000)。所以,影响人类生活的不是科学,而是由应用科学导致的技术。技术具有功利目的,由此可能给人类带来福祉,也可能造成祸害。两者是有区别的。前者更多地属于产业研究,后者属于公众科学。它们是两种范式(paradigms)、两种场域(fields)。具体来讲,科学与技术至少在目的、对象、语词、逻辑与社会规范上有着基本的区别,具体表现如表2-1 所示。

表 2-1 　　　　　　　　　　科学和技术的区别

项目	科 学	技 术
范畴	知识	实践
目的	解决是什么(what)和为什么(why),以发现为己任	解决怎么做(how),以应用、革新、发明为宗旨
目标	相对确定的	相对不确定的
方法	侧重于分析,探索规律	侧重于综合,受到各种约束
评价标准	正(准)确与否	有效与否
使用规范	无国界、公有、共享	有国界、专有、保密

（2）科学和技术的联系。

从 STS 视角考察，科学技术这个词包括两层含义：一层含义是科学和技术的并列连用，将"科学和技术"简称为科学技术；另一层含义表示科学技术的内在联系和一体化，科学与技术的界限模糊，体现了一体化的发展趋势。国外科学与技术一般都是分开来使用的，但近年来也出现了连用的情况，并得到肯定和接受。这说明科学与技术的关系已经呈现紧密的相关性（殷登祥，2003）。

单从技术活动的角度来看，它与科学的关系至少有四种表现形式：第一，科学理论导向型。即先有基础理论的解决，然后有应用的研究才导致技术的开发。原子弹的研究就是这种形式，量子力学和核物理的研究解决了原子核的结构问题，放射性元素原子核辐射的应用研究解决了铀 235 发出中子的链式反应问题，随后指导原子弹的技术开发。第二，社会需要导向型或技术需要导向型。蒸汽机的发明与改进就是这种形式。矿井抽水的需要推动了纽可门蒸汽机的出现，瓦特对纽可门机的改进、热力学和热功效率的科学研究帮助蒸汽机进一步改进与发展。第三，现象发现导向型。X 射线的发现及其在医学上的应用、青霉素的发现以及人工合成氨苄青霉素的技术开发都属这个类型。第四，日常改进型。一些重要的产品，如汽车、电脑或电视，每年从外观到结构上都有一些改进。这些改进主要由技术自己进步的逻辑导致，无须科学的进步来加以促进，只需已有的一些科技知识就够用了（张华夏等，2000）。

现实中科学转化为生产力，技术是作为中介起作用的。没有技术，科学只能作为知识形态而存在。在生产当中，科学的渗透也是通过技术进行的，技术不仅是劳动者的技艺、技巧、技能，更是把科学应用到生产中的手段和中介。无论是在生产→技术→科学，还是在科学→技术→生产的发展模式中，技术都起到了桥梁作用。事实上，科学与技术之间有一个结构性的、深刻的转化过程。这个转化过程至少包括三个方面：第一，从因果性认识到技术目的性的转化；第二，从真理性标准到技术功利性的转化；第三，从一元性通则到技术多样性的转化。可见，从科学到技术，绝非一个线性的增长过程，而是存在着一个巨大的认识论和价值论的跃迁。科学的要义是追求真理，开拓思想知识领域的精神，从已有之经验寻求问题的解答之方法；它的特质是永在向前瞻望求进展，尊重理智的价值。科学需要探索，需要自由讨论，不受禁忌干扰的环境，否则便要枯萎（吴大猷，2000）。

技术的发明和使用的历史比科学久远得多，某些技术即使在今天也完全可以脱离科学自主发展。但是时至今日，技术上的进步总体来说基于科学的发展，科学上的每一个重大突破，不仅都将在一定时间内导致影响人类生活的新技术的出现，还必定极大地丰富我们进一步认识自然的技术手段；新技术的发展又促使我们认识自然的实验手段不断增加、不断提高，从而推动科学的进一步发展（李醒民，2002）。但当科学上有重大发现和突破时，并不是立即应用到生产上，而是要经过一段时间甚至很长时间才能应用，原因是相应的技术还不成熟。例如，法拉第发现电磁效应后并没有立即制造出实用的发电机和电动机，而是经过四十多年后由西门子解决了定子和转子制造的技术难题才得以实现。原子能技术也是在发现原子核裂变反应后几十年才有实际的应用。从中足见技术作为中介的重要性。联系到中国的实际，我国的科学并不落后，而技术转化的环节薄弱，许多科学成果由于缺乏技术支持而无法物化，不能转化为直接生产力。我国需要加强技术创新的环节。在当代，科学和技术已一体化，即科学技术化和技术科学化，而由于技术具有与生产和国民经济各部门直接相联系的特点，发展经济必须十分重视技术进步和技术创新。当然，我们也应当看到，技术创新要以科学为指导，离开科学的技术是盲目的。

科学的成立要经过技术的检验，技术的形成要有科学的根据。如果二者分离，则将都成为无源之水，科学是否具有真理性将得不到实践的验证，技术也将得不到科学理论的指导，不可能是先进、成熟、可行的技术。科学的成就常常表现为对技术的指导，而技术的成就则常常表现在对科学的应用上。科学是"知"，是潜在的生产力；技术是"行"，是直接的生产力。"知"和"行"必须统一，潜在生产力和直接生产力必须结合起来，才能发挥它们的作用，推动社会的前进。因此，本书仍采用科学技术两个词汇连用，以体现科学技术的内在联系和一体化。

2.1.2 科技革命与农业科技革命

1. 革命概念的延展

弗兰克指出：现在汉语中的"革命"是"中国古代传统的革命概念和近代西方思想及西方'革命'概念的结合"（陈建华，1998）。我国古代以天子受天命称帝，故凡朝代更替、君主易姓，皆称为革命。而在西方，革命通常指政治革命，被认为是一种突发性的、剧烈的而且是全面的变革，它常常伴随着暴力活动，或者说至少要动武。这样的根本性变革富有戏剧性的特点，往往能使旁观者看出一场革命正在发生，或者刚才进行过了一场革命。到19世纪，革命和革命活动开始超出政府形式等纯粹的政治考虑范围，并且开始涉猎那些基本的政治或社会经济领域。结果，"革命"这个词不仅用于那些导致剧烈的政治变革或社会经济变革的事件，而且还用于那些想要实现这种变革的活动（不管它们已经失败，还是尚未成功）。近代则指自然界、社会界或思想界发展过程中产生的深刻质变。科恩（1998）甚至认为，要回答某一事件是否是一场革命，还有一个强有力的方法，就是对公众反对这种新思想的强烈程度加以分析。具有革命性的思想大都与旧的思想相冲突，甚至是不相容的。

2. 科学技术革命

科技革命的实质是科学革命和技术革命的合称。为了把概念分析的更清楚，下面分别阐述科学革命和技术革命。

（1）科学革命。

科学革命这一概念是由英国剑桥大学教授 H. 巴特菲尔德（1988）第一次在一般性意义上加以使用的。科学革命是指人类对客观世界规律性的认识发生具有划时代意义的飞跃，从而引起科学观念、科学研究模式以及科学研究活动方式的根本变革。

在分析大量的历史资料和历史事实的基础上，库恩把科学革命定义为范式的更替。所谓范式是科学活动的实体，它由理论要素（概念、定律、公式、实验技术和设备等）、心理要素（灵感、直觉、信念、对价值的判断等）以及联结这两个要素的本体论、方法论要素（起着世界观和思维方式的作用）组成的。在此基础上，他提出了科学发展的动态模式：前科学→常规科学→危机（非常规科学）→科学革命→新的常规科学→……库恩认为，当一种反常现象达到看来是常规科学的另一个难题的地步时，就开始转化为危机和非常规科学（李醒民，1984）。

由上面的描述可以分析到，在库恩看来，所谓科学中的革命，就是这样一种范式向另外一种范式的转换，他认为，科学形势中出现的危机使新的范式的产生成为必然，从而导致了这种范式的转换。在一个公认的范式中，科学家们的活动被称为"常态科学"，这种活动通常是由"解难题"构成的，这会继续增加业已得到承认的知识的储备。这种常态科学会一直延续下去，直到反常出现时为止。反常最终会导致一场危机，随之而来的就是一场将要产生新的范式的革命。革命的发生乃是科学变革中的一种具有规律性的特征，而且，科学中的革命还有一个重要的社会组成部分——新的范式被科学共同体接受，或可以说新的科学知识被广大科学使用者所共识。

在库恩提出的科学发展的动态模式中，科学革命是由科学的新发现和崭新的科学基本概念与理论的确立而导致的科学知识体系的根本变革。科学革命可能涉及整个科学知识体系，也可能涉及广泛的科学领域，或者只涉及某一学科。当原来的占统治地位的科学概念和理论体系，在新的事实材料面前遇到了极大的困难，无法圆满地说明和解释新的事实的时候，预示着理论上的突破。这种理论的危机正是科学革命成熟的标志。

科学革命的主要内容是新的科学基本概念及理论体系的建立，并替代了原有的概念及理论体系。有时是新的概念和理论推翻和完全替代了原有的概念和理论；有时是新的概念和理论把原有的概念和理论包含在其中，作为一种特例，对原有的概念和理论的适用范围和界限加以严格限制和新的界定；有时也表现为新的概念和理论对原有的概念理论的重大修正、补充和发展。

科学革命的实质是科学思维方式的重大变革。科学发展中的每个重大突破都是与新的科学研究方法的出现紧密相连的，科学思维方式的变革就成了解决科学进步过程中发生危机的主要手段。在科学革命过程中，从某一学科的突破中形成的科学思维方法将迅速向其他学科传播，甚至向广泛的社会生活领域渗透，从而发展成为一种普遍的科学思维方式。

科学革命的对象是客观世界。科学革命对客观世界认识的质的飞跃，必然会对人类社会实践产生巨大影响。科学革命对社会发生的积极影响表现在两个方面：一方面，在新的科学理论的基础上，产生了新的技术、新的生产工具并发明了新的工艺，从而使社会生产力发展到一个新的阶段；另一方面，科学革命所蕴育的科学新思想、新科学思维方式和新的科学精神，作为巨大的文化力量深刻地影响着人的精神生活和社会文化进步（Thomas S. Kuhn，1962，1970；托马斯·库恩，2003）。

而伯纳德·科恩（1998）提出了判断科学革命的四条标准：第一条标准是见证人的证言，见证人包括当时的科学家、哲学家、政治学家、新闻工作者、文学家等，甚至受过教育的一般人；第二条标准是后来叙述该学科发生了革命的历史文献；第三条标准是历史学家，特别是科学史学家和哲学史家的评判；第四条标准是当代从事该领域研究的科学家的普遍意见（科恩，1998）。

科学革命定义至少可以从以下三个方面进一步体现：首先，它说明科学革命主要是发生在科学理论领域，而不是其他领域，以区别于一般的思想革命或社会革命，以及实验仪器和工具的革命。科学革命只能是科学理论的革命或根本性变革。其次，它说明这种科学理论的变革主要是科学主导理论的变革，而不是枝节理论的变化。科学主导理论指科学发展中渗透遍及科学各个领域，能够主宰科学发展方向的骨干理论。例如，在化学史上，18 世纪初期兴起的"燃素说"就左右了当时所有化学家的意识，可以认为是当时的化学主导理论；此后，拉瓦锡第一次化学革命建立起的氧化学说，不言而喻也是一个化学主导理论；20世纪以来建立的原子结构理论，尤其是量子化学理论，直到今天，仍然是一个左右化学发展的主导理论。最后，科学理论发展方向与原来不同，甚至是逆向的过程。具体来说，是指科学理论在自我发展中得出与原来完全不同或相反的逻辑的陈述和命题系统的发展过程。当新的建构没有危及科学理论的核心基础时，常称为"常规性建构"或"非转折性建构"。① 例如，凯库勒对于苯结构认识的重新建构，只是扩展了人类对芳香族化合物的认识，还没有根本危及整个化学理论，只能说是一种非转折性建构。相反，只有当新事实和材料所反映的科学运动与人们已有的理论结果根本相悖，并足以危及原有科学理论核心基础时，才能成为转折性建构。通过它所形成的科学理论一旦成为科学主导理论时，科学革命就实现了（贝尔纳，1981）。

本书认为，科学革命是正在成长中的新科学系统（科学的基本思想与观念、科学的社会建制、科学活动的方式与方法、科学的规范及标准等）取代旧科学系统的活动或过程，是人类认识的飞跃，其实质是某一研究领域内占主导地位的科学观念发生重大更替，它的直接动力包括：理论自身的矛盾；不同理论之间的矛盾；理论和经验事实的矛盾；事实和事实之间的矛盾；已知和未知的矛盾。

（2）技术革命。

技术革命的概念，首先是毛泽东同志于1967年提出来的。他指出：技术革命指历史上重大技术改革，例如，用蒸汽机代替手工，后来又发明电力，现在又发明原子能之类（钱学森，1987）。据此，钱学森（1991）把技术革命定义为：人类在改造客观世界的斗争中技术上的飞跃。在20世纪以前，科学革命与技术革命是分开进行的。在人类文明史上，人类历史经历了四次技术革命：第一次是古代技术革命；第二次是近代工业第一次技术革命；第三次是近代工业第二次技术革命；第四

---

① "建构"是指科学思维对客观科学运动创造性地重新组合或构建的过程。

次是现代科学技术革命。从原始社会发明摩擦取火开始，到蒸汽机的发明、电力机的发明、原子能技术的发明，以至于当今电子计算机的发明、航天技术、生物技术等的最新成就，都是伟大的技术革命（钱学敏，1993）。其实，技术革命的本质是指生产工具和工艺过程方面的重大变革。

人类在远古时代，生产力低下，生产经验有限，如果说火的发现与使用、铁的冶炼与制造算是最初的技术革命，那么，当时还无所谓科学理论和科学革命。随后一段相当长的历史时期内，科学与技术的发展虽然很难截然分开，但科学革命与技术革命也不是孪生兄弟。科学的初步预想与发现大多来自奴隶主贵族、封建士大夫阶层的知识分子，而技术的革新与发明大多出自能工巧匠之手。16世纪欧洲文艺复兴以后，才产生了现代含义的科学（即人对客观世界的理论认识）和科学革命。到19世纪，自然科学在天文学、地质学、物理学、化学、生物学等方面相继实现科学革命。但是，科学和技术的关系还不是自觉地结为一体。直到19世纪下半叶，几个先进的资本主义国家为了发展经济，开始重视科学与技术的结合，把认识世界的成果尽快转变为改造客观世界的能力，科学革命与技术革命才逐渐联结在一起。

在近代第一次技术革命中，蒸汽机技术是主导技术。以蒸汽机的广泛使用为主要标志的第一次技术革命使社会生产力空前提高，带动人类从农业和手工业时代进入以大机器生产为特征的工业化时代。采矿业、纺织业和冶金业是当时工业革命的主要行业。以农业机械为例，18世纪末和19世纪初，英国的许多大农场就相继出现了播种机、收割机、打谷机、割草机等多种农业机械。尽管这些农业机械都是以人力或畜力为动力的，但它们却是瓦特蒸汽机在推动第一次工业革命的深入发展中结出的技术果实。这说明，第一次工业革命的风暴不但在工业领域迅速发展，而且迅速地波及工业以外的其他领域。这场革命大体经历了三个阶段：第一阶段是以纺织机械的发明为代表的工作机的革命；第二阶段是以蒸汽机的发明和革新为代表的动力革命；第三阶段以机器制造业的建立为代表，奠定了近代机械化大生产的基础（邹德秀，2002）。

在近代第二次技术革命中，电力技术是主导技术。人类对电、磁现象的认识和利用也很早，甚至还有指南针这样的伟大发明。但是，真正的以电力的广泛应用为标志的第二次技术革命的产生是 19 世纪中叶以后的事了。随着科学技术的迅猛发展，又在世界范围内兴起了近代第二次技术革命。这次技术革命以电力技术为主导。它的产生、发展及应用，极大地推动了化工技术、钢铁技术、内燃机技术等其他技术的全面发展，创造了巨大的生产力，给整个社会带来了广泛而深远的影响。与第一次技术革命不同的是，电力技术完全是在电磁理论形成发展的基础上完成的。

现代第三次技术革命开始于 20 世纪 40 年代，正以迅猛的速度向前发展着，这次技术革命的主要标志是原子能、空间技术和电子计算机的广泛应用。它的发展经历了两个阶段：40～60 年代为第一阶段，其间核技术、电子计算机技术、空间通信技术逐渐走向成熟；70 年代以来为第二阶段，即人们通常说的新技术革命阶段，这一阶段以微电子技术为核心的新兴技术群引起了当代技术领域的巨大变革。微型电脑广泛应用于生产及社会生活的各个方面。现代物理学和各门技术科学的发展，为这场技术革命奠定了科学基础。相对论、量子力学的创立，有力地促进了其他基础科学和技术科学的发展，为新技术领域的开辟提供了理论依据。很显然，没有微观物理学的发展，原子能技术就不可能产生；没有无线电电子学和数理逻辑的重要发展，电子计算机的诞生也是不可能的。当代许多尖端技术如激光技术、超导技术、基因重组技术等，全是在现代科学理论的基础上产生和发展起来的。至于空间技术、生物技术、海洋技术等综合性技术，更是现代科学成就的集中表现。

其实，只有了解了第三次科技革命的特点，才能正确理解科学和技术革命相互促进的关系，实际上，二者已经结合成了一个整体。"二战"后的第三次科技革命，是前两次工业革命的发展和继续，其特点具体表现为以下三个方面。

第一，科学技术在推动生产力的发展方面起着越来越重要的作用，科技转化为直接生产力的速度加快。1885～1919年，从一种发明诞生到它在工业上应用的"成熟期"平均为30年，从生产上掌握它到投入市场，平均是7年，整个时间是37年。1920～1944年，上述三个时间相应地缩短为16年、8年和24年；1945～1964年，又缩短为9年、5年和14年。例如，过去从发明到大规模应用，照相机用了112年，电话用了56年，现代电视只用了5年，激光用了2年，从原子能的发现到世界上第一座核电站投入使用用了15年（陈筠泉等，2000，2001）。科学技术由潜在的生产力变为直接生产力的过程大大缩短，对加速经济增长起了重大作用。

第二，科学与技术紧密结合，相互促进。在以往的工业革命中，科学与技术之间尚未形成统一的革命过程，这就造成或是研究成果要经历相当长的时间才能导致生产过程的深刻变化，或是在技术革新后的相当长一段时间才能有科学理论的概括。这主要是由于当时的科学和技术水平比较低，科学的发展还没有达到能够直接或迅速地影响和改造生产的程度，同时生产也没有达到迫切需要直接利用基础科学和应用科学成就的水平。第三次科技革命中，科学与技术之间的相互关系发生了巨大变化，科学、技术、生产三者之间的联系大为加强。科学提供物化的可能，技术提供物化的现实，生产则成为物化的具体实现过程。对于科学来说，技术是科学的延伸；对技术而言，科学是技术的升华；对生产来说，科学技术是其实践活动的必要前提。三者之间相互渗透、相互影响、紧密结合，形成了统一的革命过程。

第三，科学技术各个领域之间相互渗透。科学技术革命改变劳动的条件、性质和内容，改变生产力的结构，导致劳动生产率的迅速提高。科学技术革命是在把科学变成发展社会生产的主导因素的基础上，从根本上和质量上改造生产力的过程。现代科学技术革命离不开技术上的变革，而现代技术革命也离不开科学上的变革。现代科学技术革命形成了电子技术、原子技术、分子设计技术、材料合成技术、空间技术、生物工程技术、自动化技术、电子计算机、激光技术、信息技术等。这些技术的广泛传播和运用，构成现代科学技术革命的基本内容，同时，也在一定程度上促成了农业科技革命的形成和发展。

3. 农业科技革命

1996 年，江泽民接见全国"星火计划"成就展代表时指出："中国的农业问题、粮食问题，要靠中国人自己解决，这就要求我们的农业科技必须有一个大的发展，必然要进行一次新的农业科技革命。"此后，我国关于农业科技革命的研究逐渐兴起。但是，大部分学者都把研究重点主要放在了"新的农业科技革命"，而对以往发生的农业科技革命一般作为新农业科技革命的研究背景，只作简单的陈述。本书通过总结新农业科技革命的一般特点，结合科技革命的概念和已经发生的农业科技革命特点，得出了农业科技革命的一般性定义。

我国学术界和科研管理界对新农业科技革命概念的理解主要包括以下三类。第一类是从农业科技革命发展途径和手段的角度提出概念。他们认为，新的农业科技革命是在广泛运用农机、农化、农膜等工业技术成果的基础上，由于生命科学、信息科学等现代高新技术领域的重大突破和在农业上的全面渗透、加速应用，引起农业科技超常速度和规模的飞跃发展所导致的农业科技进步；是建立在现代科技基础之上的农业科技的一种飞跃式、爆发式、突破式的进步，它导致农业技术的全面更新与升级换代，以现代技术，特别是高新技术改造或替代传统的农业技术体系，并由此带来农业生产效率大幅度、跨越式的提高。其基本内涵是在深入揭示生物生命奥秘的基础上，通过农业科学与生命科学等多学科的交融、拓展与创新，形成新的农业技术支撑体系，并以技术创新为先导，从根本上改变农业生产要素结合模式，大大拓宽农业产业领域，带动农业和农村经济的全面发展（卢良恕，1998；朱丽兰，2001；崔智敏等，1999；王百江，1999；易炼红，1998；农贵新等，2000）。

第二类是从农业科技革命发展模式转换的角度提出概念。他们认为，新的农业科技革命是一场转换范式的革命，是由以不可持续发展为特征的农业科技范式向以可持续发展为特征的农业科技范式的根本转变，是对现有农业科技范式的扬弃，对其不可持续性特征的否定（奉公，1999）。总体上，新的农业科技革命就是全面贯彻落实邓小平同志科技是第一生产力的思想，坚持科教兴农方针，把科技作为农业发展的决定性因素，在广泛运用农业机械工程、化学技术成果以及现代科技手段的基础上，不断发展生物工程、信息技术等高新技术，以实现农业科技和生产力水平质的飞跃为目标，逐步建立起农业科技的创新机制，以在农业生产中合理开发利用并有效保护资源环境，实现由传统农业向现代农业转变、由粗放经营向集约经营转变、由数量型向质量效益型转变、由单纯开发资源向可持续发展转变，真正把农业发展转移到依靠科技进步和提高劳动者素质的轨道上来，促进农业持续、快速、健康发展（董昭和，1999；孙世民等，2001）。

第三类是从农业科技革命和社会发展相互影响的角度提出概念。他们认为，新的农业科技革命既可以在农业科研、推广组织和制度相对稳定的状态下，通过农业科技的重大创新去实现，也可以通过有关农业科研、推广组织和制度的改变以释放现有农业技术系统蕴藏的生产潜力的方式去实现。以往的农业技术革命主要是前一种类型，可以称为狭义的科技革命。后一种实现方式则依赖于体制改革和制度创新，特别是在科学研究、科技体制改革和科技成果转化三大方面的突破并带动相关技术与产业的综合配套发展。因此，我国进行新的农业科技革命，不仅要求围绕农业发展目标出现突破性成果，而且还要求深化农业科研及推广体制的改革，充分挖掘现有农业技术系统的生产潜力，即新的农业科技革命的概念是广义的。如果说，以往的农业技术革命是以单项技术突破为主，那么，这次新的农业科技革命则要求以综合配套技术为主。以往的农业技术革命是以技术为主体，引起生产上的飞跃变化，而这次新的农业科技革命则是从农业发展目标出发，要求有相应的技术和技术体系的突破，其主次、因果是不同的（朱希刚，1997）。其中，依靠生物工程、信息技术等现代高新技术，是核心，是动力；推动我国农业科技和生产力水平实现质的飞跃，建立起农业科技革命的创新机制，是实质所在，这里的核心是"创新"，包括观念创新、技术创新、体制创新、管理创新等（胡传铃，2000；信乃铨，1997；高石诚，1997；李尚义，1999；

李忠德等，1998）。

综合科技革命和新农业科技革命概念的内涵，本书认为，农业科技革命的定义应该是：由于农业主导技术的改进，引起引导农业发展的科学理论或观念发生重大改变，进而导致农业的快速发展和农业生产力质的提高；或者涉及农业的科学率先发生重大突破，促进新型农业技术的发明创造引起农业技术体系的升级换代，进而引起农业技术上的根本质变，最终推动农业经济和社会的全面发展。

2.1.3　可持续发展和农业可持续发展

1. 可持续发展

由于可持续发展是由"可持续性"和"发展"这两个核心概念所共同界定的，对可持续发展的理解也就始终围绕这两个方面展开。在实践活动和理论研究中人们争议最多的不是发展问题，而是关于发展中的可持续问题。对可持续发展概念的各种分歧理解，一直到今天讨论仍然很热烈。

人们给出的可持续性（sustainablity）的定义很多，可以归结为静态可持续性和动态可持续性两类。据牛津英语辞典的释义，可持续性是"使某种行为连续而避免中断或下降的能力"，这是一种含有维持现状的静态定义。动态的定义是："可持续性是一个系统（如典型资源型产业——农业）通过与其他系统的联系，在不损害系统长期潜力的基础上，长时间维持和（如果需要的话）提高其某种运行水平的能力"（Jodha，1990）。

关于可持续发展概念的提出则有深刻的社会背景，它不是简单的可持续和发展简单组合在一起的意思表达，而是在传统发展模式下资源日益短缺，环境日益恶化，人口、资源和环境的矛盾日益加剧的情况下提出的。

20世纪60年代至80年代初，对当代人口、粮食、能源、资源和环境这五大问题的密切关注和热烈讨论，使人类意识到所面临问题的严峻性：它已不是单纯的环境问题，而是影响到生态、社会等的综合问题。1968 年成立的罗马俱乐部于 1972 年提出了一份关于世界发展趋势的报告，即美国麻省理工学院教授麦多斯（D. L. Meadows）执笔的《增长的极限》，明确提出人口的增长、粮食供应、资本投资、环境污染和资源耗竭是影响经济增长的五种主要因素，这些因素呈指数增长，使人类达到增长的极限。围绕这一问题的讨论，引发了人们对可持续发展理论的思考。

1981 年，世界自然保护联盟推出了第一个具有国际影响力的文件《保护地球》，它突破了以往将发展与资源环境对立起来的观点，对 1980 年《世界自然保护大纲》中提出的"可持续发展"概念作了进一步明确的阐述，指出人们有时把"可持续发展"概念与"持续增长""持续利用"的概念混为一谈的观点是不对的，认为可持续发展应改进人类的生活质量，同时不要超过支持发展的生态系统的负荷能力（C. S. Smith et al. , 1998），它既强调了发展，又突出了对资源环境的保护，是一个很大的进步。

对可持续发展理论与实践产生巨大推动作用的是布伦特兰委员会发表的研究报告——《我们共同的未来》（World Commission on Environment and Development, 1987）。该报告一针见血地指出，过去我们关心的是经济发展对环境带来的影响，现在我们则迫切地感受到生态的压力，如土壤、水、大气、森林的退化对经济发展所带来的影响，它给出的可持续发展定义——满足当代人需要的同时，不损害后代人满足其自身需要的能力——得到了国际社会的广泛认同。

1991 年国际生存生态学联合会和国际生物科学联合会将可持续发展定义为"保护和加强环境系统的生产能力和再生能力"（蒋志学，2000）。缪纳兴哈等（Munasingha et al. , 1996）给出的定义则是：为了当代和后代的经济进步，为将来提供尽可能多的选择，维持或提高地球生命支持系统的完整性。在经济体系和生态系统的动态作用下，人类生命可以无限延续，人类个体可以充分发展，人类文化可以发展（M. Munasingha et al. , 1998）。世界自然保护同盟、联合国环境规划署和世界野生动物基金会于 1991 年共同发表的《保护地球——可持续生存战略》将可持续发展定义为"在生存于不超出维持生态系统涵容能力的情况下改善人类的生活品质"（蒋志学，2000），它强调人类的生产方式和消费方式要与生态系统相协调，目标是改善生活质量。这些定义都侧重于从生态平衡和社会可持续性的角度提出概念。

也有学者从经济的角度对可持续发展进行定义。皮尔斯（1996）认为，可持续发展是当发展能够保证当代人的福利增加时也不会使后代人的福利减少。世界银行 1992 年《世界发展报告》指出，可持续发展是指建立在成本效益比较和审慎的经济分析基础上的发展和环境政策，加强环境保护，从而导致福利的增加和可持续水平的提高（蒋志学，2000）。

海蒂（Heady，1995）从技术角度给出的定义为：可持续发展就是建立极少生产废料和污染物的工艺或技术系统。

而联合国开发计划署（UNDP）在《我们共同的未来》研究报告中认为，如今发展面临政策、市场和来自自然科学的三大危机，故而必须重新定义发展的内涵。相应给出的可持续发展定义是：通过社会资本的有效组织，扩展人类的选择机会和能力，以期尽可能平等地满足当代人的需要，同时不损害后代人的需要（J. Dales，1998）。

杨开忠（1994）认为，可持续发展是既能满足当代人需要又不危害后代人需要的能力，既符合局部人口利益又不影响全球其他地区人口利益的发展。北京市科学技术委员会编写的《可持续发展——词语释义》中将可持续发展定义为："鼓励经济增长，但是不仅重视增长数量，更追求改善质量，提高效益，节约资源，保护环境，改变传统的生产和消费模式，实施清洁生产和文明消费。可持续发展以保护自然为基础，与资源和环境的承载能力相协调，达到改善和提高生活质量的目标，实现自然—经济—社会复合系统的持续稳定健康发展。"

综合以上观点，可持续发展可以这样理解：既满足当代人的需要，又不对后代人满足其需要的能力构成危害；人类应享有以与自然相和谐的方式过健康而富有生产成果的生活的权利，并公平地满足今世后代在发展与环境方面的需求，实现求取发展的权利。笔者赞同库恩对可持续发展的理解。库恩（F. Kuhnen, 1992）将可持续发展的目标（或标准）确定为以下四个方面：（1）生存，即保证人类的生存；（2）生态阈限内的生产力，即不破坏生态系统的最大生产力；（3）社会经济发展，即经济的繁荣和社会秩序的稳定；（4）区域的长期承载力。

2. 农业可持续发展

农业的经济再生产过程是同农业的自然再生产过程交织在一起的。随着人类利用技术手段向自然索取能力的不断增强，技术的负效应日益显露出来。农业可持续发展技术的兴起是人类对农业技术发展不断反思、不断觉醒的产物，是实施农业可持续发展战略的内在要求，也是重新调整人类与自然关系的一种新的技术手段。

学术界对农业可持续发展（或可持续农业）概念的论述较多，观点也不尽一致，具有代表性的主要有以下几种说法。

1980 年，世界自然与自然资源保护联盟首次提出"持续农业"的要领，持续农业（因与农村密切相关，也称农业与农村可持续发展）是在继承传统农业遗产和发扬现代农业优点的基础上，以持续发展的观点来解决生存与发展所面临的资源与环境问题，协调人口、生产与资源、环境之间的关系。也就是要在控制人口增长和合理利用资源，保护、改善环境条件下，因地制宜采取切实有效的法律、政策、技术、社会和教育等措施来发展农业和农村经济，在满足当代人的物质需要时，已不仅是土地、资金、劳动力三个要素组成，而要增强科技进步、农业投入和生态资源贮量等内容（C. S. Smith et al. , 1998）。

最早正式提及"可持续发展农业"这一概念的，是 1985 年美国加利福尼亚州议会通过的《可持续农业研究教育法》，认为可持续农业是一种经营战略的体现与结果，它帮助生产者选择品种、确定土壤肥力对策、种植制度、耕作方式、轮作方法及病虫害防治策略，其目的在于降低成本，减少对环境的压力，保证生产与盈利的可持续发展。

加拿大农业学者认为，持续农业是一种在经济上可行，能够满足社会对安全和营养的食物需求，同时又能为今后几代人增强自然资源和环境质量的体系。

国际农业磋商小组技术咨询委员会认为，持续农业应该涉及在保护或加强环境的质量和保持自然资源的同时，成功地管理资源，以满足不断增长的人类的需要。

世界资源研究所下属的发展中国家农业可持续发展委员会认为，可持续农业是在不破坏或甚至提高农业所依赖的资源基础的同时，满足人类不断增长的需求的农业系统。

1991年4月，联合国粮农组织在荷兰召开"农业与农村发展国际研究会议"，并发表了《可持续农业和农村发展的丹博斯宣言和行动纲领》（以下简称《丹博斯宣言》），给出了可持续农业的定义：采取某种管理和保护自然资源基础的方式，以及实行技术变革和机制性改革，以确保当代人及其后代对农产品需求得到满足，这种可持续的发展（包括农业、林业和渔业），能维护土地、水、动植物遗传资源，并不造成环境退化；同时，这种发展在技术上是适当的，在经济上是能持续下去的，并能够为社会接受。可持续农业包括三方面的基本内涵：一是强调农业的发展要在合理利用农业资源和环境不退化的前提之下；二是要提高农产品的生产，以满足人类生活的需要；三是采用的措施在技术和经济上可行，能为社会广泛接受（陈厚基，1994）。

中国农业持续发展和综合生产力研究组提出的农业可持续发展的概念是：在确保食物安全、发展高产优质高效农业、促进农业经济不断增长的同时，维护资源的合理利用、建设良好生态环境，逐步形成一个协调平衡的农业经济、技术、生态系统和健全繁荣的社会系统，以实现农业和农村的持续发展。

综上可以看出，各种观点之间既有差异又有共同之处。其共同之处在于对自然资源与环境的强调。其差异在于，有的观点强调农业技术选择以及生产与盈利的可持续性；有的观点强调经济可行性与几代人需求的满足；有的观点则强调对人类需求的满足；还有的观点强调制度与技术革新以及对人类需求的持续满足。此外，《丹博斯宣言》中还提出了可持续农业的五个要求：资源保护、环境保护、技术适宜、经济可行且能被社会接受。

结合可持续发展的各种观点，本书认为，农业可持续发展即要求农业生产以既满足社会对农副产品不断增加的需求而又不破坏农业生态环境为目标，实现生产持续、经济持续和生态持续发展的统一。实现可持续性农业发展的三个战略目标：一是保证粮食安全；二是促进农村经济发展，增加农民收入；三是合理利用、保护和改善自然资源与环境。实现战略目标的途径就是提高科技水平，并尽快推广让社会广泛接受。中国农业可持续发展首先就意味着发展。我国作为发展中国家，只有发展才能满足人们日益增长的农产品需求；这种需求不仅指数量增加上的满足，更应指农产品质量提高上的满足。农业可持续发展关键在于保护农业自然资源和生态环境，要把农业发展、农业资源合理开发利用与资源环境保护结合起来，尽可能减少农业发展对农业资源环境的破坏和污染，置农业发展于农业资源的良性循环之中。大力发展文化、科技、教育事业，提高农村人口素质，是农业可持续发展的保证，是形成自觉保护资源环境的前提。要提高农业生产效益，优化农业技术结构，实现农业生产的高产、优质、高效和低耗，变原来的粗放经营为集约经营，达到农业可持续发展的目的。同时，推动农村经济和社会经济全方位的持续发展。实现农业可持续发展不是单纯地追求数量上的增加，而是要实现农民收入不断增加、生活日益富裕、农村不断发展、社会全面进步，使农村的资源、环境、人口、经济和社会相互协调，共同发展。

2.2 农业科技革命的研究回顾及其阶段的重新划分

农业这个古老产业伴随着人类社会经历了几千年自给自足自然经济的漫长历史，由于其从事生物性生产的分散性、复杂性特点，影响了农业对现代技术的吸收和应用。装有内燃机的拖拉机到 20 世纪初才出现，50 年代初才在欧美广泛应用。但这种新的科学技术一经使用便迅速向其他方面扩散，引起农业科技的大变革。

类似于整个科学技术的发展历史，农业科技革命的发生也往往从个别学科或领域首先突破，产生能更全面、更正确地说明自然规律性的、反传统的科学观念。之后，便迅速向其他农业科技体系全面渗透，使旧的农业科技体系被逐步改造而向新的农业科技体系过渡，最后使农业科学技术发生质的飞跃，推动农业经济社会的全面发展。

现行农业科技主要是指，引起并支撑着以西方发达国家为代表的农业产业革命和以部分发展中国家为代表的绿色革命的农业科学技术。由于人口的增长、工业革命的推动以及减轻农业劳动强度的需要，传统农业的技术范式曾经遇到了诸多反常，现代农业科技应运而生。19 世纪中叶起，李比希的矿质营养学说、达尔文的杂种优势理论、孟德尔的遗传定律、魏伯格的光合作用理论逐步发展起来，20 世纪 30 年代缪勒有机合成农药成功，它们都逐渐转变为直接生产力。30 ~ 70 年代，发达国家和部分发展中国家发生了农业产业革命。化肥、农药、动植物良种获得成功并迅速推广应用，一系列农业机械得到发展，农业劳动生产率大大提高。60 ~ 80 年代，包括中国在内的部分发展中国家进行了以培育和采用农作物高产良种为中心，以化肥、农药等外部性高投入相配套的"绿色革命"，取得了突破性的成就（邹德秀，1995）。

2.2.1 农业科技革命研究回顾

关于农业科技革命的阶段性划分，以卢良恕、石元春、朱希刚、刘旭、曾福生等为代表的国内学者曾做了大量研究。他们的主要认识和观点可分为以下五种。

第一，石元春、曾福生等认为，19 世纪 40 年代达尔文杂交优势理论和孟德尔遗传学理论及其推动下的现代育种方法和种子产业、德国化学家李比希的植物矿质营养学说及其推动下的化肥工业和现代施肥技术，以及 20 世纪 30 年代缪勒开创的有机合成农药及农药工业，是第一次农业科技革命的标志。20 世纪中叶农业高速发展的同时，生物科学和技术取得了新的重大突破。1953年，沃森发现遗传物质脱氧核糖核酸的双螺旋结构；1973年，玻耶的DNA重组成功，开创了分子生物学和生物技术的新纪元。另一个重大突破是，20世纪50年代初出现、80年代大发展、90年代形成高潮的计算机和信息技术，开创了人类社会的信息化时代，对农业和农业科技以及各个传统产业和学科产生着越来越广泛和深刻的影响。此外，新材料与新能源、航空与航天以及自动控制等现代技术也加速了对农业的武装。仅三四十年的科学和技术的孕育，农业又拉开了新科技革命的序幕，而生物技术和信息技术就是第二次农业科技革命的标志（石元春，1998；江泽慧，1998；曾福生等，2003）。

第二，朱希刚（1998）认为，在农业发展史上，以拖拉机为标志的机械技术在农业生产中的广泛使用是一次农业技术革命，使农业劳动生产率获得极大提高；以高产良种和化学肥料为标志的生物和化学技术应用于生产则是又一次农业技术革命，使土地生产率有一个飞跃的提高。在我国，地膜覆盖技术的大范围推广也可视为一次农业技术革命，因为它对提高单产，特别是对积温不足、干旱地区的农业生产产生了革命性的影响。如果说，以往的农业技术革命是以单项技术突破为主，那么新的农业科技革命则要求以综合配套技术为主。以往的农业技术革命是以技术为主体，引起生产上的飞跃变化；而新的农业科技革命则是从农业发展目标出发，要求有相应的技术和技术体系的突破，其主次、因果是不同的。新的农业科技革命可以在农业科研、推广组织和制度相对稳定的状态下，通过农业科技的重大创新去实现，也可以通过有关农业科研、推广组织和制度的改变以释放现有农业技术系统蕴藏的生产潜力的方式去实现。以往的农业技术革命主要是前一种类型，可以称为狭义的科技革命。后一种实现方式依赖于体制改革、制度创新，这对我国兴起一场新的农业科技革命具有特别重要的意义。我国进行新的农业科技革命，不仅要求围绕农业发展目标出现突破性成果，还要求深化农业科技体制改革，充分挖掘现有农业技术系统的生产潜力，即新的农业科技革命的概念是广义的。

第三，刘旭（1999）通过对历史上人口变化和农业关键技术更替的研究，得出自己的认识。他认为，在农业历史上发生了三次农业科技革命。洲际高产作物引种与推广是第一次农业革命，其引发点为哥伦布1492年发现新大陆，洲间商船开始运营，使玉米、甘薯、马铃薯、木薯这些原产拉丁美洲的高产作物引种到亚欧大陆，以及这一时期炼铁技术的提高及铁制新农具的普及，其主导突破性技术为高产作物的引进和推广，以及铁制新农具的普及；"石油农业"是第二次农业革命，其引发点为1792年第一台拖拉机在美国出现，1847年德国莱比希的矿质营养系统问世，1850年德国合成氨工艺成功和1869年美国第一口人工石油钻井出油，其主导突破性技术为农业机械化和灌溉、化肥的广泛应用；"绿色革命"是第三次农业革命，其引发点为1868年孟德尔遗传规律的发现，1943年杀虫剂DDT的产生，1960年左右小麦、水稻矮秆基因的开发和利用，其主导突破性技术为矮秆品种推广与杂种优势利用，以及化肥、灌溉、农药的普及。

第四，胡天民（1998）认为，20世纪60年代第一次农业革命（绿色革命）的兴起，显著地推动了世界经济的发展。近年来，生物技术革命风起云涌，一场新农业革命（白色革命）又悄然兴起。地球上三大生物之一的微生物资源是至今尚未充分开发利用的生物资源。应用生物工程技术开发微生物资源，创建微生物工业型的新农业——白色农业即微生物资源产业化的工业型新农业。新农业革命必将导致农业结构从自然型向人工型转换，从而在21世纪内将实现现代农业转向未来大农业的结构重组。白色农业的科学基础主体是微生物学，白色农业的技术基础主要是"生物工程"。运用基因工程和细胞工程选育优良高产菌株或构建多功能型的工程菌株，发酵工程和酶工程是实现微生物资源产业化的生产工艺技术。白色农业与传统绿色农业相比，其基本形态和生产模式都截然不同。白色农业依靠人工能源，不受气候和季节的限制，可常年在工厂内大规模生产。中国应大力发展生物工程技术，创建节土、节水、不污染环境、资源可综合利用的工业型"白色农业"。

第五，奉公（1999）认为，从某种角度上讲，现有科学技术造成的农业生产反常和危机主要是以西方发达国家为代表的"石油农业"和以部分发展中国家为代表的"绿色革命"所造成的结果。石油农业和绿色革命都基本上缓解了传统农业所解决不了的人口增长对食物要求的压力，前者还大大减轻了农业劳动的强度。但是，两者的科技范式的共同点都是以培育农作物良种为基础，以依靠化肥和农药等高外源性物质投入、高能耗、高污染为根本特征，以增加产量、解决食物问题为根本目标。这类农业科技存在着诸多弊端，其中最大的弊端就是具有明显的不可持续性。这类农业科技现在仍然占据主导地位。面对上述危机，继续在现有范式的指导下沿用依靠加大外源性投入等方法，不但不能从根本上解决问题，反而将使危机加剧。可见，一场新的农业科技革命不可避免。新的农业科技革命是由以不可持续发展为主体的农业科技范式向以可持续发展为主体的农业科技范式的转变，是对现有农业科技范式的扬弃，对其不可持续性特征的否定。奉公（1999）认为绿色革命的范式处于常规科学时期的扩展，并没有产生新的范式，因此，并不是一场真正意义上的革命。同理，地膜覆盖技术的大面积推广应用虽然产生了巨大的经济效益，但它只是在石油农业或绿色革命范式下的常规科学的扩展，也不能算是一场农业科技革命。而新的农业科技革命是一场转换范式的革命，对于新的农业科技革命不能作纯技术的理解，它不同于常规意义上的科技进步，而要实现范式的转换，须通过重大的科技创新并在农业生产中广泛应用，引发农业生产力的根本变革和巨大进步。

关于以上的各种观点，本书认为，各位专家的观点都有其合理之处，但他们主要是从自己的研究领域和角度出发，依据自己对农业科技革命的理解提出的。第一种观点是具有开阔视野的科学工作者提出的，但它主要侧重农业科学技术革命的技术演化和理论基础，对农业科技革命的社会、经济和生态方面的作用论及不足。第二种观点是从事多年政策研究专家的观点，这种观点对农业科技革命的社会目标和政策影响有了足够的关注，可是在阶段性划分上缺少明确的划分原则，农业科技革命的跨越性特点体现的不足。第三种观点在对农业科技革命的阶段性划分上比以上的观点明显多了一条技术—人口主线，可是对农业科技革命的演进规律还未论及。第四种观点是从事微生物领域研究学者的观点，缺少对农业科技发展的全局性把握。第五种观点站在农业可持续发展的高度，用哲学方法分析农业科技革命，有很多可以借鉴的地方，但是，在对农业科技革命的原则性判断方面还有值得商榷的地方。

2.2.2　关于农业科技革命发展阶段的重新划分

结合科技革命和农业科技革命的内涵以及前面各位学者的观点，本书认为，在近现代农业科学技术发展的历史上，农业科技革命作为农业生产历史的跳跃点，出现的和正在发生的共有四次。

第一次是洲际引种。15 世纪以后，人们在求证地圆学说时，由于环球航海发现美洲而引起美洲和其他大洲发生物种交流。虽然从各大洲引入美洲的物种并没有在接下来的一段时间对美洲的农业生产有较大的促进，但是，其他大洲却由于美洲高产作物（以玉米、甘薯、马铃薯、木薯为代表）的驯化和大量种植极大地提高了当时的农业生产。因此，在许多国家的历史中记录了美洲作物引进，或干脆只记载美洲作物引进和对当地农业生产的影响。可是，美洲作物在世界各地的传播和各地的农业生产又结合在一起，产生了新的品种，又再次进行了传播，客观上对各地建立一种新的生产函数产生了根本性的作用。

第二次是石化革命。它的引发点为 1792 年第一台拖拉机在美国出现、1847 年德国莱比希的矿质营养学说问世、1850 年德国合成氨工艺成功和 1869 年美国第一口人工石油钻井出油。首先是美国，然后其他国家（如英国、法国、俄国、日本等）逐渐形成了以农业机械化生产和灌溉、化肥的广泛应用为特征的农业生产技术。农业机械化生产不但解决了英、美等国由于发展工业化和内战造成的农业生产劳动力供给不足的矛盾，还大大减轻了农业劳动的强度，使美、英等国在一定的劳动资源的供给下大大提高了农业生产能力，基本上缓解了人口增长对食物要求的压力。维勒由无机物合成尿素（1824）和李比希植物矿质营养学说（1847）对化肥工业和现代施肥技术的推动，以及20世纪30年代缪勒将合成化学应用于农药而使之进入有机合成农药新时代的理论贡献，解决了在连续种植情况下地力迅速下降和病虫害频发的问题，使轮作制变成了连种，也为一些地方提高复种指数提供了强大的地力保障。由于机械化的农业生产和化肥、农药等的合成都与当时的新型能源——石油和化学制剂有很大联系，所以，我们可以把这次由于外源性资源投入引起的农业科技革命称为"石化革命"。

第三次是绿色革命。19世纪中叶以前，世界粮食生产一直徘徊不前，正是有了19世纪中叶以后达尔文的杂交优势理论（1859）、孟德尔和摩尔根的生物遗传学理论的支撑，产生并形成常规育种技术和方法以及种子产业，加上良种、化肥、农药和灌溉等技术的广泛运用，才有了1950~1980年农业生产突飞猛进的发展。20世纪初，杂交优势理论首先在玉米作物上得到成功应用，开创了农作物产量大幅度增长的先例，为人工改良作物遗传性指出了方向，并为绿色革命奠基。绿色革命的高潮是20世纪50年代以后矮秆小麦和高产水稻的育成及其在世界大部分地区的传播，尤其是给发展中国家的农业生产带来最大实惠。印度为了解决粮食问题，从60年代开始就实行新的农业发展战略——"绿色革命"。60年代育成的"墨西哥小麦"，单产每公顷达14025公斤，随后育成的菲律宾"奇迹稻"，单产每公顷达22500公斤。"墨西哥小麦"和菲律宾"奇迹稻"的引种成功和大面积的推广，加上灌溉面积的显著扩大，以及化肥、农药的施用量和农业机械化水平的提高，使印度的粮食单产和总产量成倍增加，基本实现了粮食自给。自绿色革命以来，印度粮食产量平均每年增长3.95%，1981年达1.34亿吨，创历史最高纪录，粮食产量仅次于中国和美国，为世界第三粮食生产大国（孔宪铎，2004）。赫德森研究所全球粮食问题主任丹尼斯·埃弗里指出，绿色革命造成农业生产力的巨大进步，在过去40年间，世界粮食产量增加了3倍，由此养活了世界蓬勃增长的人口，现在同样多的土地上养活的人口是过去的 2 倍。我国自 1998 年以来，超级稻在长江流域稻区和东北稻区示范推广面积逐年扩大，截至 2003 年底，已累计种植 1.12 亿亩，大面积亩产达 600 公斤，亩均增产 55~60 公斤，累计增产稻谷 65 亿公斤左右。特别是 2004 年中央 1 号文件《中共中央 国务院关于促进农民增加收入若干政策的意见》的发布，极大地提高了农民种粮的积极性。

第四次是基因革命。1953 年遗传物质脱氧核糖核酸双螺旋结构的发现将生物学推进到分子时代，启动了 DNA 相关技术的快速发展。20 世纪 70 年代所取得的一系列进步尤其令人瞩目。首先是 1970 年第一个限制性内切酶的发现和将 DNA 转移到大肠杆菌中，随后是质粒的分子克隆和将基因转移到细胞中（1973 年）、DNA 序列分析（1975 年）并于 1980 年由经微注射的胚胎获得转基因小鼠。这些进步奠定了在基因水平上对活的有机体进行工程操作的技术基础，并导致现代生物技术的诞生。利用种内杂种优势的传统育种技术由于生物技术的注入而可以对生物的遗传信息进行实验室操作，在动物、植物和微生物，即所有物种间作基因转移，极大地扩展了生物种质资源和杂种优势的利用，从而能更有效地进行生物的遗传改良。基因革命带来了现代科学育种的各种可能性，这比用传统育种方式识别和培育良种大大节省了时间。植物杂交精确度的提高使植物的产量和存活力都变得更具有可预见性。利用基因技术能培植出更具抗旱力、耐盐力和不依赖农药的抗虫害能力的植物。可以通过基因手段改变植物特征，使其提早成熟、更易运输、减少收后损失，以及提高营养价值。在全球种植的五种主要作物是：大豆、玉米、棉花、油菜和马铃薯。就转基因特性而言，种植面积最大的是耐灭草剂的作物品种，其次是抗虫害的品种。大部分早期的农业生物技术成果着重于使作物得到保护。1998 年，耐灭草剂的转基因作物约 1980 万公顷。种植耐灭草剂的品种为使用特定种类的灭草剂控制杂草提供了极大的便利，它还使农民能采用保护土壤的耕作方式，如少耕法，从而减少土质流失。在提高植物抗虫害能力方面，估计 1998 年有 770 万公顷土地种有这种转基因作物，它们被植入专门的基因，能够对其害虫分泌有毒物质（伊斯梅尔·萨拉杰丁，2002）。这减少了农药的使用，对农业收入和环境都有很大的积极影响。

要对农业科技革命有一个全面准确的了解，就必须在可持续发展框架下对各次农业科技革命的发展进行系统的研究，只有这样才能发现它的演化规律，为合理规划农业科技发展战略提供有益参考。

2.3 本章小结

第一，科学的定义是动态的，但是它的基本内涵应包括：它是一种社会化地组织起来探求自然规律的人类活动；是一组关于自然、社会乃至思维等的客观规律的分科的知识体系；是一种重要的观念来源和精神因素；是一种维持和发展生产力的主要因素。同时，它的特性包括：科学知识来自观察和实践；科学知识是已证明了的知识；科学生产是产生知识的人类社会活动；科学以范畴、定理、定律形式反映现实世界多种现象的本质和运动规律；科学知识有助于预言尚未产生的事物。

第二，技术的定义是人类在利用自然、改造自然，以及促进社会发展的过程中所掌握的各种活动方式、手段和方法的总和。它包括经验形态、实体形态和知识形态三大要素，并由此形成不同的技术结构。实体形态的技术与具体的物质（工具、设备、材料）有关，我们称之为物化技术（即一般狭义理解的技术）；经验形态和知识形态的技术与人的智力有关，我们称之为智能技术。因此可以认为，技术由物化技术和智能技术两部分所组成。

第三，科学和技术是既有区别又紧密联系在一起的两个定义，本书采用科学技术两个词汇连用，以体现科学技术的内在联系和一体化。

第四，科学技术革命包括科学革命和技术革命两部分。科学革命是正在成长中的新科学系统取代旧科学系统的活动或过程，是人类认识的飞跃，其实质是某一研究领域内占主导地位的科学观念发生重大更替。它的直接动力包括：理论自身的矛盾；不同理论之间的矛盾；理论和经验事实的矛盾；事实和事实之间的矛盾；已知和未知的矛盾。技术革命是指生产工具和工艺过程方面的重大变革，两者原来是分离的，但近代以后是交织在一起的。另外，本书指出了判断科技革命是否发生的原则。

第五，在前人基础上，得出农业科技革命的定义：由于农业主导技术的改进，引起引导农业发展的科学理论或观念发生重大改变，进而导致农业的快速发展和农业生产力质的提高；或者涉及农业的科学率先发生重大的突破，促进新型农业技术的发明创造，引起农业技术体系的升级换代，进而引起农业技术上的根本质变，最终推动农业经济和社会的全面发展。

第六，在分析已有定义基础上，得出本书对可持续发展的理解：既满足当代人的需要，又不对后代人满足其需要的能力构成危害；人类应享有以与自然相和谐的方式过健康而富有生产成果的生活的权利，并公平地满足今世后代在发展与环境方面的需求，实现求取发展的权利。笔者赞同库恩（Kuhnen）对可持续发展的理解，她将可持续发展的目标（或标准）确定为以下四个方面：生存，即保证人类的生存；生态阈限内的生产力，即不破坏生态系统的最大生产力；社会经济发展，即经济的繁荣和社会秩序的稳定；区域的长期承载力。

第七，结合各种观点，得出本书关于农业可持续发展的理解：要求农业生产以既满足社会对农副产品不断增加的需求而又不破坏农业生态环境为目标，实现生产持续、经济持续和生态持续发展的统一。实现可持续性农业发展的三个战略目标：一是保证粮食安全；二是促进农村经济发展，增加农民收入；三是合理利用、保护和改善自然资源与环境。

第八，在回顾前人研究的基础上，结合科技革命的研究，把1500年以后的农业科技革命分为前后相连的四个演化阶段：洲际引种；石化革命；绿色革命；正在发展的基因革命。

第 *3* 章

洲际引种对我国农业发展的影响

　　15 世纪末的地理大发现及其对海外地区的开辟促进了科学的发展，使新的植物、新的动物、新的恒星甚至新的人种和新的人类社会相继被发现。所有这些都向传统的思想和设想提出了挑战，同时也为在新模式下的世界农业新发展提供了可能。引种的广义概念是指把外地或国外的新植物、新作物、新的优良品种、品系，以及供研究用的各种基因资源材料引入当地栽培。农业上最先使用的各种作物，都是从地球的某一特定地区的野生植物演变来的，而后通过人类的相互交往和引种，逐渐将其传播到世界各地。而从植物学史和人类学史的观点看，不同文化接触时，具有经济价值的作物和兵器往往是自始即行交换的（E. D. Merrill，1931）。本书所论及的洲际引种主要是指美洲作物在地理大发现时期及以后在其他地区的传播及引种，即出于好奇、观赏或生产需要，引入能供生产上推广栽培的优良品种，最终直接或间接达到提高农作物产品产量和质量的目的。

　　1882 年，瑞士植物学家康多尔提出了世界上有 3 个最早的植物驯化中心的理论，即西南亚埃及、热带美洲和中国。1883 年，康多尔出版了他的名著《栽培植物的起源》，从而使世界栽培植物起源的探讨走上了正轨。1923 ~ 1931 年，苏联科学家瓦洛维夫领导的考察队到亚、非、美洲收集植物，提出了作物起源中心的概念，并在 1935 年提出以下 8 个作物起源中心：中国—东部亚洲；印度—热带亚洲，包括马来亚补充区；中亚细亚；西部亚洲；地中海沿岸及邻近区域；埃塞俄比亚；墨西哥南部和中美洲；南美洲，包括秘鲁、厄瓜多尔、玻利维亚和智利契洛埃岛补充区。他认为，这 8 个中心在古代由于山岳、沙漠或海洋的阻隔，其农业都是独立发展的，所用农具、耕畜、栽培方法各不相同，每个中心都有相当多的有价值作物和多样性的变异，是作物育种家探寻新基因的宝库。瓦洛维夫的研究具有开创性的意义，由于有大量的数据支持，他的理论影响很大。

随着作物起源研究的进展，瓦维洛夫的论点得到了进一步的订正。如后来发现有些作物的原生起源中心并非就是显性基因集中的地区，有些作物起源中心与变异中心并不一致，等等。J. R. 哈兰（J. R. Harlan）认为，作物的起源和变异要综合空间和时间两方面因素加以论证，根据作物扩散面积的远近和大小，大致可分为五个类型：一是土生。植物在一个地区驯化后，从未扩散出这一地区，如非洲几内亚的弯臂粟（Brachiaria deflexa）、美洲墨西哥的印第安稷（Panicum sonorum）等。二是半土生。被驯化栽培的植物只在邻近地区扩散，如非洲稻（Oryza laberrima）的起源地可能在尼日尔河的泛滥盆地，扩散栽培区域仅西达塞内加尔及几内亚海岸、东至乍得湖这一范围，别处无栽培。三是单一中心。在原产地被驯化后迅速在相似的其他适宜地区大量栽培，不产生次生中心。如橡胶、咖啡等即属此类型。四是有次生中心。作物从一个明确的原生起源中心广泛扩散栽培，在一个或几个地点形成次生变异起源中心。一些重要作物如小麦、大麦、玉米等属于此类型。五是无中心。有些作物看不出有明显的原生起源地点，如高粱、菜豆、油菜、香蕉等在相当大的范围内似乎都能驯化栽培。因此，时间久远并不是多样化变异中心形成的唯一因素，栽培环境的复杂性更易引起多种变异类型的形成。山区，尤其是低纬度山区植物变异类型多样的原因就在于此。变异产生以后再通过主要是人的有意识或无意识的选择，就形成不同地区作物类型的不同特点。在此基础上，1971 年哈兰提出了中心和非中心的理论。中心是指起源地；非中心是早期传入的地方。他认为中东、中国北部和中美洲是最早的 3 个农业中心。另有 3 个非中心，即非洲、东南亚和东印度群岛、南美洲。3个中心和3个非中心恰好成对称状态分布：中心在北、非中心在南（R. Good，1974；E. C. Pielou，1979；C. B. Cox，et al.，1980）。

我们可以从植物驯化中心的理论得出结论，即不论是康多尔、瓦洛维夫，还是哈兰都肯定了美洲的作物起源中心地位。

地理大发现时期，美洲和欧、亚、非各大洲农作物的传播包括三个方面：一是从美洲传入欧、亚、非各大洲；二是从欧、亚、非各大洲传到美洲；三是欧洲、亚洲、非洲各地区农作物的相互传播。第一方面的传播意义最为重大，因为它使欧、亚、非三洲的人们得以认识、栽培、利用和发展了前所未知、未有的农作物。美洲农作物的传播应包括它们（被）发现、传入、扩展三个阶段。而一种作物传入一个国家的某个地区又含有三层意思：一是指有人在国内见识过这种新作物并记载下来；二是指这个国家有了这种作物的果实、标本，由于新奇或爱好而试种；三是指该作物在这个国家进入了大田和市场（张箭，2001）。

本书以下主要介绍和讨论地理大发现时期美洲和欧、亚、非各大洲农作物传播的第一个方面，即美洲作物从美洲传入欧、亚、非各大洲。其中，又以美洲的粮食作物（以玉米、甘薯、马铃薯为代表）传入我国的进程及其对我国农业生产所带来的影响作为研究核心。

3.1 洲际引种的世界源起

1492年哥伦布发现美洲新大陆，启迪了"发现的大世纪"，引发了欧、亚、非洲大陆与美洲大陆的广泛交流，对人类社会发展的影响是多方面的。但是，其中有一个被广泛忽略的重大效应，即地理大发现的重大作用之一是引起了全球范围内农作物的大传播，从而深刻地、永远地影响了人类的物质生活。由于这次历史机缘，美洲的几种作物改变了世界，它们是玉米、甘薯、马铃薯等。玉米、甘薯、马铃薯三大粮食作物都具有产量高、生长快、对土肥水要求低、对气候适应性强、可播种时间长、耗工少、受病虫害的影响小、便于储藏、可多种加工等优点，它们的广泛传播极大地增加了粮食产量，养活了越来越多的人口。

3.1.1 玉米的传播

玉米学名叫玉蜀黍，也俗称包谷等。玉米是当今世界仅次于小麦、水稻居第三位的粮食作物。学者们基本上已经达成共识——玉米起源于美洲大陆，但是对其起源中心尚存在几种不同的看法。瓦维洛夫等认为，玉米起源于中美洲的墨西哥、危地马拉和洪都拉斯，因为在那儿还有很多地方可以找到玉米的野生祖先——大刍草（tesinte）。达尔文等认为，玉米起源于南美洲的秘鲁和智利沿岸的半荒漠地带。布卡索夫等认为，玉米有多个起源中心：软质种起源于哥伦比亚和秘鲁；硬粒种起源于秘鲁；爆粒种起源于墨西哥；甜质和有稃种起源于巴拉圭。但总的还是认为玉米起源于安第斯山山麓的狭长地带。通过用同工酶谱鉴定，从美洲引进的玉米基本上有第四酶带。

斯塔夫理阿诺斯（L. S. Stavrianos，1988）也认为墨西哥的特瓦坎山谷是美洲大陆最早的植物栽培中心之一，那里的原始农业从公元前7000年前后开始。公元前5000年，当地印第安人从以玉米为主的植物栽培中得到的食物，仅占他们食物来源的10%。到公元前3000年时，也只接近食物来源的1/3。直到公元前1500年前后，由于玉米和其他植物杂交，使产量大大提高，才成为当地人食物来源的主要部分，从而完成了从原始农业到传统农业的革命性过渡。在其后的数千年间，通过杂交得到了玉米的两个新品种：一个品种适应于半干旱的墨西哥高原；另一个品种适应于潮湿的热带沿海地带。他还认为，农业就是从中美洲这一中心发源地向南面和北面传播的。玉米传到美洲西南部的时间大约是公元前3000年，不过，在公元750年之前，玉米的传入并没产生很大影响，因为那时的玉米还基本处于原始状态，原始食物采集在食物非常丰富的美洲似乎具有更好的经济效益。同样，北美洲东部的印第安人约到公元800年左右时，由于培植成功了玉米、蚕豆和南瓜的若干新品种，并在这基础上进行了大规模的种植，才使玉米成为印第安人的传统作物和主食（L. S. Stavrianos, 1988; G. Areiniegm, 1975）。

起始于中美洲的农业向南传播，到达秘鲁的时间大约是公元前750年。不过，秘鲁还产有不是来自中美洲的玉米和豆类的变种，这些变种是从很古老的时候传下来的；这表明安第斯山脉的居民很可能同墨西哥高原的居民一样，早就开始培植原始植物了（L. S. Stavrianos, 1999）。

哥伦布探险队首次到达美洲后就"发现"了玉米。哥伦布在1492年10月16日的日记中就首次提到它并称之为印第安谷物。他说："这个岛（指斐迪南岛—长岛）遍地葱绿，……他们全年都耕种和收获印第安谷物及其他作物"（张至警，1994）。探险队返航时，哥伦布带回了玉米，并把玉米果穗作为珍品奉献给西班牙国王（E. E. Rich, et al., 1980）。17世纪时，玉米在伊比利亚半岛推广开来，成为仅次于小麦的粮食作物，并几乎传遍欧洲各国，传入地中海沿岸。在16、17世纪，玉米在欧洲各地的名称比较紊乱，有西班牙麦（粟）、印第安麦、土耳其麦（粮、粟、黍）、法兰西粟等十几个名称（布罗代尔，1996）。这也基本反映了人们对玉米的认识和玉米传播的情况。

16世纪初，葡萄牙奴隶贩子在非洲西海岸把玉米传入西非刚果，称作葡萄牙黍（布罗代尔，1996）。1561年的葡萄牙资料提到莫诺莫塔帕（指赞比西河流域，今赞比亚西部、津巴布韦北部）已经有玉米了。以后它可能迅速传到中非热带雨林地区。据17世纪初荷兰地理学家奥尔费特·达珀（Dapper）所见，玉米已在加纳大量种植。与此同时，安哥拉以及非洲一些内地也种上了玉米（A. W. Crosby, 1975）。据葡萄牙人记载，1634年时葡萄牙殖民者已在东非的桑该巴尔种植玉米了（E. E. Rich, et al., 1980）。

16世纪中叶，玉米经跨欧、亚、非洲的奥斯曼土耳其传入亚洲，很快又传入中国。有学者说，1520年玉米由北美移植菲律宾群岛（陈树平，1980）。也有人认为，达·伽马探险船队1498年才开辟成功欧亚新航路；1521年麦哲伦探险队才首次横渡太平洋开辟成功美亚

（南美—菲律宾）新航路，这条玉米传入我国的路线并不可靠（张箭，2001）。我国明代的文献中把玉米称为"番麦""玉蜀黍""御麦"。一般认为，玉米明朝中期传入我国的途径有两条：一是从欧洲传到印度、缅甸，再传入我国西南云贵地区；二是从欧洲经菲律宾（吕宋），从海路传我国入福建、广东等沿海地区。

3.1.2 马铃薯的传播

马铃薯是茄科、茄属，一年生栽培草本，是重要的粮、菜、饲料多用途型作物。地上茎稍带三角形，有毛，叶为互生的奇数羽状复叶，花有白、紫、粉红等色，我们平时吃的马铃薯是它的地下块茎，而不是根。马铃薯性喜寒冷和干燥，在高温季节栽种，容易染病毒而退化。马铃薯发芽时，在芽的周围产生有毒的龙葵素，不能食用。它的皮含有叶绿素，暴露在阳光下会进行光合作用，影响品质。马铃薯的营养价值非常丰富，特别是维生素 C 的含量为蔬菜之冠。欧洲许多地区把马铃薯当作主食，有"第三面包"之称。马铃薯还被称为"万能作物"，它可制淀粉、酒精、糊精、葡萄糖，也可制造橡胶、电影胶片、人造丝、香水等数十种工业品。其马铃型亚种是目前世界各国栽培马铃薯的原始种，其拉丁学名的种加词部分即为"有块茎的"之意。对于这种舶来品，我国南北各地以其食用器官的功能和形态为基础，结合地域、方言特色，以及引入地名称等因素给予它名目繁多的异名和别称，如土豆、洋芋、山药蛋等。

到 1988 年时，马铃薯已经成为世界上种植范围分布最广的农作物，全世界 173 个国家中有 128 个国家以它为重要的粮食资源，其种植范围甚至比小麦、玉米和水稻等主要作物还要广泛。它在各个纬度带和不同海拔（0～4200 米以内，即除永久性冰冻线以内的其他地区）的各种土壤和不同气候条件下均可很好地生长，并会有一定的产量。而水稻则受积温的限制，一般小麦在海拔 2400 米、玉米在海拔 2600 米以上地区就无法生产（李灿辉等，2002）。由此看出，马铃薯极大地拓展了人类生存的空间。就其年总产量和经济价值而言，马铃薯仅次于小麦、玉米和水稻，排名第四位，已经成为人类最重要的粮食作物之一。另外，马铃薯种植面积发展和产量提高的速度远远大于其他任何作物（Woolfe J.，1987）。所以，它对缓解发展中国家的人口和粮食危机等具有重要的意义。

马铃薯起源于南美安第斯高原。考古学、历史学和语言学证据均表明，人类最早食用马铃薯块茎（即洋芋）的历史可以上溯至公元前10000～8000年（Harris P. M.，1982），栽培史已有1800多年（Micropedia，1974）。有美国学者认为，1532年西班牙人到达秘鲁北部时才发现马铃薯。1570年，马铃薯才从秘鲁传入西班牙（Donald Ugent，1976）。但英国学者指出，马铃薯在1525年便由西班牙人传入欧洲（J. Barraclouh，1979）。还有学者认为，1535年西班牙人入侵南美洲的印加帝国（Inca Empire）时，发现马铃薯是当地人民的重要食粮和主要经济作物。大约1570年，马铃薯作为西班牙人归航时的食粮而首次被带回西班牙，1590年传入英格兰。之后，从西班牙传至欧洲大陆和亚洲的部分地区。从英格兰传至苏格兰、威尔士和部分北欧国家，并继而传入大英帝国的一些海外殖民地，包括现今北美洲的加拿大和美国。大约在17世纪晚期，马铃薯传入菲律宾、日本、西印度群岛和非洲的一些沿海国家，传入中国的时间则较之略早一些。18世纪末，马铃薯传入澳大利亚、新西兰和南亚的印度等国家（Laufer B.，1938）。

中世纪末期近代初期，欧洲频繁的战争大大刺激了马铃薯的推广和普及。1641～1642年爱尔兰爆发反英起义，大多数农作物歉收甚至颗粒无收，而马铃薯却在地下安然熬过了战火，使爱尔兰人得以度荒抗灾（Chiappelli Fredi et al.，1976）。爱尔兰成了以马铃薯为主食之一的第一个欧洲国家。

尽管有文献表明，早在1613～1707年左右，马铃薯就已经传入北美洲，但绝大多数人认为，马铃薯在北美洲的大规模种植和发展始于19世纪中叶，即爱尔兰晚疫病大流行之后。迄今，多数当地人称马铃薯为"爱尔兰洋芋"（Irish potato），并认为这是马铃薯起源于爱尔兰的最好证据（Laufer B.，1938）。

1769～1770 年，法国发生了可怕的饥荒，贝桑松科学院发起竞赛，竞赛的主题是推选在荒年能够代替人们常用食品的植物。有 8 个候选人建议用马铃薯，国王由此下令农民广泛种植，但当时许多法国人以为它有毒，不愿栽种。于是国王路易十六就让皇后把马铃薯的花插在头上作装饰，在皇宫花园里也栽种马铃薯。霎时间，栽种马铃薯风靡全国，马铃薯花竟成了最时髦、最高贵的标志，以致马铃薯很快成为法国的一大作物（让－玛丽·佩尔特等，2003）。

历来学者们主要注意，据西方史料，荷兰人在 16 世纪末 17 世纪初把马铃薯传入日本长崎（罗荣渠，1986）。17 世纪中叶，荷兰人又把马铃薯从日本传入中国台湾，据荷兰人斯特番斯（Struys）报道，他于1650 年在中国台湾看到了马铃薯栽培。以后又从中国台湾传入闽、粤，所以那一带一直又称马铃薯为荷兰薯、爪哇薯（杨洪祖等，1991）。学者们又以此为基础推断，清朝乾隆年间续修订的《台湾府志》最先记述了马铃薯，称其为荷兰豆（刘婷，1994；何炳棣，1978；罗荣渠，1986）。

从马铃薯的传播过程中可以看出，在大约二百多年的时间内，马铃薯就已经基本遍布世界的各大洲。而且，马铃薯在全球各大洲之间的传播大都与殖民化进程和饥饿相关。

3.1.3 甘薯的传播

甘薯又称红薯、白薯、番薯、地瓜、山芋、朱薯、红山药、金薯蓣、金薯、番茹、土瓜、红苕等，它既可生吃又可熟食，还可以制糖、制酒精和作饲料，是比较重要的粮食作物。

若把甘薯和马铃薯作一个对比，我们可以看出甘薯在欧洲由尊而卑的命运。虽然甘薯差不多和马铃薯同样是 16 世纪左右从美洲被引进欧洲的，但是，现在欧洲马铃薯产量及分布远超过甘薯。最初欧洲人，尤其是西班牙人，会选择将甘薯带回欧洲主要有以下几个社会因素：首先，最主要的原因可能是甘薯的滋味甘甜。在当时，新奇而甜蜜的食

物，如香草、巧克力等，总是能成为流行的风潮而且得到上层贵族的偏
爱。甘薯也被加入了各式丰厚浓重的香料，或者加进甜派当中，这也就
是 18 世纪以后马铃薯被称为 potato，而甘薯被改称为 sweet potato 的原
因。再者，甘薯旺盛的生长力也被赋予了某种意义。根据西班牙人的记
载，甘薯的原产地之一——拉丁美洲的阿尔提普兰诺，是一个粗糙的不
毛之地，与西班牙境内贫瘠的庇里牛斯山景色非常雷同，西班牙人自认
为，庇里牛斯山会是欧洲唯一可以种植甘薯的地方，这正足以证明甘薯
是上天赐予西班牙的神奇的礼物。另外，西班牙人绝未料到，在仅仅赐
给哥伦布两艘破旧的船只的情况下（第三艘船是哥伦布自己租的），他
竟能带回如此神奇的块茎，这其中必定隐含着上帝的垂青和启示。不过
甘薯若是作为主食，有些品种收成后其淀粉转化为糖类的活性旺盛，甜
度较高，吃多了会有点"腻"，这成为甘薯在推广时的不利因素。反观
16 世纪时的马铃薯，它被看成只有穷人才会吃的食物，其平淡的滋味
曾被批评为"连狗都不吃的东西"，而且，它还跟许多疾病扯上关系。
然而，马铃薯的滋味虽然较淡，但却便于与其他的食物中和搭配，遂得
以被推广，成为现今西方人重要的主食之一（蔡承豪等，2000）。

关于甘薯的起源和传播，有学者认为，甘薯的栽培（种）起源于
中美洲（J. Barraclouh，1979）。哥伦布 1493 年从加勒比海回航时，探
险队带了一些甘薯作为漫漫海路上的粮食（W. D. Phillipa Jr. et al.，
1980），甘薯也随之现身欧洲。西班牙王室将获得的这个异域植物视为
珍宝，将之种植在皇宫的花园里。到 16 世纪中叶，甘薯成为西班牙和
葡萄牙普通的园艺作物（McAlister et al.，1984）。

还有学者认为，1505 年前后，葡萄牙探险家把甘薯从巴西带到印
度的果阿，其他商人又从那里把这种块根作物携带到印度尼西亚和波利
尼西亚（Baker，1970）。

还有一种说法，1526 年甘薯被西班牙人约翰·麦勒姆（John Melo-
lam）从西印度群岛引入西班牙，从那里传入欧洲各国。它在一段时期
内与马铃薯一样被误会，由于人们误以为甘薯有催欲素的作用，所以甘
薯在欧洲的传播和普及比较缓慢。

16 世纪上半叶，西班牙人把甘薯带到南洋——马来群岛，1565 年，西班牙人航行到菲律宾群岛，侵占马尼拉，甘薯也被引入马尼拉，然后扩散到吕宋、爪哇、文莱等地，再由此传入亚洲大陆各国。人们历来猜测甘薯也可能从印度传入我国西南。但据查 1616 年的文献才明确记载印度有了甘薯（种植）（W. D. Phillipa Jr. et al.，1980），而这晚于中国文献对甘薯的记载。

美国人类学家康克林（Harold C. Conklin）曾搜集了大洋洲诸岛和非洲沿海诸部落共 500 种语言和方言中甘薯的名称，并曾与多位植物、语言、人类学家研讨。大量语言资料都说明，15 世纪末 16 世纪初，葡萄牙人把甘薯带到非洲沿海诸地、印度西岸的要港果阿、今日印度尼西亚的部分岛屿群以及南北美洲的中纬度沿海诸地；而西班牙却先把甘薯传到墨西哥的太平洋岸，然后再从墨西哥的西海岸传到西太平洋区，包括菲律宾（Herald et al.，1978）。

葡萄牙殖民帝国形成的历史是一般人所熟悉的。早在 1509 年葡人已将果阿作为东方殖民地的主要根据地。1511 年已经占领马剌加，即今日马六甲。1512 年即开始占领香料群岛（即马六甲群岛）。1514 年已在广州所属屯门岛试探性敲击大明帝国的南门。葡萄牙人海上进展如此之快，他们已引进到果阿的美洲作物在印、缅、滇的传播照理不会太慢（Ping – ti Ho，1955，1956，1967）。

虽然学术界大体认为甘薯世界性的传播是哥伦布发现新大陆以后才开始的，但近二十年来有若干历史迹象使一些学者相信，在哥伦布以前甘薯已传入太平洋玻里尼西亚（Polynesia）岛屿（Jacques Barrau，1963）。20 世纪 90 年代，刘旭到新西兰访问时，曾与当地人谈及关于甘薯传入的时间和由谁传入的问题。当地人认为甘薯是当地人的祖先以打鱼为生的土著民——毛利人在 1500 年前，也就是大约在公元 500 年左右在海岛之间捕鱼航行时，为补充粮食不足而带回新西兰的，并开始了驯化种植。也就是说，有可能在哥伦布发现新大陆前 1000 年，甘薯就从美洲传入了澳洲，并从此向亚洲各地传播。但是，这种说法缺少相应的文献印证，还有待后继研究。

3.1.4 洲际引种的世界影响

由于美洲作物首先从美洲传入欧洲，然后从欧洲传向世界各地，而在欧洲实际的农业生产和日常生活中马铃薯的作用又表现得尤为突出，所以，下面主要从马铃薯的影响论述洲际引种的世界影响。

早在 1649 年奥利佛·克伦威尔（Oliver Cromwell）入侵爱尔兰时，他和他的军队毁灭了他们能找到的所有粮食作物，希望借此来摧毁爱尔兰人的抵抗意志。然而，生长在地下的马铃薯块茎依然哺育着爱尔兰人民。在马铃薯身上，人们发现了可以用来抵御征服者压迫的新式武器（Salaman R.，1985）。

1789 年，联合爱尔兰人社会在爱尔兰举行了一次起义，虽然这次起义留下了一些宗派色彩的暴力印记，但起义的目标是要成立一个独立的爱尔兰共和国，让所有宗教享受平等地位。这次起义被镇压后，1800 年的《合并法》在英国和爱尔兰之间成立了完全的议会联盟。然而，这时英国和爱尔兰的差距却越来越大，尤其是在经济和人口方面。英国在向工业化和城市化发展的同时，爱尔兰（除乌尔斯泰外）实际上离工业化越来越远，迅速增加的人口中绝大部分越来越依赖马铃薯为生（Chiappelli Fredi et al.，1976）。

在马铃薯传入欧洲并被广泛种植之前，整个欧洲大陆，尤其是西北欧各国（包括英国和爱尔兰）因土地贫瘠和气候寒冷等原因，千百年来，百姓均食不果腹，各国人口极其稀少，爱尔兰也是如此。从西班牙征服者返家的船只在爱尔兰海滩偶然失事，并被当地爱尔兰饥民抢掠，导致马铃薯传入爱尔兰时起的近两个世纪内，爱尔兰人口急剧增加到 19 世纪 40 年代的 900 多万人，人均日消费马铃薯高达 4.5 公斤；其中超过半数以上的人口以马铃薯为生。当地百姓穷得连用一丁点熏猪肉或咸鱼来佐餐（马铃薯）都不大可能；"Potatoes and Point"（源自一日三餐的马铃薯中，难以寻见一点肉的味道；比喻粗茶淡饭）成语即出自这一时期，它非常准确地反映了当时爱尔兰人的实际生活

（Hughes MS et al.，1988）。

要真正了解马铃薯当时在欧洲普通居民生活中的重要性，爱尔兰"大饥荒"（The Great Hunger）就是最好的例证，其产生的影响是多方面的。历史学者曾说，马铃薯永远消灭了一直蹂躏着欧洲的瘟疫——饥饿；但是，一旦马铃薯被瘟疫一样流行的晚疫病（也叫瘟病或疫病）所毁灭时，欧洲人又被抛回到饥饿的深渊之中（Hughes MS et al.，1988）。

爱尔兰"大饥荒"和新大陆开发是许多人都有所了解的历史事件。然而，清楚这次大饥荒是由于当地因晚疫病暴发性流行而造成马铃薯几乎绝收所引起的人为数不会太多（Woodham Smith C.，1962）。后来的人们通常认为，引起这场饥荒的晚疫病菌菌株是一个名为 US – 1 的菌株，来自墨西哥。2001 年美国北卡罗来纳大学的植物病理学家琼·里泰诺在英国《自然》杂志上报告说，她和同事们对英国保存的大饥荒马铃薯枯叶进行研究，分析了上面遗留的晚疫病菌的 DNA。结果表明，这些 DNA 特征与 US – 1 菌株并不相同。研究人员正在检测来自不同时期、不同地域的数百个马铃薯样本，希望能最终确定引发爱尔兰大饥荒的元凶，弄清楚马铃薯晚疫病菌的发源地及其传播、进化历程。但是，可以肯定一点，当时的马铃薯种植品种只有少数几种，并且肯定没有对这种病毒具有抗性的品种。也就是说，我们由此可以比较有把握的推测，马铃薯由美洲到欧洲的早期引种并不是出于生产考虑，而且当时引种的可能只有少数几块。

不管马铃薯的大量减产是由什么原因造成的，我们都可以从当时马铃薯减产所造成的影响中看出美洲作物引入的重大作用。《大饥荒》的作者，历史学家塞西尔·伍德汉姆·史密斯（Cecil Woodham Smith）在书中写道："爱尔兰人民的生存完全且绝对地依赖于马铃薯。"然而，1845～1846 年两年间，由于马铃薯晚疫病暴发性流行，摧毁了爱尔兰绝大多数的马铃薯作物，贫穷的百姓因找不到其他的食物，也无力购买任何其他食品，发生了一次悲惨的大饥荒，导致 150 多万人饿死，120多万人被迫逃荒至北美洲的惨剧。接下来的 10 年（1846～1856 年）之内，爱尔兰人口减少了1/4（即由800万人减少到600万人），随着移民海外成为爱尔兰社会的显著特征，爱尔兰人口后来又进一步减少。以至迄今，爱尔兰仍然没有恢复至当时（1840年）的人口数量（Woodham Smith, C., 1962）。

同样，在1845~1847年美洲的秘鲁，由于马铃薯受到病害，导致大饥荒，人们或饿毙或迁徙，秘鲁人口锐减200万人（让–玛丽·佩尔特等，2003）。

总体来说，在15世纪有1亿~1.5亿人口，而欧洲当时只有5000万~5500万人（Paul Kennedy, 1987；保罗·肯尼迪，1988）。随着美洲作物的传播，世界人口的增长开始加快，欧洲的人口1750年就达到了1.4亿，1800年更是增加到了1.87亿，1850年又增加到2.66亿；亚洲的人口从1750年的4亿多猛增到一个世纪以后的7亿左右。不论其他原因——较好的气候条件、生育力的提高、疾病减少，这样惊人的增长规模是与美洲作物在世界各地的传播分不开的（欧洲主要是马铃薯，亚洲主要是玉米和甘薯）。

虽然18世纪欧洲和亚洲由于美洲作物的种植使农业产量有了较大幅度的增加，但是，人口的急剧增加致使此期间农业产量增长的一切好处化为乌有。到18世纪后期，贫瘠土地承受的压力、农业的失业、大批家庭向已经拥挤不堪的欧洲城市流动等情况，不过是这种人口猛增浪潮的几个征兆而已（Paul Kennedy, 1987；保罗·肯尼迪，1988）。

19世纪期间，尽管有数百万欧洲人移居海外，可是到1914年时欧洲大陆的人口却达到1750年时的三倍以上。这一人口爆炸的原因在于农业生产率的大幅度增长，以及由此带动其他产业的发展。人口的急剧增加意味着粮食及其他生活必需品方面的生活资料必须随之增长。虽然当时出生率很少增长甚至没有增长，但死亡率却因预防或治愈疾病而急剧下降。接种疫苗、隔离受传染的病人、保护供水、掌握有关抗菌剂的知识——所有这一切都使西北欧的死亡率从1800年至少0.33‰降低到1914年的0.15‰左右。这也在很大程度上加剧了由于粮食增加带来人口增长的趋势。欧洲这一时期的人口增长率比世界其他地区高得多，以致改变了世界的人口分布格局。更值得关注的是，人口最大的增长恰恰是集中在本来就过于拥挤的地区。科技的进步、教育的普及能够在一定程度上延缓呈爆炸状态的形势，但从根本上说，大量的人流从这些最拥挤的地区被挤压出来，涌入世界其他地区将是难以避免的（见表3－1），从而改变了世界的人口格局。洲际引种之后世界人口变化趋势见表3－2。

表3－1　　　　　　**欧洲向外移民的主要目的地及数量**

目的地	时间范围	人数
美国	1821～1932 年	34200000
亚洲俄国地区	1800～1939 年	12000000
阿根廷	1856～1932 年	6400000
加拿大	1821～1932 年	5200000
巴西	1821～1932 年	4400000
澳大利亚	1861～1932 年	2900000
英属西印度群岛	1836～1932 年	1600000
古巴	1901～1932 年	900000
南非	1881～1932 年	900000
乌拉圭	1836～1932 年	700000
新西兰	1851～1932 年	600000

　资料来源：L. S. 斯塔夫理阿诺斯，《世界通史》，吴象婴、梁赤民译，上海社会科学院出版社 1999 版。

表3－2　　　　　　**1650～1950 年世界人口分布变化趋势**

地区	人口数量（百万人）					人口增长率（%）				
	1650年	1750年	1850年	1900年	1950年	1650年	1750年	1850年	1900年	1950年
欧洲	100	140	266	401	593	18.3	19.9	22.7	24.9	24.0
美国和加拿大	1	1	26	81	168	0.2	0.1	2.3	5.1	6.7
拉丁美洲	12	11	33	63	163	2.2	1.5	2.8	3.9	6.5
大洋洲	2	2	2	6	13	0.4	0.3	0.2	0.4	0.5

地区	人口数量（百万人）					人口增长率（％）				
	1650年	1750年	1850年	1900年	1950年	1650年	1750年	1850年	1900年	1950年
非洲	100	95	95	120	199	18.3	13.1	8.1	7.4	7.9
亚洲	330	479	749	937	1379	60.6	65.8	63.9	58.3	55.4
合计	545	728	1171	1608	2515	100	100	100	100	100

资料来源：L. S. 斯塔夫理阿诺斯，《世界通史》，吴象婴、梁赤民译，上海社会科学院出版社 1999 版。

经济增长对人口的增长有什么影响？马尔萨斯对这个问题的回答对我们思考粮食生产增长问题有很大的启发意义。他认为，第一，日益提高的生活水平将引起人口增长；第二，人口的增长将超过粮食产量增长的速率；第三，人口的增长总是为生活资料的限度所制约。总之，他的主张概括起来就是，粮食增产能力的增长，必将使人口增长到这种能力的极限。这些是马尔萨斯原来对这个问题做出的回答。但在后来的说法中，他比较强调，只要人类有意节制生育，就有可能打破人口增长和粮食供应之间的联系。

本书认为，在人们开始自觉控制生育之前，即使洲际引种能使粮食产量有大幅的提高，让人类生存条件（进而是生活条件）有了一定的改善，但是紧随而至的人口快速增加，会把农业技术突破取得的收益消耗殆尽。

3.2 洲际引种在我国的发展

明清两朝，由于在较长时间里社会都处于相对稳定的时期，因此，人口无论从绝对数量还是相对数量上都有较大的增长。随着人口的快速增长，粮食短缺问题日益严重。在这样的社会背景下，美洲高产粮食作物玉米、甘薯、马铃薯于明朝中叶陆续传入我国，为我国粮食问题的解决发挥了重要作用。本节就以这三种作物为中心，探讨从明朝中叶至民国时期，它们在我国引入、驯化、传播的进程。

学者们就玉米、甘薯、马铃薯是明朝中后期从海外引进的新品种问题，已基本上达成共识。但是，对这三种美洲粮食作物的传入途径历来众说纷纭，难以定论。本节主要以明清时期地方志资料和农史典籍记载为依据，分析归纳三种主要美洲粮食作物的各条传入路线，并分区域考察它们在我国的传播情况，总结出其传播及分布的基本特征。

3.2.1　玉米的传入及传播

玉米本非中国土产，最起码对中国救荒和农业发展起极大作用的玉米品种不是中国土生的。玉米原产美洲，1494 年哥伦布从美洲回来后才传入欧洲，辗转传入中国。关于玉米传入我国的时间和途径由于缺乏明确记载，一直众说纷纭。考察可以见到的我国最早载有玉米记录的方志和史料，可以发现玉米由多种途径多次传入我国的可能性是极大的。

1. 玉米由多种途径传入我国

本书认为，玉米大约是 16 世纪中叶分别从西北、西南和东南三条渠道传入。一是西北陆路——西班牙到麦加，由麦加经中亚细亚的丝绸之路传入我国西北地区；二是西南陆路——欧洲传入印度、缅甸，再到我国西南地区；三是东南海路——欧洲传入东南亚，经中国商人或葡萄牙人由海路传入我国东南沿海地区。

从表 3 - 3 可知，在 16 世纪有玉米记载的省份中，东南有四个省，分别是江苏（1558 年）、浙江（1572 年）、安徽（1574 年）、福建（1575 年），另外是西北地区的甘肃（1560 年）和西南地区的云南（1563 年）。如果是单一渠道传入的话，由于明朝的交流和运输方面的限制，基本没有可能在这么接近的时间里，在这几个相距遥远的省份同时出现关于玉米的记载。而这三条传入途径都有新作物引进的便利条件，东南沿海地区与外国通商频繁，而且在此时期葡萄牙人又在亚洲积极地进行拓殖，由中国商人或葡萄牙人由海路引进玉米的可能性是很大的；在西北地区的方志中，较早有玉米记载的府县均集中在丝绸之路附

近或交通便利地区，因此，玉米由波斯或中亚经丝绸之路传入这一地区
也可以说是比较合理的；明朝中期，西南地区的云南与缅甸接壤，滇缅
商务往来频繁，而且云南又有良好的农业基础和适宜玉米生长的气候条
件，玉米由缅甸传入云南也是极容易的。

表 3 - 3　　　　　　明代玉米最早在各省见于记载一览ᵃ

地区	明代最早有玉米记载的资料
西北地区	甘肃　嘉靖三十九年（1560 年）《平凉府志》卷 4ᵇ
	陕西　万历二十五年（1597 年）《安定县志》卷 1
西南地区	云南　嘉靖四十二年（1563 年）《大理府志》卷 2ᶜ
	贵州　明（1644 年前）绥阳知县毋扬祖《利民条例》ᵈ
东南地区	江苏　嘉靖三十七年（1558 年）《兴化县志》
	浙江　隆庆六年（1572 年）田艺蘅《留青日札》卷 26《御麦》
中原地区	安徽　万历二年（1574 年）《太和县志》卷 2
	福建　万历三年（1575 年）"Herrada 追忆录"ᵉ
	河南　嘉靖三十年（1551 年）《襄城县志》卷 1
	山东　万历三十一年（1603 年）《诸城县志》卷 7
	河北　天启二年（1622 年）《高阳县志》卷 4

注：a 明代《御制本草品汇精要》记载玉米最早是 1505 年传入我国，现文献存于
意大利，我国国内文献最早的记载见于明正德《颍州志》（1511 年），但是笔者均未见
原刊，有待于进一步确认。b 所载内容与嘉靖三十九年（1560 年）《华亭县志》相同，
可以相互印证。c 明朝成化年间（1476 年前）《滇南本草》记载有"玉米须"，据此，
游修龄（1989）认为，玉米传入我国应在公元 1492 年哥伦布发现新大陆之前，具体说
是在 1476 年以前。但是，游修龄在《读〈中国人发现美洲〉》一文中基本又否定了这
种说法。而向安强（1995）则推断《滇南本草》记载的"玉米"可能是当地土产玉
米，而非国外引入品种。一方面，因《滇南本草》的这段记载仍存疑，可能经后人增
补，不作为信史资料；另一方面，根据现在技术对玉米的酶带进行的检验，现在我国
种植的玉米和美洲引进种基本上都有第四酶带，而糯玉米则有第五酶带，故本书认为
《滇南本草》记载的"玉米"极可能是糯玉米。d 清朝道光二十一年《遵义府志》卷
16，追叙"明绥阳知县毋扬祖《利民条例》（1644 年前）：县中平地居民只知种稻，山
间民只种秋禾、玉米、粱、稗、菽豆、大麦等物"。e 转引自 Canington Goodrich：《中国
几种农作物之来历》，蒋彦士译，载于《农报》1937 年第 4 卷第 12 期。

资料来源：咸金山，《从方志记载看玉米在我国的引进和传播》，载于《古今农
业》1988 年第 1 期。

（1）西北陆路线。

明代西北地区载有玉米的方志分别为甘肃嘉靖年间的《平凉府志》、万历四十四年（1616年）《肃镇志》和陕西万历四十六年《汉阴县志》、万历二十五年《安定县志》，它们或是丝绸之路必经之地，或是邻近丝绸之路，玉米经由丝绸之路传入这些地区具有极便利的地理条件。这些方志中玉米被称为"西天麦"或"回回大麦"，可说明西北地区的玉米于嘉靖初、中期由波斯或中亚引进。现已查到的我国最早的关于玉米植物学形态描述的记载是嘉靖三十九年（1560年）甘肃《平凉府志》卷4，文中写道："番麦，一名西天麦，苗叶如蜀秫而肥短，末有穗如稻而非实。实如塔，如桐子大，生节间，花垂红绒，在塔末长五六寸，三月种，八月收。"如非亲眼所见是不可能将玉米的形态描绘得如此逼真的，可以肯定此处的番麦、西天麦就是今日的玉米。一般文字记载都出现在引种之后，故可肯定玉米引入的时间不会迟于16世纪中叶。

（2）西南陆路线[①]。

明朝云南有玉米记载的方志有嘉靖四十二年《大理府志》、隆庆六年《云南通志》、万历四年《云南通志》、万历十五年《赵州志》、天启五年《滇志》等，鉴于云南与缅甸接壤，并且交往密切，玉米由缅甸传入的可能性极大。河南留有最早关于玉米的记载：嘉靖三十年（1551年）《襄城县志》和嘉靖三十四年（1555年）《巩县志》。据何炳棣（1985）的分析，明朝云南少数民族经常与缅甸、印度交换物资，同时当地农耕生产发达且气候适宜，玉米较早在此传播开来，后经由土司进贡至京城，沿途经过河南巩县，所以，在如此内陆的地区留下很早关于

---

① 向安强（1995）认为玉米在云南古已有之。其依据有：广大的西南高原分布有较原始的玉米和野生种，而且种类不少。向安强（1995）提到，李璠认为云贵山区早就有玉米栽培（与外来的品种不同），有糯粒型、爆粒型和有稃型三大类。黎中明等学者20世纪70年代在我国西南地区考察玉米资源时发现一种小包谷（土产玉米），植株低矮，果穗短小，有糯粒、爆粒和有稃三型。此外，有许多学者认为西南少数民族地区是糯玉米的起源地。持玉米本土栽培说的学者都十分注意西南山区少数民族栽培玉米的情况，但这种玉米传入中原的记载很少见，而且相对美洲种它们在实际生产中的作用也值得怀疑，但是，它们和美洲种应该是近缘种，极有可能与传入种杂交，并对生产起积极作用。李晓岑（2000）驳斥了玉米土生说。本书认为，对我国农业发展起极大促进作用的应该是美洲传入种，既然云南地区玉米栽培较早，那么西南陆路传入的可能性更大一些。

玉米的记载也就合理了。

（3）东南海路线。

明朝我国沿海地区与国外通商频繁，同时葡萄牙人1496年到达爪哇，1516年来到中国，玉米由海路被带到我国是极其便利的。据来华传教的天主教士Herrada的追忆录（1575年），当时在福建的漳州、泉州一带已有玉米的栽培。明代杭州学人田艺蘅《留青日札》（1572年）记载："御麦，出于西番，旧名番麦。以其曾经进御，故名御麦。干叶类稷，花类稻穗，其苞如拳而长，其须如红绒，其实如芡实，大而莹白。花开于顶，实结于节，真异谷也。吾乡传得此种，多有种之者。"肯定了玉米是由国外传入的并已在浙江有所种植了。而且，浙江宁波是明朝中后期海外通商之主要口岸，玉米传入该处的可能性也较大。

通过以上分析可以基本确认，玉米传入我国是多路线的，系由海路、西北古丝绸之路及西南云南等地分别引进的，而且可能存在反复引种的可能。

2. 明代的玉米种植情况

据明代的方志典籍记载，到明末我国仅11个省份有玉米栽培，分别是西北地区的甘肃、陕西，西南地区的云南、贵州，东南地区的安徽、江苏、浙江、福建和中原地区的河南、河北、山东。各省具体玉米栽培情况见表3－4，由此可知，玉米传入我国最初的200年间，处于被人们接受认识的阶段。

表3－4　　　　　明代有玉米栽培的省县见于记载一览

省份	明代有玉米记载的方志及古籍资料
甘肃	河州　嘉靖初（无具体年份）《河州志》
	平凉府　嘉靖三十九年（1560年）《平凉府志》卷4，"番麦，一曰西天麦……"
	华亭县　嘉靖三十九年（1560年）《华亭县志》
	肃镇　万历四十四年（1616年）《肃镇志》卷2，"回回大麦"
陕西	安定县　万历二十五年（1597年）《安定县志》卷1，"玉麦"
	汉阴县　万历四十六年（1618年）《汉阴县志》卷3，"玉麦"

续表

省份	明代有玉米记载的方志及古籍资料
云南	大理 嘉靖四十二年《大理府志》（1563 年）卷 2，物产部谷属记载："玉麦"
	大理、永昌、蒙化、鹤庆、姚安、景东、顺宁诸府及北胜州 隆庆六年（1572 年）《云南通志》卷 2，以上各府州均有"玉麦"记载；万历四年（1576 年）《云南通志》
	赵州 万历十五年（1587 年）《赵州志》卷 1，"玉麦"
	蒙化府 云南府 天启五年（1625 年）《滇志》
贵州	绥阳县 道光二十一年《遵义府志》卷 16，追叙"明绥阳知县毋扬祖《利民条例》"（1644 年前），"玉米"
安徽	太和县 万历二年（1574 年）《太和县志》卷 2，"玉麦"
江苏	兴化县 嘉靖三十七年（1558 年）《兴化县志》
	崇明 万历三十二年（1604 年）《崇明县志》卷 3
	吴县 崇祯十五年（1642 年）《吴县志》卷 29，"西番麦"
浙江	隆庆六年（1572 年）田艺蘅《留青日札》卷 26，"御麦"
	山阴县（今绍兴县） 乾隆《绍兴府志》卷 17，引万历四十年（1612 年）《山阴志》；嘉兴县 光绪《嘉兴县志》卷 16，引天启《汤志》
福建	万历三年（1575 年）"Herrada 追忆录"
	万历四十年（1612 年）《泉州府志》卷 3
河南	襄城县 嘉靖三十年（1551 年）《襄城县志》卷 1，物产谷部记载："玉麦"
	巩县 嘉靖三十四年（1555 年）《巩县志》卷 3，物产部谷类记载："玉麦"
	钧州 嘉靖《钧州志》卷 1，"玉麦"
	温县 万历五年（1577 年）《温县志》卷 1，"玉麦"
	原武县 万历二十二年（1594 年）《原武县志》卷上，物产部记载："玉麦"
河北	高阳县 天启二年（1622 年）《高阳县志》卷 4，"玉蜀秫"
山东	隆庆、万历之间（1570 年）《金瓶梅词话》第三十一、三十五回，"玉米"
	诸城县 万历三十一年（1603 年）《诸城县志》卷 7，"玉谷秫"
	历城县 崇祯十三年（1640 年）《历城县志》卷 5，"玉秫"

资料来源：咸金山，《从方志记载者玉米在我国的引进和传播》，载于《古今农业》1988 年第 1 期。

3. 清朝到民国时期玉米种植在我国的发展

到了清朝乾嘉之际，玉米种植发展得较快，随后的200年里，玉米在我国农业生产中发挥着不可忽视的作用。本书从我国六个区域考察清朝到民国时期玉米传播种植情况，结合地方志和其他历史资料清晰勾勒出当时玉米在我国各地的传播历程，并总结其传播分布特征。

（1）西北各省（陕西、甘肃、新疆、青海）玉米传播种植概况。

西北的陕西、甘肃两省都位于玉米西北陆路传入线上，玉米种植较早，但由于受传统农业种植结构影响，玉米在这一地区发展不快。清朝乾隆年间，外省客民开发陕南山区，推动了玉米传播。陕南山区成为清代玉米集中产区，玉米在陕甘两省民食中占据重要地位。受资料所限，玉米在新疆的传播状况不明，青海由于受气候条件限制，玉米种植较少。

（2）西南各省（云南、贵州、四川）玉米传播种植概况。

云南、贵州、四川三省玉米种植都较早，由于该地区地势以高原为主，对稻、麦生产有许多限制，而玉米具有先天优势，因此，云南和贵州两省玉米发展也很快，特别在外省流民对山区开发的过程中，进一步推动了玉米的传播，造成玉米在西南山区的农业生产中占有十分重要的地位。

（3）东南各省（江苏、安徽、浙江、广东、福建、台湾）玉米传播种植概况。

东南各省虽是玉米较早传入地区，但由于这些地区的农业生产条件比较好，而且稻、麦生产技术非常成熟且高产，所以玉米在这一地区一直发展较慢。清朝乾嘉时期，流民垦殖山区，带动了皖南山区、浙赣山区的玉米种植，另外玉米在苏北地区也有所分布，而在其他平原地带，玉米一直不受重视。

（4）中南各省（湖南、湖北、江西、广西）玉米传播种植概况。

这一地区约到了清朝初期开始种植玉米，而且同样是在乾嘉时期，由于流民垦殖山区，开始广泛种植，其中鄂西北山区、湘西和湘西北山区、桂西山区分布较多，玉米是山区人民重要的粮食作物。

（5）中原各省（河南、河北、山东、山西）玉米传播种植概况。

玉米虽在明朝就传入河南、河北，但由于北方主要以种植小麦为主，在灾荒年以甘薯补荒，所以在北方各省玉米一直种植很少，直到清朝后期农业技术发展为小麦—玉米复种时，华北平原才开始发展玉米种植，并由于玉米的价格便宜和缴租方面的原因，迅速成为黄河中下游地区普通百姓重要的粮食作物。

（6）东北三省（辽宁、吉林、黑龙江）玉米传播种植概况。

辽宁省于清朝康熙年间开始有玉米种植，[①] 但由于大部分时间是清朝农业开发的禁区，所以发展很慢，直到乾隆初期仍是少量生产，备"内务府充贡"。[②] 清朝末期，华北冀、鲁等省玉米发展迅速，关外受其影响也加快推广，从19世纪下半叶到20世纪30年代，奉天、新民、复县、凤城、宽甸、锦西等地玉米成为"农产大宗""幽燕人民常食之品"。吉林和黑龙江玉米的栽培都很晚，20世纪前有记载的方志很少，吉林光绪十一年（1885年）《奉化县志》为最早，黑龙江则是到了民国初年才有所种植，最早的方志是宣统二年（1910年）《宾州府政书》。

从以上所述可知，玉米到清末和民国时期基本已在全国范围传播，并在一些地区驯化成熟，形成了当地不可或缺的农业生产力，尤其在云、贵、川、陕、两湖、皖、浙等省山地种植为多。而在黄河流域各省推广较晚。其传播的特点主要有以下几点。

（1）玉米传播的时代特征。

玉米自明朝中叶传入我国后，其在明清两朝的传播大致可分为引进时期、发展时期、大规模种植时期三个阶段，而其阶段性特征是与当时的社会经济状况紧密相连的。

引进时期是指从16世纪中叶传入我国到清乾隆前期，这近两百年时间里玉米仅限于个别省份小范围种植，尚处于被大众认识阶段。由于玉米的优势在山区，明代山区垦殖范围还很小，玉米的优势没有发挥出

---

① 清朝康熙二十一年（1682年）《盖平县志》卷下。

② 清朝乾隆元年（1736年）《盛京通志》卷27。

来，而明末清初的连年战争，对农业生产破坏很大，农民根本无暇顾及生产，何况是新作物的推广。到乾隆前期，玉米种植区域有所扩大，各省都先后引种玉米，但多是零星种植而且情况很不平衡。

从乾隆中期到嘉庆、道光年间，经过多年的休养生息，人口急剧增加，形成了对粮食和土地的压力，致使这一阶段玉米得到大规模推广。其中，流民在玉米传播中发挥重要作用。在激烈的土地兼并下，大批农民失去土地破产，成为流民，南方各省山区在清朝中期以后大批流民迁入垦山。玉米在四川、陕南、湘西、鄂西发展很快，这里都是外地流民迁居的山区，另贵州、广西及皖南、浙南、赣南等山地也发展迅速。而广大平原地带仍发展缓慢，华北等北方省区在玉米种植方面很迟缓，直到清朝末期和民国时期才有较大发展。

大规模种植时期为清朝后期到民国年间，这一阶段，除了南方各省山区玉米栽培深入发展之外，并渐及平原地带，而华北平原玉米种植进入大发展阶段，玉米代替了旧有传统低产作物的一部分面积，并成为黄河中下游地区普通百姓的主要粮食作物之一。

（2）玉米传播的地域特征。

清朝玉米传播，大多先在山地丘陵地区栽培，然后渐及平原地区；先在不发达地区，后发达地区；南方多于北方，山地多于平原。清朝玉米集中产区为中部的陕鄂川湘桂山区、西南的黔滇山区、东南的皖浙赣部分山区。东南沿海各省虽是较早引种地区，但由于是传统农业区及平原地带，无法发挥玉米耐旱适宜山地种植的优势，这里玉米并不被看作重要作物。而北部各省区长期以适合平原种植的粟麦等旱作物为主，受传统习惯影响，不能很快接受新作物。另外，玉米的产量优势主要是相对于在山区种植的其他杂粮作物，在清朝的技术条件下，玉米的产量并不比当时北方种植的传统作物高出很多，这也限制了玉米的发展。

（3）玉米的分布特征。

目前，我国玉米在地域分布上从东北经华北折向南方，通过陕、川、黔、滇各省到达广西境内，形成一个斜形弧线，而以华北一带最为集中，其他苏皖北部、浙赣湘鄂山区亦有零星分布。它的分布地区是尊重自身生态适应性的同时适应我国人多地少、自然条件差别明显的农业特点而形成的。前面考察了明清时期玉米在我国的分布情况，可以看到，至嘉道时期，跨越陕鄂川湘黔桂的巨大西部玉米种植带已经形成，而其他零星散布的种植区多数在清朝也已有所发展，华北和东北的玉米集中区主要在清朝后期至民国年间形成。可以看出，清朝玉米传播已经形成了今日玉米分布区的雏形，为中华人民共和国成立后玉米的发展奠定了基调（曹玲，2004）。

3.2.2 甘薯的传入及传播

我国原先就有"甘薯"这一名称，但在明代以前，不是指甘薯而言，当时也没有甘薯。[①] 以"甘薯"作为甘薯，是在甘薯传入我国以后，属讹传之误。其后相沿成习，"甘薯"反而成为甘薯的俗名了。正式写下"甘薯"作为番薯大名的，是《群芳谱》《农政全书》等明代古农书。本书采用番薯、甘薯通用，都是指甘薯。

1. 甘薯由多种途径传入我国

甘薯传入我国的时间大约是在明朝万历年间。甘薯的引种是多次多途径的，但最主要且有明确记载的有以下四条。

第一条途径是从越南传入广东线，分为两次，《东莞凤岗陈氏族谱·素讷公小传》载陈益从越南引种甘薯至东莞；清朝道光年间《电白县志》载医生林怀兰将其引种入电白。清朝乾隆年间，广东吴川县医生林怀兰曾为安南（即越南）北部守关的一位将领治好了病，这位将领

---

① 我国古籍中提到的"甘薯"：东汉杨孚《异物志》（约公元一世纪后期）"甘薯似芋，亦有巨魁，剥去皮，肌肉正白如脂肪，南人专食以当米谷"；西晋嵇含《南方草木状》（公元304年）"甘薯，盖薯蓣之类，或曰芋之类，茎叶亦如芋，实如拳，有大如瓯者，皮紫而肉白，蒸鬻食之，味如薯蓣。性不甚冷，旧珠崖之地，海中之人，皆不业稼穑，惟掘种甘薯，秋熟收之，蒸晒切如米粒。仓囷贮之，以充粮粮，是名薯粮"；后魏贾思勰《齐民要术》（公元五世纪）引《南方草木状》"甘薯二月种，至十月乃成，根大如鹅卵，小者如鸭卵，掘实蒸食，其味甘甜，经久得风乃淡泊"。据农学家丁颖（1928）考证，我国古书上所记载的甘薯是薯蓣科植物，就是现在粤南和琼州一带所种的甜薯，也因薯有毛而称为毛薯或因茎有刺而称为簕薯。

将他推荐给国王，替公主治好了顽疾。一天，国王赐宴，请林怀兰吃熟甘薯，林觉其味美可口，便请求尝一尝生甘薯。后来，他将没有吃完的半截生甘薯带回国内。这块种薯在广东很快繁殖起来。后来，人们建了林公祠，并以守关将领配祀，以示纪念。

第二条途径是从文莱引入台湾地区。《台湾采风图考》载："其种本出文莱国，有金姓者自其地携回种之，故亦名金薯。"《赤嵌笔谈》云："长而白者是旧种，圆而黄赤者得自文莱国。"

第三条途径是从菲律宾传入福建线，分为三次。周亮工《闽小记》记载的由菲律宾引种到漳州；苏琰《朱蓣疏》记载的从海外传入南澳、泉州；据《金薯传习录》记载，福建长乐商人陈振龙于万历二十一年（1593年）从菲律宾带回薯蔓，在家乡试种，次年由福建巡按金学曾加以推广。

第四条途径是由缅甸传入云南（何炳棣，1985）。其依据是在明朝嘉靖四十一年（1563年）（大理府志）就有"紫蓣、白蓣和红蓣"的记载。1979年，当代著名史学家何炳棣先生根据3500多种地方志考证，认为此即甘薯。

上述四条线路中，引入最早的是陈益于万历十年（1582年）从越南将甘薯引入广东东莞；而影响最大的，则是万历二十一年（1593年）陈振龙从吕宋将甘薯引入福州长乐县，由于封建官员的大力推广，甘薯不仅遍布福建，更逐渐发展到长江流域和黄河流域。

2. 甘薯在我国的传播

甘薯引入我国后，局限于闽粤等地将近一个世纪，17世纪后期开始向江西、湖南等省及浙江沿海地区扩展，18世纪中叶向黄河流域及其以北地区扩展，最后普及全国。下面将简述五个区域甘薯传播种植情况，并分析其传播及分布特征。

（1）东南地区（江苏、安徽、浙江、广东、福建、台湾）甘薯传播种植概况。

甘薯首先传入广东、福建，并迅速成为当地重要的粮食作物，有助于当地缺粮问题的解决。浙江、江苏的甘薯经由海路从福建传入，先在沿海沙地种植颇多，清朝乾嘉时期随流民垦山，皖南及浙江山区均发展很快，甘薯成为山区人民的主要食物。

（2）西南地区（云南、贵州、四川）甘薯传播种植概况。

虽然甘薯较早就进入了云南，但云南省一直种植很少，贵州发展也很慢，贵州到清朝后期才在一些山区州县有所发展。而四川省甘薯发展迅速，全省普遍种植，也是当地重要的粮食作物，四川盆地是清代甘薯的集中产区之一。

（3）中南地区（湖南、湖北、江西、广西）甘薯传播种植概况。

甘薯大约清朝初期传入中南各省，并于乾隆年间迅速发展，在各省山区成为重要的粮食作物。湖南甘薯种植普遍，特别是湘东、湘南山区尤多。湖北甘薯集中于鄂东南山区。江西、广西各山区丘陵地带普遍种植甘薯。

（4）中原地区（河南、河北、山东、山西）甘薯传播种植概况。

由于窖藏法的提出，为种薯越冬取得突破，从而使甘薯的栽培区域不断向北扩展。乾隆年间，甘薯传入北方各省，又由于各地政府的提倡种植，发展较快。河南、河北、山东三省甘薯种植较多，甘薯是各地重要的粮食作物。甘薯种植在山西省发展很慢，直到清朝末期至民国时期才在个别地区有所种植。

（5）西北地区（陕西、甘肃、新疆、青海）甘薯传播种植概况。

清朝乾隆年间陈宏谋曾在陕西推广甘薯，个别州县开始发展甘薯种植，但由于关中地区主要产小麦，受传统农业种植结构的苑囿，甘薯在陕西一直发展很慢，并没有成为重要粮食作物，甘肃、新疆、青海甘薯的种植传播都很晚，而且文字记载也非常缺乏。

综上可知，甘薯传播具有以下三方面特点。

（1）甘薯传播的时代特征。

到明朝结束，甘薯也没能突破其最初引种地区的范围，向各地发展。甘薯的推广种植蓬勃发展集中在清朝乾嘉时期，几乎各地都于此时完成引种工作。乾嘉时期是甘薯传播重要的分水岭，主要在于当时严重的人口压力带来的粮食需求增加，甘薯以其高产特性受到广大群众的喜爱，加上其抗旱救灾功能被政府认识，大力提倡种植，进一步促进其发展。另一重要的技术原因在于乾隆年间解决了薯种越冬问题，促进了甘薯在黄河流域各地的发展。到清朝后期，甘薯更是在全国大部分地区成为重要的粮食作物。

（2）甘薯在传播过程中表现出比较突出的地域特征。

甘薯于明朝万历年间引入我国后，局限于闽粤等传入地将近一个世纪，17世纪后期开始向江西、湖南等省及浙江、江苏沿海地区扩展，18世纪中叶遍及南方各省并向黄河流域及其以北地区扩展。甘薯的传播方向是从闽广两省向北、向西推广，北上是指从泉州、长乐沿海道直达玉环岛、温州、台州、鄞县、舟山、上海、山东、河南、河北各地。西传是以电白为起点，一路自韶关过梅岭、大余，经赣州到达了南昌高地；一路自广州、韶关经坪石越南岭而达郴县、衡阳、长沙、岳阳、武昌以至南阳盆地再远至中原区域；还有一路经珠江流域到达广西、贵州等地。

（3）甘薯的分布特征。

到了清代，甘薯种植范围就比较广了，不过由于受其自身生物属性限制，甘薯在气候较暖湿的长江以南的亚热带地区分布最普遍。清代甘薯分布较集中的地区有闽广两省、闽浙赣皖低山丘陵区、鄂南湘南山区、四川盆地及山东中南部。

3.2.3　马铃薯的传入及传播

1. 马铃薯早期各传入途径分析

马铃薯通过多渠道、多方面引种到中国，没有固定的时间和地点，具体时间的先后和具体路线的多寡仍是目前农史学界争论的热点，尚未形成统一定论，本节就目前存在的几种观点予以分析评论。

劳弗（Laufer，1938）指出，早在1650年，葡萄牙人把马铃薯引入中国台湾地区（当时被葡萄牙殖民者称作Formosa）。1650年荷兰人斯特勒伊斯（Henry Struys）访问中国台湾，曾见到栽培的马铃薯，称之为"荷兰豆"（何炳棣，1985）。斯特勒伊斯曾于1650年（顺治七年）访问过荷兰占领下的台湾，乾隆（1760年）《台湾府志》卷十七，记有"荷兰豆"；西方人曾于康熙年间（1700年或1701年）去过舟山岛的定海县，也亲见马铃薯的栽种（何炳棣，1985）。从以上史实可以推断出我国台湾地区最早栽培马铃薯，明末清初传到东南沿海地区。

维特尔·西尔弗等（Wittwer Sylver et al.，1987）曾考证，马铃薯在17世纪就已经从欧洲引入中国陕西。在最初的几年中，百姓种植的马铃薯主要供给外国人食用（Hughes MS et al.，1988）。

我国古文献中最早有马铃薯记载的是1700年编著的福建省《松溪县志》。东南沿海地区交通便利，与海外交流频繁，明清时期多种外来作物如甘薯、玉米等都是首先传入此地，因此，马铃薯由此传入的可能性较高。

有学者认为，在18世纪末至19世纪初，马铃薯由晋商从俄国或哈萨克汗国（今哈萨克斯坦）引进（尹二苟，1995），首先通过对《马首农言》（1793～1866年）中"回回山药"的名实考订，分析其名称沿革，得出"回回山药"即为马铃薯的结论。而其来自"回国"，加之清朝道光二十六年（1846年）《哈密志》中载有"洋芋"，推断山西的马铃薯由西北陆路传入，极大的可能是由当时从事与俄国等地商贸往来的山西商人带回的。即乾隆末嘉庆初山西已有马铃薯种植，发展到道光中期，已是"山西种之为田"[①]。

还有学者认为，中国引种马铃薯的最早时间应在18世纪，在欧洲人普遍认识到马铃薯优异的食用价值后，由传教士们带到中国（谷茂、信乃铨，1999）。这一观点立足于栽培马铃薯进化史。从马铃薯栽培学角度考虑，马铃薯约在16世纪中期从南美洲引入欧洲，是安第斯亚种，由于不适应欧洲的生态环境，长期受到冷落，直到18世纪初进化为普通栽培种后，才开始发展并作为大田作物栽培。马铃薯普通栽培种是在欧洲长日照条件下经过一百多年的自然加人工选择才形成的。

---

① （清）吴其濬：《植物名实图考》。

　　考察中国最早的马铃薯素描图（载于清朝吴其濬的《植物名实图考》），其形态符合普通栽培种的特征。由此推断，中国的栽培马铃薯是普通栽培种，是欧洲马铃薯的后代，不可能在 16 世纪末或 17 世纪初引入中国。从而得出马铃薯是在 18 世纪才传入我国的结论。马铃薯传入我国的最早时间还没有定论，但无疑欧洲普通栽培种马铃薯由传教士带到我国，只能是进入 18 世纪以后。自此开始，我国的栽培马铃薯大多是来自欧洲的品种。

　　马铃薯引入我国后，受多方面条件限制，直到 19 世纪初，其传播和影响面仍是十分有限，其后一个世纪内，马铃薯的种植主要在高寒冷凉山区。进入 20 世纪，随着帝国主义的入侵，传教士等人先后从多途径把马铃薯分别带至所居住的地区种植，主要是解决其供作主餐或蔬菜食用习惯的需要。主要有三种传入途径：一是从俄罗斯引入黑龙江。黄皖子《致富纪实》（1896 年）记载："洋芋出俄罗斯，最宜高寒，亦能耐旱……一发三收。"二是经海路从欧洲引入福建。《闽县乡土志》（1903 年）记载："洋薯，种自欧洲到。苦竹等处广种之。状圆，不甚甜，颇可获利。"《霞浦县志》（1929 年）记载："近有自法国来薯种，百日熟，年可二获。"三是从美国引入辽宁省。《奉天通志》（1934 年，伪满编辑）记载："马铃薯，俗呼地豆。种类极多，本境种者皆有红白两种。……红者为纽约种，味较逊，然块茎特大，种者尤多。"

　　综上可知，对比同期传入我国的美洲粮食作物玉米和甘薯，马铃薯可谓是默默无闻，记载极少，遍检各地方志，有明确记载的不过七八十种，其中还不乏名目混淆之嫌。由于马铃薯只能靠块茎繁殖，这就带来了因病毒感染、积累而薯种退化的问题，在有高温期的地区，退化严重时仅几代就会全军覆没。因而，马铃薯是在不同区域间不断地更换种子及不断地同退化作斗争中，而且主要是在无高温期的冷凉地区发展起来的，这些冷凉地区多是人类开发较晚的地区，没有系统的记载，从而造成了对其引入、传播众说纷纭、莫衷一是的状况。但可以肯定的是，马铃薯的传入同玉米和甘薯一样，是通过多途径、分多次从国外引入我国的。

洲际引种对我国农业发展的影响

2. 马铃薯在我国的传播

马铃薯通过多途径、多次被引入我国，在各省传播情况差异很大，我国现有地方志中有关马铃薯的资料非常少，谷茂等（1999）统计可确认的方志有 65 种，而清代马铃薯种植较多的地区也很有限，多数地区马铃薯种植直到民国时期甚至中华人民共和国成立后才有所发展。由于资料限制，只能选取有代表性的省份，概述马铃薯传播、种植情况。

（1）福建马铃薯传播种植概况。

我国台湾地区最早栽培马铃薯，明末清初传到东南沿海地区。由于气候条件不适合及薯种退化的原因，并没有在当地传播开来，仅一、两代就全军覆没，有个反复引进的过程。直到两百年后，马铃薯从欧洲重新传入福建。

（2）山西马铃薯传播种植概况。

清代山西是马铃薯集中种植区，19 世纪中期马铃薯已经成为重要的大田作物了，是晋北地区的重要作物。尹二苟（1995）认为，在 18 世纪末至 19 世纪初，马铃薯由晋商从俄国或哈萨克汗国（今哈萨克斯坦）引入山西。成稿于清朝道光十六年（1836 年）的《马首农言》的《种植》篇记载："凡五谷皆有花，畏雨。谷花青，……瓜花黄，回回山药花白，回回白菜花黄。此两种近年始种。"经考证回回山药为马铃薯，并不是甘薯（何炳棣，1985）。说明此时山西已经完成马铃薯的引种。经过十几年时间的迅速发展，到了清朝道光二十五、二十六年（1845～1846 年）时，马铃薯已经作为大田作物在山西种植了。这一点可以通过吴其濬《植物名实图考》（1847 年）记载"阳芋……山西种之为田，俗呼山药蛋，尤硕大，花白色"推断出。吴其濬对当时山西农作物种植情况十分了解，其描述可信度极高。清朝同治年间湖北人李焕春的《羊芋歌》也印证了这一点，"又闻山西称为回回山药……穷民衣食之计无他长，包谷以外以为良……"[①]

---

① 同治五年，《宜昌府志》卷14。

山西的气候条件十分适合马铃薯的生长，所以种植范围较广，据光绪年间《山西通志》记载："阳芋，植尤广，边县以为粮。山西种之为田，俗呼山药蛋"；在寿阳县，"近又有回回山药。相传也出回国。其形圆，其味似薯蓣，种者颇多"[1]；口外地区，清朝后期一经传入，就成为主要粮食作物，"或当菜用，或当饭，每饭均有"，归绥县农民"食以油麦、圆山药为主"[2]。只是各地发展并不平衡，山西南部平川河谷地带将马铃薯作为蔬菜，面积不大，而在山区，则是"赖此为养命之源"[3] 的重要粮食作物，山西北部天寒地瘠，种马铃薯最多，以其和莜麦为最主要粮食，且多次从外地引种，1933 年《沁源县志》卷 11 载："马铃薯俗名山药蛋，在清咸同年间吾县始知栽种，惟止宜于寒地，以故，初种时惟三区各村及东西山一带有之，一二区较暖之地则不宜。自光绪二十四五年后，由五台传来红皮白皮之种，收量最多每亩收获约二三千觔，惟味气不正，续种后味虽正而收量减矣"。

民国时期马铃薯对普通农户的意义更为重要。刘迭九编著《山西农家俚语浅释》（1921 年），录有寿阳农谚："五谷不收也无患，还有咱的二亩山药蛋"，这时马铃薯已经在寿阳广泛种植多年，农民依靠它来抗灾保收。民国时期"马铃薯主要产地在晋北，晋南甚少种植，以岚县、大同、天镇、应县、朔县等出产最多""常年产量各计八百余万担"[4]。

（3）甘肃马铃薯传播种植概况。

甘肃马铃薯的种植大约开始于清末，宣统元年（1909 年）《甘肃新通志》卷 12 记载："羊芋，生山坡地，可作谷食"，此处只是简单记载，说明此时还没有大面积种植。民国时期，各地县志中有关记载开始增多，大通[5]、崇信、和政、镇原、洮沙各县都有种植，《崇信县志》称"洋芋，粉汁多，可作养料"[6]；《和政县志》更将马铃薯入谷类，放

---

① 光绪八年（1882 年），《寿阳县志》。
② 民国，《归绥县志·物产》。
③ 民国，《马邑县志》卷 1《舆地》。
④ 1939 年，《山西（分省地志）·农业·农产物概况》。
⑤ 1919 年，《大通县志》记载："土芋，俗名洋芋，一名土卵，一名土豆。"
⑥ 1928 年，《崇信县志》卷 1。

在玉蜀黍之后，可见其在粮食作物中的重要地位①；而其对穷苦人民的意义更为深远，《镇原县志》记载："洋芋一名马铃薯，镇原所产不及华亭，民国十五年以后甘肃岁大饥，穷民赖洋芋以延残喘者不知几何人矣"②；除了救荒作用，在某些地区"洋芋，农民种之为食料之大宗焉"③，成为食物的主要来源。民国《陕甘调查记》④ 中记录甘肃省各县农产物调查表，有马铃薯种植的包括山丹、西固、文县、渭源、西和、平凉、武山、甘谷、灵台、化平、清水、定西、金塔、东乐、临夏、康县、陇西、镇原、会宁、成县、榆中、漳县、礼县、泰安、古浪、庄浪、安西、玉门、永靖等众多县份。可以看出，此时马铃薯在甘肃已成为重要农作物。

（4）东北地区马铃薯传播种植概况。

东北地区大约 19 世纪末才有马铃薯的种植，进入 20 世纪以后，开始普遍栽培。1927 年《辽阳志》记载："近因日本人用佐餐常品，种者益多"；品种也开始增加，自海外传入新品种，1930 年《吉林通志》记载："近有海外土豆，皮淡红色，大于中产。又高丽土豆，黄、白色，但其味均不甚美耳"；另 1934 年《奉天通志》（伪满编辑）记载："马铃薯，俗呼地豆。种类极多，本境种者皆有红白两种。……红者为纽约种，味较逊，然块茎特大，种者尤多"；种植范围也随之扩大，极北的黑龙江省也开始种植，1933 年《黑龙江志稿》（伪满编辑）载："土豆，其形如芋，巨者类芋魁。……一名马铃薯，红白黄三种，……立夏种，八月掘食"。1935 年《察哈尔通志》称："马铃薯，宣化、赤城、阳原、沽源、商都、龙关、涿鹿、宝昌、张北均产。"从以上各地方志记载可以看出，虽然东北地区引种马铃薯较晚，但因其气候条件适宜，种植发展很快。

以上考察了马铃薯在我国的传播过程，可归纳其基本特征为：

---

① 1930 年，《和政县志》卷 3《物产》。
② 1935 年，《镇原县志》卷 5《民生志·饮食》。
③ 1942 年，《洮沙县志》卷 3。
④ 1937 年，《陕甘调查记》第三章《甘肃经济》。

第一，马铃薯传播范围直到 19 世纪初仍非常有限，即在清朝嘉庆、道光年间处于初始传播阶段，进入清朝后期及整个民国时期随着各地引进时间的延长、推广面的扩大及人们认识的加深，处于发展传播期，其真正扩大种植面积，在农业生产中起重要作用，还是在中华人民共和国成立后。

第二，马铃薯的生物学特性决定了它只能在高寒、冷凉区发展种植，因无性繁殖而致的病毒病害及薯种退化问题导致其虽然较早传入我国东南沿海地区，却没能真正扎根落户，只有到了山区高寒地带才完成引种驯化，并渐及平原地区，这一过程中，渐渐形成了我国几个重要的马铃薯生产区，如川、陕、鄂山区为中心的西南产区、晋北为中心的华北产区和后来的东北产区，东北马铃薯主产区是在民国后形成的。

3.3 洲际引种在我国发展的动因分析

对任何事物的发展分析，都离不开它所处的社会背景和它涉及的基本要素，所以在分析洲际引种在我国发展的动因之前，要对洲际引种在我国发展的社会及农业生产背景做一下简要介绍，并简要考证明清时期基本农业生产因素——人口和田地。

3.3.1 洲际引种在我国发展的社会及农业生产背景

1. 明清时期的疆域变化

明朝初期的疆域与元朝相比已缩小了很多。而在明朝期间，自永乐（1403～1425 年）以后也始终处于退缩之中。明初曾继承元代的建置，在朝鲜半岛设有屯驻军队的卫、所，但至洪武二十五年（1392 年）李氏高丽奉行亲明政策后，即将这些卫、所撤至鸭绿江以北，从此鸭绿江成为中国和朝鲜的界河。永乐七年（1409 年）在东北女真等族地区设置了奴尔干都司，辖境直到外兴安岭以北。永乐九年（1411 年）征服苦兀，更扩大到萨哈林岛（库页岛）。至宣德十年（1435 年）都司撤销，其下属的羁縻卫、所虽继续存在，但控制已大为削弱。后期由于满族的崛起，明军节节败退，直到退至山海关内。明朝初期的北界曾在今内蒙古的西辽河、沙拉木伦河至阴山山脉、贺兰山一线，但宣德以后逐渐退到了长城一线。西北一度拥有的元朝全部疆土也陆续放弃，最终后撤至甘肃的嘉峪关。安南发生内乱后，明朝于永乐五年（1406 年）在安南设置交趾布政使司，正式列为国土，至宣德三年（1428 年）撤销，人员全部撤回。明朝在今缅甸、泰国和老挝境内设置的三个宣抚司和六个宣慰司（三宣六慰），在中期后不断受到缅甸东吁王朝的进攻，一度全部落入缅甸之手。经反击，仅收回了"三宣"和"六慰"中的一慰——老挝宣慰司（葛剑雄，1997）。

清朝的疆域在乾隆二十四年（1759 年）平定天山南路后达到极盛，北起萨彦岭、额尔古纳河、外兴安岭，南至南海诸岛，西起巴尔喀什湖、帕米尔高原，东至库页岛，面积超过 1200 万平方公里。到顺治十六年（1658 年），又获得了明朝的全部领土。这两部分构成了清朝疆域的主体。清朝与准噶尔的战争开始于其首领噶尔丹对漠北喀尔喀蒙古三部的吞并和对漠南的侵扰，由于准噶尔实力强盛、幅员广大，对清朝构成极大的威胁，因而清朝除了彻底击败并予以消灭外别无选择。从康熙二十九年（1690 年）至乾隆二十四年，战争断断续续进行了近 70 年。但清朝的目标并没有扩大到准噶尔之外，所以当清军平定天山南路后，中亚的巴达克山、霍罕（浩罕）、布鲁特等纷纷要求归附时，清朝并未接受，而是在边境立碑规定了边界。从历史上看，这一界线也没有超过汉、唐疆域的范围，但是，比起明朝的疆域则要大得多（葛剑雄，1997）。

2. 明清时期对海外交流的政策

明朝以前，我国极少受到来自海上的军事威胁，不必考虑海上战争，也不存在非常大的人口压力，所以，历来的统治者都不重视沿海岛屿的开发和利用，更不重视海岛上政区的设置。相反，为防止人民利用海岛进行反抗、罪犯利用海岛隐藏作案，统治者常常采取封锁海路的办法。明、清时期的中国社会，除了周边民族的骚扰外，又增加了海外异族的威胁。明朝先有海商与倭寇混杂侵袭东南沿海，后有葡萄牙、荷兰人来犯。"倭寇"杀人越货，无恶不作，危害尤为严重。明中叶政府一方面进行军事围剿；另一方面下令海禁。清初，清朝统治者为镇压东南沿海地区的反清势力而厉行海禁。明朝从洪武年间到嘉靖年间200年主要实行海禁，隆庆、万历以后部分开禁，从隆庆年（1567年）到明亡（1641年）才74年。海禁时间是开禁的3倍。清代前期196年，39年闭关，157年基本开放，其中1757~1840年间84年实行广州一口通商的"半闭关"政策（杜石然等，1985）。

明朝中叶后，因"倭寇"侵扰，常行海禁，商贾裹足，东南沿海市镇趋向衰落。17~18世纪西方商人特别是英商与华贸易频率增加，使臣也多次入朝觐见。但清廷对那些"恃强桀骜"的欧洲人心存戒意。清前期、中期、长期实行的行商制度一方面限制外商，另一方面切断了外人与我国民间直接交往。

在对外经济关系上，明清政府采取消极的外贸政策，或闭关，或立行商制度，或限额出口等，导致对外经济交往无法顺利展开。清初由于东南沿海地区反清势力的存在和害怕汉人与外人结合造反，统治者厉行海禁，宣布汉人出海为"自弃王化"，一律杀头。同时严禁外商和洋货进入。1683年台湾收复后曾一度开禁，康熙五十六年又重新禁海，乾隆二十二年闭关浙闽等各口岸，仅准许广州一个口岸通商，并制定了一套核板的行商制度，以限制贸易（杜石然等，1985）。

因此，虽然美洲作物是在明清时期引入的，但由于贸易政策是封闭、保守的，所以不可能出现大量的粮食贸易用以解决当时的粮食紧张问题，这也就决定当时的我国只能依靠本国的农业出产来供养本国的国民。斯塔夫里阿诺斯（1992）在他的《全球通史——1500年以后的世界》一书中谈到为何中华文明有如此之强的生命力时，列举过这样一些原因：地理上的与外界严重隔绝，由农业发达而导致的庞大无比的人口。这些从侧面反映了明、清时期我国农业发展的特点。

3. 涉及分析美洲作物传播的重大政策变化

清朝时曾进行重大的税制改革——摊丁入亩。改革基本上分为两步：第一步是康熙五十一年（1712 年）清政府规定以康熙五十年的人丁数作为征收丁税的固定丁数，以后新增人丁不再加收丁税。由于丁银额数固定化，农民的负担相对减轻，这样既减少贫民逃亡，保证了国家的财政收入，也为日后的"摊丁入亩"创造了有利条件。第二步即实行地丁合一。这种办法先在康熙五十五年（1716 年）广东、四川等省试行，这些省份将丁银并入田赋，征收统一的"地丁钱银"，此后在一些地区逐渐推广。雍正帝继续并完成了康熙帝开始的赋役制度改革，雍正元年即 1723 年，雍正帝下令以雍正二年为始，在各省普遍推行摊丁入亩。

自改革后，原来独立的丁税已不存在，丁随地起，田多丁税多，田少丁税少，无田无丁税，从而调整了国家、地主和自耕农三者之间的利益分配关系，消除了"富者田连阡陌，竟少丁差；贫民地无立锥，反多徭役"的状况。据记载，我国自西汉至清初，每次人口统计数字最多时在五六千万之间，这显然是人口不实的缘故。地丁合一后，人口数字急剧增加。乾隆十四年（1794 年）为一亿七千万，嘉庆十七年（1812 年），为三亿六千万，这显然与实行地丁合一之后，人丁负担从法律意义上说取消了是有密切联系的。另外，摊丁入亩的推广导致与古代赋役制度相联系的人丁编审制度失去意义，农民不再被强制束缚在土地上，大量剩余劳动力可以流动，佣工、经商、从事手工业等，这显然对商品经济的活跃起了重要的推动作用（史志宏，1989；Wang Yeh - chien，1973）。

3.3.2 关于明清时期基本农业生产因素的简要考证

在传统农业生产中需要的最基本生产要素就是劳动力和土地，离开了这两样，农业生产就无从谈起。同时，劳动力又是农业生产的消费者，它的需求又决定了农业生产的发展。所以，要研究农业生产中的问题，就必须首先了解这两种基本生产要素的情况。

关于明清时期的人口和田地，梁方仲（1980）的《中国历代户口、田地、田赋统计》在研究历代官修文献的基础上总结了明清时期人口和田地的情况。笔者根据梁方仲（1980）的研究，绘制了明清时期人口、土地变化趋势图（见图3-1）。

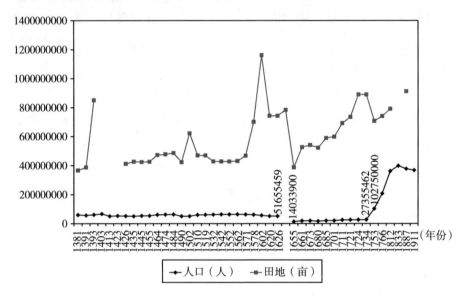

图3-1　1381~1911年人口、土地变化趋势

从图3-1可知，顺治十二年（1655年）人口统计只有14033900人，而天启六年（1626年）还有人口51655459人，除了李自成起义和明清两个王朝的交替战争外，没有造成人口急剧减少的原因，但这两场战争也没有达到造成全国人口减少2/3的程度。造成这种数据显示的原因，一部分可能是由于战争形成流民无法统计；另一种原因，极有可能是统计口径发生变化，或者发生大规模的隐瞒人口。另外。雍正十二年（1734年）全国只有人口27355462人，而到了乾隆十八年（1753年）人口就增至102750000人。在此间没有大规模的人口迁入的情况下，人口在短短20年就增加3倍左右是不符合人口发展规律的。因此，对这些数据需要必要的考证才能使本书的研究得出正确结论。对明朝的人口

数据，虽然有一些学者持怀疑态度，但是由于明朝的人口统计比较连续，而且来源、口径也基本一致，对本书来说，还是有很大的参考意义的。由于美洲作物对我国农业生产真正起到很大推动作用是清朝中期的事了，而且此时期的人口统计又有许多问题，所以笔者认为需要多加考证。

1. 清代以来的人口

关于清代的人口问题，近些年来学术界颇有研究，且成就斐然。但对清代人口，尤其是清中叶人口发展的看法却是聚讼纷纭。

有学者认为，关于清代前期的册载"人丁"，从现有可见的史料来看，清朝皇帝或官员从来没有否定或推翻过原先所规定的人丁的概念。这说明，他们在考虑每年上报或汇总人丁数字时，原来"丁"的概念也还是在起作用的。这样就肯定了将丁作为人口一部分的做法，也肯定了用丁数推测人口的做法。对于这一观点，曹树基、刘仁团（2000）加以了批评。曹树基、刘仁团认为，各地"丁"的基数来源于明代初年或明代中期的实际人口，明初或明代中期以后，丁已演变为一个相对固定的纳税单位，与人口变动没有很大直接关系。至于哪些地区来源于明代初期的实际人口，哪些地区来源于明代中期的实际人口，则可参阅曹树基（2000）。

何炳棣（1989）认为，从 17 世纪末到 18 世纪末白莲教叛乱时为止这一长时期的国内和平阶段中，中国人口翻了一番多，从 1.5 亿人增加到了 3 亿多人。仅在 1779～1850 年人口就增长了 56%，所以在 19 世纪中叶大叛乱爆发的前夕人口已达 4.3 亿人左右。

珀金斯（1969）则认为，中国在 1750 年有 2 亿～2.5 亿人，而在 1850 年为 4.1 亿～4.3 亿人。

另外，何炳棣（1989）还认为，有关 19 世纪后半期人口统计方面的有用的资料不可能得到。官方估计 19 世纪 40 年代的中国人口略为超过 4 亿人，这个估计数虽然不能说十分精确，但相对地说是可靠的。太平天国之乱和 19 世纪中期的其他大起义不但使人口大量减少

（特别在华中），而且造成了经过整顿的保甲制（这项制度曾经收集了 1776～1850 年有关人口比较可靠的资料）的崩溃。1851～1949 年这 100 年虽然可以取得各种数字，但对人口统计学者来说实际上是个空白。

麦克伊维第和琼斯（Colin McEvedy and Richard Jones）对中国人口进行了研究，他们在数据图上清楚地标出中国的人口在 1850 年是 4.2 亿人，在 1870 年是 4.0 亿人，在 1900 年是 4.5 亿人；他们还清楚地注明其明代以来的中国人口数据来自何炳棣的著作（Lavely and Wong, 1998；McEvedy et al.，1979）。

李中清和王丰（2000）所采用的人口数据为：中国人口 1700 年大约为 1.6 亿人，从 1750 年的 2.25 亿人、1800 年的 3.5 亿人，增长到了 1850 年的 4.25 亿人，然后再增长到了 1950 年的 5.8 亿人，前 100 年的年平均增长率为 6.38‰，后 100 年平均增长率为 3.11‰。

曹树基（2000，2001）的研究显示，1850～1877 年，由于太平天国战乱、西部回民战争和光绪年间的北方大旱灾，中国损失了 1.18 亿人口。这一认识也为其他人口史学者的研究所大体验证。一些中国学者认为，太平天国动乱直接导致了 7000 万人口的死亡（葛剑雄等，1999；路遇等，2000 年）。

1873～1913 年的 40 年中，人口增加了 17%，即每年平均增加 4‰左右。假定 1873 年的总人口数在 3.5 亿～4 亿人，那么到 1913 年总数应为 4.10 亿～4.68 亿人。如果考虑到以下事实：人口在 19 世纪中期略多于 4 亿人；太平天国战争和其他内战造成了严重的人口损失，按有记载的数据简短地计算，曹树基等（2000）认为，1850～1950 年间的战祸、饥荒、灾难至少导致了大约 1.52 亿中国人的非正常死亡（包括曹树基对太平天国、回民战争和光绪大灾估算的 1.18 亿人和其他学者对其他事件所估算的非正常死亡人数）。经过多年战争和内战之后在中国进行的一次最接近于实际的人口调查算出 1953 年中国的人口数为 5.83 亿人，那么 1873～1913 年的上述数字至少不是不合理的。

总的来说，对于清代中期以来人口的研究，何炳棣《1368—1953

年中国人口研究》一书奠定了基础，不过何炳棣没能对 1850 年以后的中国人口进行估算。珀金斯（1969）的研究结论与何柄棣基本相近。不同之处在于，珀金斯对 1850 年以后的人口数进行了估算，提供了从清代至中华人民共和国成立早期相对完整的人口数据。珀金斯认为，中国的人口在经历了清代早期到中期的快速增长后，被农民战争和自然灾害所阻止。到 1913 年，中国人口仍未恢复到 1850 年的水平。

综合以上的各家观点，笔者认为曹树基（2000，2001）、李中清和王丰（2000）的人口研究数据是最新成果。但是，李中清和王丰（2000）的研究认为，自 1700 年以来中国的人口都是在增长的，这与我国的实际情况可能有一些出入。而且他们的研究是通过使用清皇室人口生命记录、辽宁农村道义屯的户口登记和刘翠溶等学者的族谱研究这三种新资料重新诠释了清代中期以来的中国人口变化的。因为皇室在封建社会里是非常特殊的人群，他们往往不为吃饭问题发愁，也享受很好的医疗，所以使用清皇室人口生命记录来重建清的人口史，笔者可以肯定数据在一定程度上是偏高的。而利用族谱重建人口资料也存在同样的问题，因为能够有比较完整的族谱存留下的家族，不是曾经显赫一时的达官望族，也是家境一直比较殷实的族群。试想一个家族，需要为了生活不断迁徙，怎么会留下完整的族谱呢？而辽宁农村道义屯的户口登记的代表性究竟怎么样，还有待于考证。

在过去，学者们的研究通常集中于对全国性整体资料的阅读，从中央政府的角度来估测中国人口。施坚雅（G. William Skinner, 1991）最早展示了从基层开始来研究中国人口史的可能性。通过对清《户部清册》所载县级数据的仔细审读，施坚雅指出何炳棣过于信任了清代保甲人口登记资料。施坚雅的研究给了曹树基等有益的启示：认识中国历史人口的最好方法是首先计算和重建每一县的户口数，而后逐府逐省，乃至全国。正是基于这一思路，曹树基（2001）在过去几年里研读了中央政府的多种人口文献、县志、府志和省志以及多种当时人的著述和笔记，以"府"为基本单位完成了从明代到民国初年的人口计算。而从研究角度来看，府一级的历史资料比县一级的要完整。这一计算使从资料中认识一个辖区较少改动的地域内人口的连续和变化成为可能。所以笔者认为，曹树基的清代中国人口史的研究大体上代表了中国学者新近的学术成就，也是比较可信的。

2. 明代、清代以来的田地情况

明代、清代的土地数据虽然经常被经济学家、史学家、地理学家和农业专家广泛引用和批评，但除了何炳棣外，很少有人系统考证过土地统计数据的实质以及土地的丈量原则。何炳棣（1989）认为，我国明、清时期的土地数据只是缴纳土地税的亩数，实际耕地的数量要比官方的数字大很多。但是，任何一个国家如果要长期存在下去的话，必须养活它的全部人口，同时也必须得到为保持国家机器的运转所必需的最基本的物资，如各级官员的俸禄、军队的粮食和武器等，而后者需要建立在基本税基———定数量的土地基础上。也就是说，从长期的角度来看，在相对比较稳定的明、清时期，大部分时间统治者把对土地的征税控制在了相对于土地生产力和老百姓能承受的范围之内。因此，笔者认为，即便明、清时期的土地数据只是纳税的依据，对本书的研究也还是有很大参考意义的。另外，也可以从以下文献记载和一些学者的研究中粗略了解一下明、清时期的土地变化沿革。

明朝洪武元年（1368 年），朱元璋下令农民归耕，承认已被农民耕垦或即将开垦的土地都归农民自有，并分别免除三年徭役或赋税。洪武二年，又下令把北方城市附近荒闲的土地分给无地的人耕种，每人 15 亩，另给菜地 2 亩，有余力者不限顷亩。洪武二十七年（1394 年），明朝政府又发布了"额外垦荒，永不起科"的诏令，规定山东、河南、河北、陕西的农民除纳税的土地外，如有余力继续垦荒，垦地听其自有，永不征税。这种办法前后施行 70 余年，从侧面也反映了明初时期田地资源比较富裕。

历史文献中关于清代初年土地荒芜的记载相当多，曹树基（2003）以统计数据揭示：在顺治八年、顺治十二年和顺治十八年，全国土地荒芜面积分别占明代万历六年的 41.47%、55.29% 和 78.32%。明清之际的荒田之多和清代初年垦荒的成效，由此可获得一个较完整的认识。

梁方仲（1980）、何清涟（1981）认为，在 18 世纪时出现人口爆炸的同时人均耕地却急剧下降，洪武十四年（1381 年）人均耕地为 6.13 亩，清初康熙二十四年（1685 年）人均耕地 5.77 亩，到清末光绪十三年（1887 年）人均耕地仅为 2.13 亩。

还有学者认为，康熙二十四年（1685 年）全国共有耕地 6 亿亩，到乾隆终年（1799 年）全国耕地约为 10.5 亿亩（张芝联等，1996）。

总的来说，清朝的耕地数据问题比较复杂，有关论述所认为的耕地面积数字偏小，甚至有人算出道光年间人均粮食耕地只有 1.45 亩（孙毓棠等，1979）。事实上，清朝统治者的开荒政策是"荒墟榛壤以及积水所汇，有可疏辟者，多方相度筹划，俾地无遗利，民无遗力……"[①]。一方面，诸如"崇山密菁""高山峭壁""岩险之地""山径险恶之处，土人不能上下者""深崖穷谷"等均穷极开垦，靡有遗余；而江湖水乡之地，则围湖造田恶性发展，"不独大江大湖之滨及数里数顷之湖荡日渐筑垦，尽失旧迹，即自己输粮管业之塘，亦培土改田；一湾之涧，亦截流种稻"[②]。明代"松木槎牙，兽群潜没，绵亘八百余里"之地，至清朝已是"山腰陡壁皆人家""山头但见人驱犊"了，垦殖扩张远过明朝。明朝洪武年间垦田数即达 850 万顷[③]，而清朝之版图倍于明朝，加之东北和蒙古都经大力垦殖，故总耕地面积绝非一般论者常引之低于 10 亿亩甚至只有七八亿亩。据日本尾上悦三统计，中国在 1860 年时的总耕地为约 14 亿亩，人均为 3.77 亩，笔者认为这是可信的。因为清朝的开垦程度比之我国现代的水平还是差一些的，但清朝的版图中期以前却达约 1200 万平方公里，比现在的 960 万平方公里要大近 1/4，而且由于经济建设和工业化、土地沙化等因素导致我国现代的耕地减少很多，两相抵消，那么清朝的总耕地面积应约略相当于现在中国的总耕地面积（葛剑雄，1997）。据国家统计局资料，中国 20 世纪 90 年代耕地总面积

---

① 《清朝文献通考》卷 4。
② 《皇朝经世文编》卷 38。
③ （清）孙廷铨：《颜山杂记》卷 4（物产）。

为 19.5 亿亩^①。据 80 年代初期美国人造卫星遥测我国耕地为 22.6 亿亩，原国家农牧渔业部"县级土地现状调查"统计为 20.95 亿亩（中国国情研究会，1991），据中国科学院国情研究小组资料遥感测出的 90 年代我国耕地面积约为 20 亿亩。如果把这十几年的耕地损耗情况考虑进去，这几个数字应是一致的。考虑到清代中期人均耕地中粮食的种植面积，再乘以 85% 的粮田所占比例，从而得出 1850 年人均粮食种植面积约为 3.8 亩左右。^②

3.3.3 明清时期洲际引种在我国发展的动因分析

1. 灾害频发，急需救荒粮食作物

17 世纪中叶，中国与北半球许多国家一样经历了地质史上的一个寒冷期，伴随这个寒冷期所产生的是一系列旱灾、洪灾、蝗灾。1586~1590 年和 1637~1644 年，^③ 伴同或者跟随洪水、干旱和其他摧毁收成、造成食物短缺的自然灾害而来的，是某些致命的瘟疫。不过，这类灾害有许多是地区性的。主要的粮食生产与出口地区，如湖广南部和江西中部，只受到轻微的影响。除去北直隶、河南的某些地区和落后的西北部外，许多受灾地区以商业化的农业、先进的手工业和众多的城市人口闻名，或者是位于重要的贸易路线如大运河、黄河和长江沿岸（万历朝晚期的三大特征）。其中的一个含意是，像在欧洲那样，北部边缘地区较之南部富庶地区也许更加严重地受到气候变化特别是更冷的气温的影响（竺可桢，1973；何炳棣，1989；德怀特·H. 珀金斯，1969）。特别是 1637~1644 年，全国范围内灾害频发，鼠疫从山西开始传遍河南、河北、北京以及周边许多地区。这些因素使明朝的人口大量减少、农业

---

① 我国耕地面积 1996 年为 19.51 亿亩，到 2003 年减到 18.51 亿亩，7 年间净减少 1 亿亩。由于近期耕地减少速度太快，而且多为开发区占地、建筑占地和生态退耕的原因引起的，如果用此数据估计清代的数据，则应该为：18.5÷4.36×0.85=3.6（亩/人）。考虑到估计一致性验证，所以采用 20 世纪 90 年代的耕地数据。

② 19.5÷4.36×0.85=3.8（亩/人）。

③ 在此期间朝代的更替战争加剧了天灾，同时也使人的流动性加大。

歉收。明朝自然灾害频频发生，在直接造成损失的同时，由于传统种植作物的种植特点，不能很好地备荒和救荒。而最终的结果就会造成对社会规范的冲击，造成更大的动荡或引起战争。如果有很好的救荒作物和救荒机制，就会避免由灾荒引起的人祸。因此，从社会发展的角度，非常需要高产的救荒粮食作物。这就是明、清时期洲际引种在我国发展的社会内在动因。

2. 交通有较大改善，国内外交流日益频繁

虽然我国明、清时期闭关锁国是主要政策，但也有很长的对外开放时间，而且东南的海上贸易活动从来没有停止过。这表明生产和交换已在扩展。15~18世纪正是中国东南沿海工商业发达、商品经济复兴的时期，这一时期我国经济已经具备了大规模对外贸易的条件。1405~1433年，一位名叫郑和的朝廷宦官率船队七次下西洋的情况可说明这一点。这七次远洋航行规模盛大，功绩卓著，是史无前例的。首次远航28000人，乘船62艘，一直航行到爪哇、锡兰及卡利卡特。归途中，遭遇苏门答腊的一支海盗船队，郑和英勇击敌，海盗全军覆没。后来几次航行更加遥远，最远曾到达非洲东海岸、波斯湾和红海海口。中国人还去过印度洋上30多个港口，每到一处，他们就劝导或强迫当地统治者承认明朝皇帝的宗主权。而这一切发生时，葡萄牙人只是刚开始沿非洲海岸摸索前进，直到1445年，他们才到达佛得角（斯塔夫理阿诺斯，1999）。郑和的"宝船"，大者长44丈，阔18丈，可容一二千人，船体宏伟而且制作精良。直到清中叶，中国的帆船仍是世界公认的优良的海上交通工具。中国当时的造船技术处于世界领先地位，沿海船民积累了丰富的航海经验，完全可以远航（杜石然等，1985）。而且，工商业在明、清时期有了长足的进展。与宋朝相比，明、清两朝的版图更辽阔，商人活动的范围更大，我国明代城市水陆交通体系逐渐充实起来（牟复礼等，1980）。欧洲市场对中国的茶、丝和瓷器的需求又进一步刺激了国内贸易的商业化。虽然商业化给人口稠密的平原和沿海地区的城镇带来繁荣和富裕，但那些不与贸易集散地和交通要冲发生联系的地区仍

然处于贫困和不景气的状态中。而没有土地的流民作为人口变动的产物，反而浪潮般地涌入这些偏远地区。

另外，中国社会长期存在的小农经济造成了人们对土地的依赖，加上宗族观念、乡土观念的影响，安土重迁早已成为传统。所以，占人口绝大多数的农民是不愿意离开故土的，即使在天灾人祸严重时被迫流亡，大多数人还是要千方百计返回故乡。而明、清时期的自然灾害频发，客观上也加强了不同地区间的交流。

交通的发达、交流的加强，为洲际引种和美洲作物在我国国内的传播创造了有利的外在条件。

3. 人地关系失衡

人力在古代战争中的作用是不言而喻的，而战争的胜利又会带来俘虏、土地、人民，直接增加人口，或者为增加人口准备了条件。即使是付出极大人力牺牲的战争，只要获胜，对方的人口必定会减少更多，相对的人力优势还是存在的。所以，人口数量在古代被认为是一个国家实力和财富的象征，统治者一般都会在本国制定鼓励生育、增加人口的政策。同时，我国受传统礼教的影响，认为"多子、多福、多寿禄"，"不孝有三，无后为大"的思想，也加剧了人口的快速增殖。

人类在有可能的情况下，总是要选择最理想的生活和生产环境的，所以优先得到开发和利用的总是条件最理想的土地。而当这些土地已经不足以养活既有人口时，只能相应降低条件，以便开垦更多的土地。反之，在人口较少的情况下，即使其他条件都已具备，传统农业区也不可能扩大。

明朝初期，农民垦荒有很大的成就，耕地的数量显著增加。洪武时，各州县每年垦田"少者亩以千计，多者至二十万"。据《明太祖洪武实录》不完全统计，从洪武元年至十六年（1368～1383 年），各地新垦田土共达约 180.52 万顷，约合当时全国土地数额的一半。到洪武二十六年（1393 年），全国的田土包括官田、民田、旧额、新垦已达850.76 万顷，比元末增长了四倍有余。永乐、宣德时，屯田面积更加扩大,于是"东自辽左,北抵宣大,西至甘肃,南尽滇蜀,中原则大河南北,在在兴屯矣"。

粮食的总产量也在逐步提高,这从明朝政府税粮的增长也可以看出。据《明史》记载,洪武十八年(1385 年),全国收入麦、米、豆、谷 2088.96 万石,到洪武二十六年增加为 3278.98 万石,比元代差不多增长了两倍。洪武末军屯的上缴粮不过 500 余万石,永乐时已达 2300 余万石。全国各地的仓储都极为充裕。《明太祖洪武实录》载永乐时,福建、陕西某些地区的仓储可支当地的傣饷十年、二十年、三十年或四十年,四川长寿县的仓储足支当地俸饷百年。《明史·赋役志》也说:"是时宇内富庶,赋入盈羡,米粟自输京师数百万石外,府县仓廪蓄积甚丰,至红腐不可食。"这显然有些夸张,但也反映了在某些地区有足够的粮食储备(Huang Ray,1974)。因此,在明朝前期是基本没有农业技术革新的动力的。

但在明朝,人口增长几乎停滞不前的状况发生了变化,明初人口为 5677 万人,最多时达 2 亿人(葛剑雄,1997)。而明朝的疆土却一直在缩减,到了明朝末年,在江南和一些地少人多地区,人口压力已经相当大,大批无地贫民涌向山区开垦(葛剑雄,1994)。这就使人地矛盾日益凸显,也就有了农业技术改革的需求。

明、清之际的天灾人祸、特别是持续多年的战争,使中国人口又一次遭受巨大的损失。实际上,1650 年全国人口仅 1.6 亿人,还未恢复到明朝后期的水平,一定程度上缓解了人地矛盾。到 1750 年全国人口突破 2.76 亿人,而在清朝完成统一的 1759 年之后,清朝的领土再也没有任何增加,但人口数量却持续上升,在 1800 年达到了 3.523 亿人。在太平天国起义前夕的道光三十年(1850 年)更是达到了 4.36 亿人(曹树基,2001)。

清朝政府甚至更早在 18 世纪中期就通过一场关于粮价上涨原因的辩论,证明它已感受到了沉重的人口压力。最具说服力的是,这场辩论发生在乾隆的各项平抑粮价的措施失败之后——增加生产、普免钱粮、动用国库和鼓励商运。尽管乾隆在 1748 年的辩论时反对绝大部分总督和巡抚的观点，但43年以后乾隆不得不承认，人口的增长已使"家给人足、比户丰盈"变得不可能，而他个人的辛勤和慷慨没有使人口与资源的紧张形势改观。[①]

在这样空前巨大的人口压力下，对山区的开发、对高寒地区的土地利用都成了解决问题的现实途径。这是美洲粮食作物快速传播的基本动因。

4. 种植、育种技术有较大突破

宋、元时期作物分布的改变实际是引种的结果。然而，在引种过程中有些成功了，有些失败了，是有风土论的发生。《周礼·考工记》有言："桔逾淮而北为枳，鹳鹆不逾济，貉逾汶则死，此地气然也"，认为一切生物只能在它的故土生长，逾越这个范围，就会发生变异，甚至引起死亡。宋、元时期种植于边疆的棉花开始分南北二路传入中原。有的地区因为没有掌握好种棉技术，造成引种的失败，也被有些人归之于"风土不宜"。元代农书《农桑辑要》提倡在黄河流域引进和推广棉花、苎麻，对唯风土论进行批判，指出在人的干预下，能够改变农业生物的习性，使之适应新的环境，从而突破原有的风土限制。这种有风土论而不唯风土论显然是人们对在长期引种中积累的经验所作的理论概括。在《农政全书》中，徐光启用大量的事实对唯风土论进行了尖锐的批判，提出了有风土论，不唯风土论，对引进新作物、推广新品种产生了重大的影响，起了很大的推动作用。徐光启不但重理论，而且也重实践。他听闻闽越一带有甘薯的消息后，便从莆田引来薯种试种，并取得成功，随后便根据自己的经验，写下了详细的生产指导书《甘薯疏》，用以推广甘薯种植，用来备荒，后来又经过整理，收入《农政全书》。

明代的甘薯限制在闽广两省，没有传播开来。一方面，由于民众接受新作物需要时间，此时甘薯处于被广大群众认识的阶段，众多农书主要宣传其高产抗旱的特性，提倡在各地多加种植。如徐光启《农政全

---

① 唐文基、罗庆泗：《乾隆传》，人民出版社1994年版，第56～80页。

书》总结"甘薯十三胜";王象晋《群芳谱》中《甘薯》篇,对甘薯的性能、树艺、藏种、收采、功用、制作等各方面作了更全面详细的说明介绍。另一方面,由于明末的社会动乱,各地社会经济遭到巨大破坏,动荡不安的社会环境使人民难以从事正常的生产活动,自然阻碍了甘薯的传播。17世纪以后,人们逐步认识到甘薯在瘠卤沙冈皆可生长,唯土地高燥、土质疏松方利于块根生长,获得较高收成,因此,深耕厚壅成为最基本的栽培技术措施。南方地势低洼、土质黏重、雨量充足的地区栽薯需起垄作畦,方可排水通气、加深土层以利结薯,因此,人们对于垄作的重要性已有一定认识。北方雨量较少的沙上虽可平作,但具有灌溉条件能够实行垄作栽培的一般总比平作高产。甘薯向北推广,因冬天气候寒冷,留种藏种工作成为引种能否成功的关键。《农政全书》在总结留种的主要经验时指出:"其一传卵。于九、十月间,掘薯卵,拣近根先生者,勿令伤损,用软草苞之,挂通风处阴干。至春分后,依前法种。一传藤。八月中,拣近根老藤,剪取长七、八寸,每七、八条作一小束。耕地作垺。将藤束栽种如畦韭法。过一月余,即每条下生小卵如蒜头状。冬月畏寒,稍用草器盖,至来春分种",介绍了留薯块及薯蔓作种的方法。《农政全书》还介绍了利用苫盖和窖藏等保存种薯、种蔓安全越冬的方法,指出其关键在于防湿和防冻。窖藏法的提出为种薯越冬取得突破,从而使甘薯的栽培区域不断向北扩展。

明、清时期,人们在总结提高甘薯栽培技术水平的同时,对于甘薯的利用也作了进一步的开发。甘薯传入中国之初,主要用于防灾救饥。徐光启曾说,"甘薯所在,居人便有半年之粮,民间渐次广种",充分说明了推广高产作物(一亩甘薯的产量是一亩谷子产量的20倍)极大提高了粮食产量。随着时间的推移,人们逐步认识和发现了甘薯的许多优点。徐光启将其归纳为"十三胜",指出它具有高产益人、色白味甘、繁殖快速、防灾救饥、可充笾实、可以酿酒、可以久藏、可作饼饵、生熟可食、不妨农功、可避蝗虫等优点,指出"农人之家,不可一岁不种。此实杂植中第一品,亦救荒第一义也"。这一总结对于甘薯的推广也起了一定作用。

早期美洲粮食作物的栽培技术大抵沿用西方现成的方法，发展到后来结合中国本国实际，创造出了多种形式的轮作复种制，在栽培管理方面也不断有所创新和发展。这些都客观上推动了美洲粮食作物传播的进程。

5. 政策的鼓励和官员的大力推广

虽然甘薯、玉米、马铃薯引种至中国大约 200 年后才在全国推广，是因乾隆末年人口压力日益严重，迫切需要增加粮食产量，但与宽松的人口政策也是离不开的。农民纷纷外迁垦荒，随着人口的流动，才使高产粮食作物（玉米、甘薯、马铃薯）到乾嘉之际引种至各地。

同时，美洲作物的快速传播与官员的大力推广也是分不开的。《金薯传习录》记载，乾隆十七年，山东布政使李渭"访知薯利有益民生，复取金公旧刻（金学曾《海外新传七则》），再为详晰发明"，当年十二月颁布了《种植红薯法则十二条》，提出种薯为"救荒第一义"，劝谕各州县广为栽种。乾隆四十年至四十二年山东按察使陆燿曾刻《甘薯录》，乾隆五十年山东巡抚明兴"饬多为刊刻，颁行各府州县，分发传抄，使皆知种薯之利，多为栽植"。乾隆五十年（1785 年）春夏，华北特别是黄、淮流域遭遇大旱，河南、山东、江苏、安徽各地均出现饥荒。乾隆非常关注各地灾情，要求各级官员广泛征求赈灾良策，甘薯有备荒且能耐旱的优势，于是下令在灾区推广。乾隆五十年，乾隆帝下旨传谕福建巡抚富勒浑：即将甘薯藤种多行采取，并开明如何栽种浇灌之法，一并由驿迅寄豫抚毕沅，饬被旱各属，晓谕民人依法栽种。又令毕沅等将陆燿《甘薯录》多为刊布传钞，使民间共知其利，广为栽种，接济民食。令闽浙总督雅德将番薯藤种采寄河南。赵学敏《本草纲目拾遗》记有："乾隆五十一年冬，今上特允阁学侍郎张若淳之请，直省广劝栽植甘薯，以为救荒之备。"另外，清朝道光年间《高唐州志》卷 3《田赋考》记载，山东布政使刘斯嵋颁发《藩司刘饬劝种薯蒉札》："甘薯者，乃杂粮中之一种""遵照将所禀情节，刊刷告示，劝谕乡民，各将甘薯一项，广为栽种。"

乾隆初期，陕西巡抚陈宏谋推广甘薯。乾隆十年（1745年）《培远堂偶存稿》载："甘薯，……俗名番薯，又名红薯……其种来自海外，闽广最多，浙江之宁波、绍兴，江南之崇明，河南之汝宁、汝州，江西之广信、赣州、南安皆有之。近来江北亦皆试种"，下令"正杂各官，有闽、广、江、浙、蜀、豫之人，正可从家乡觅带薯种，在城身先试种。如署中有能知种法者，竟可散之民间，教人种植，费力无多。一年生薯，其藤无数，一处得薯，到处传种，不几年而遍一邑矣"。至1754年冬，"购觅薯种，并雇有善种之人到陕"。乾隆十年十二月发出的《劝民领种甘薯谕》中说："据蒲城张令、潼关王令、临潼刘令、兴平许令、略阳柳令、甘泉唐令等从江、浙、豫、蜀各省，觅购薯种，并雇有善种之人到陕。……周至县彭令禀称，已从家乡觅种雇人等情。宁羌侯牧亦有由川购觅薯种之说。"此次劝种取得了一定的效果，乾隆十三年《商南县志》记载："照陈大中丞劝种甘薯法，令富水关居民布种，今渐广"；乾隆五十年《盩厔县志》卷14《恒州偶录》记载："红薯，……陈榕门先生抚关中日，从闽中得此种，散各州县分种。惟盩、鄠水土相宜，所种尤多。"

乾隆《望江县志》卷2《地理》记载："明万历中，闽人得其种于海外之吕宋国，望邑前令徐斌曾购种渝民遍种。"乾隆二十年《平江县志》记载，知县谢仲《劝种杂粮示》"……两粤农家多种番薯一物，青黄不接，借以济荒。今广福客商迁业来平者移植，闻皆畅茂。……本县业分头遣差买备薯苗，发交乡耆保甲领出散给。"嘉庆《宁远县志》卷6《名官》记载："前县令陈丹心（福建诏安人，乾隆三十六—三十九年任）甫下车，教民种薯，群效之，岁歉得无饥。"又光绪《宁远县志》卷3记载，乾隆年间（三十六年至三十九年）知县陈丹心"教种番薯备荒，始犹瑶洞种之"。

以上这些都说明了政府政策鼓励和官员的大力推广大大促进了甘薯等美洲作物在我国的发展。

6. 百姓引进种植的成本很低，种植的风险很小

不过，在农作物发展的历史上，官方倡导虽能起作用，但新作物之

所以能不断地被农民接受，还是要看它的种植成本和经济价值。在美洲作物的引进和传播过程中，最初的种植目的就是灾年补荒。当灾害发生了，以前种植的农作物遭到破坏，因为种植时节的问题，再种植已经不可能形成产量。而种植美洲作物最坏的结果也不过如此。因此，当灾年还能有收成时，老百姓也愿意试种。在引种过程中，不管是从当地官员手里免费领到，还是从邻里用粮食交换，都不用花费很多的钱。这些优势加快了美洲作物被接受的进度。

7. 经济作物种植面积增加，推动美洲作物传播

明、清时期，由于经济有了很大发展，需要大量种植经济作物，因此又占用了不少耕地，加剧了人地矛盾，这使粮食增产的压力更倾向于提高单产。复种指数并非可以任意提高，需要水利、肥料、品种、劳动和更多投入，而传统农业是除利用太阳能之外别无外源性投入的农业，这使单产的提高也遇到临界点的困境。而高产美洲作物能在一定程度上扩大在相对贫瘠土地上的粮食种植面积和提高复种指数，解决实际问题，因此，客观上经济作物的发展推动了美洲作物的传播。

③.④ 洲际引种对我国农业发展的推动作用

随着明朝较长时间的稳定，我国的人口从明初的大约 6000 万人增长到明朝后期接近 2 亿人。此后，我国发生持续 20 多年的大范围旱灾，促成李自成农民起义，崇祯自尽，清兵入关，扬州屠城，改朝换代，到 1650 年时人口至少减少 2000 万人，[①] 大约为 1.6 亿人。上述天灾人祸导致的人口灾难，大约持续了 50 年，直至 1700 年人口才又恢复到 1650 年的水平，此后，中国人口持续快速增加，从 1750 年的 2.76 亿人增至 1800 年 3.52 亿人，接着 1850 年更是达到了 4.36 亿人。在 150 年间，

---

① 曹树基则认为此时中国的人口总数应该为 1.6 亿人，按此说法，明朝鼎盛时期人口应该接近 2 亿人，此数值与郭剑雄的观点较为一致。

人口增加了 2~3 倍。接下来出现了一段短暂的人口回落期，到 1900 年人口依然稳定在 4 亿多人。问题是，清朝时候没有化肥、农药，没有基因改良技术，水利也没有什么大建设，医疗卫生条件也没有大改观；至于气候条件，有旱有涝，也有风调雨顺，总体甚至比以前历朝历代要恶劣。那么，明、清两朝粮食产量和人口持续增加的原因何在呢？众所周知，清朝有康熙、乾隆盛世，许多人夸皇帝好。其实，好皇帝有好作用，但是作用有限。实际上，洲际引种在我国的不断发展，把我国的农业生产可能性曲线大大向外推动了，促进了农业整体水平的提高，养活了大量的人口，稳定了社会。可以说，正是康熙、乾隆时期，玉米、马铃薯、甘薯的广泛传播并开始普遍种植，大大提高了我国的粮食产量。笔者认为，中国人口在 17 世纪和 18 世纪的成倍增长（包括同期世界人口的迅速增长），主要是美洲的玉米、甘薯、马铃薯这三种作物起了重要作用。

美洲作物传入我国 400 多年来，对沙地、瘠壤、不能灌溉的丘陵，甚至高寒山区的利用，做出了很大的贡献，使我国成为全世界最大的甘薯生产国，产量占世界的 83%；成为仅次于美国的玉蜀黍生产国和仅次于苏联的马铃薯生产国。20 世纪 90 年代中期，我国玉米产量超过 3000 万吨，是次于稻米和小麦的第三重要粮食作物。美洲作物长期间对我国农业生产的积累影响，不可不谓是"革命"性的（Ping－ti Ho，1955，1956，1967）。这种革命性作用主要表现在以下八个方面。

3.4.1 提高了粮食的单产

甘薯、马铃薯、玉米的单位面积产量，比中国传统的谷子、高粱、小麦要高出许多。玉米主要是在山区发挥了巨大作用，其主要优势是能够在贫瘠山区生长，且产量较高，相对山地的传统旱作物，如荞麦、燕麦、大麦、高粱、粟而言，玉米的产量大约高 5%~15%（珀金斯，1984）。

我国学者吴慧（1988）认为：清朝前期的亩产量，种了玉米、甘薯后，可提高到 367 市斤，比不种玉米甘薯提高 17 市斤；其中单种甘薯可提高 9 斤, 单种玉米可提高 8 斤。与明朝晚期的亩产量 (346 市斤) 相比, 增长 21 斤, 增幅为 6%, 其中纯粹由于清朝中叶南方开垦荒地比重比明代增加 (由 50.21% 增至 52.02%), 亩产可增加 4.2 市斤, 单纯由于玉米、甘薯、双季稻的作用, 使亩产提高了 16.8 市斤。

而赵冈等 (1995) 的结论则是: 种植玉米、甘薯使粮食亩产增加了 21.14 市斤, 其中玉米使亩产增加 10.37 市斤, 甘薯使亩产增加 10.77 市斤; 在这增加的 21.14 市斤中有 2.38 市斤是明代就增加的 (玉米 1.3 市斤, 甘薯 1.08 市斤)。归纳言之, 乾隆时亩产比明代所增加的: 玉米甘薯约占一半, 其余为南北耕作集约化程度及复种指数提高的作用共占一半。[①]

从以上两位学者对清代前期粮食亩产的估计中可以看出, 玉米、甘薯在清朝前期对粮食亩产增加的作用已经是非常巨大了; 到清朝中期及以后, 随着种植面积的进一步扩大, 美洲作物对粮食单产提高的贡献就更大了。

3.4.2 扩大了种植面积, 促进了山区和高寒地区的农业开发

明、清时期, 适应当时人口激增的形势, 洲际引种为我国农业征服高寒地区和贫瘠山区, 缓解民食问题做出巨大贡献, 成为我国农业科技史上有革命意义的重大事件。为了应付人口增加的压力, 农业生产中采取的措施除了提高农作物的单产外, 就只有开垦荒地——以扩大耕地面积来增加粮食产量。而在以往的物质条件下, 没有被农业开发的地区虽然并非都是不毛之地, 但或者面积太小, 不能养活大量人口; 或者条件太差, 生产的成本太高; 或者在当时条件下还没有开垦的能力。而玉米、甘薯等美洲高产作物耐旱高产, 使农业开发在这些地方成为可能。

1. 山区、丘陵

我国的平原地区清代以前早已开垦尽净, 同时我国对丘陵坡地的

---

① 同时, 也不能忽略了耕作制度改革对增加亩产的重要作用。

利用也开始很早，所以清代垦殖只能是那些土壤贫瘠的深丘山地。如果在这些地区种植粟、黍、高粱、荞麦等传统旱作物，由于它们对土壤、气候要求相对较高，一般产量都相对较低，甚至有些作物都不能正常生长。无法大量开垦山区来种植农作物，山区粮食问题不能解决，自然难以实现山区开发。而美洲粮食作物的传入刚好解决了这一问题，玉米、甘薯、马铃薯这些耐旱耐瘠的高产作物能够在山区栽培。甘薯很高产，但对气候要求相对暖湿，适合于低山丘陵地带；而玉米的产量不低于麦粟，却更耐旱，能在高山贫瘠的土地上生长；马铃薯适应力最强，能生长在山区的高寒地带。当时流民垦荒多是种植这些作物来解决粮食问题，山区一般在低处种甘薯，高处种玉米，更高的山上连玉米、甘薯都不适于栽培，则种耐地气苦寒的马铃薯。如清朝同治七年湖北《恩施县志》记载，恩施县"环邑皆高山以包谷为正粮，间有稻田种植，收获恒迟，贫民则以种薯为正务，最高之山惟种药材，近则遍植洋芋，穷民赖以为生"；同治湖北《宣恩县志》记载，"宣民居低山者除稻谷外，以甘薯接济正粮，居高山者除包谷外，以洋芋为接济正粮"。

自 18 世纪中叶直至太平军起义，甘薯随着玉米逐步进入长江内地的丘陵地带，特别是集中在川、陕间的山地，以及湖北省西南部的山地和湖北西北部汉水流域的山地。随着这些作物的推广种植，华中和西南大片地区以及许多山区和丘陵、长江流域以南过去长期闲置的山丘地带和不宜种植水稻的旱地被迅速开发利用，同时在黄河以北的广大地区也逐步取代了原有的低产作物，成为大宗农产品。有关当时山区垦殖情况的文献记载很多。如爱必达在其《黔南识略》（1749年）卷一《贵阳府》中说明，"山坡硗确之地，宜包谷"；道光1841年《遵义府志》除在"物产"卷中列有玉蜀黍、甘薯和落花生外，另有一段追叙，"'明绥阳知县毋扬祖利民条例'：'……县中平地居民只知种稻，山间民只种秋禾、玉米、粱、稗、菽豆、大麦等物。'"；同治1871年湖北《施南府志》记载，"郡在万山中。……近城之膏腴沃野，多水宜稻。……乡民居高者，恃包谷为正粮，居下者恃甘薯为救济正粮。……郡中最高之山，地气苦寒，居民多种洋芋。……各邑年岁，以高山收成定丰歉。民食稻者十之三，食杂粮者十之七"；光绪 1893 年四川《奉节县志》记载，"案：包谷、洋芋、红薯三种古书不载。乾嘉以来，渐产此物，然犹有高低土宜之异。今则栽种遍野，农民之食，全恃此矣"，等等。

在耕地少、人口密集的传统农业区，农民在作物布局上充分利用甘薯的适应性，以提高土地利用率，"邑人于沃土种百谷，瘠土则以种苔，无处不宜"①，"山坡土埂屋畔陇头尽堪布种，且沙土与薯性为宜，尤易滋长"②；甘薯能够适应多种土壤条件，土质差别对甘薯产量影响不大，"今竞种之，山田沙土，无不蕃育，所获可敌良田"③，"红薯，……黄土沙土皆宜，邑境产数颇巨"④。甘薯的推广使我国山东、浙江、闽粤等地大量滨海沙地和贫瘠丘陵得到开发利用。

高王凌（1992）认为，明朝万历年间中国耕地约为 7 亿亩，其后在 18 世纪初上升到将近 9 亿亩。到民国初年中国耕地面积已达 14 亿 ~ 15 亿亩，其中山海关内各省约有 12 亿亩左右（以上数据均为官方统计，不能作为实际数字），耕地面积比明代扩大约一倍。可以说，在清代扩大耕地范围（零星山坡地还不计入耕地统计数）这一过程中，美洲粮食作物发挥了较大作用。

据珀金斯（1984）的统计，在 1914 ~ 1918 年以前，玉米的播种面积只占所有各种谷物全部播种面积的 5% ~ 6%（见表 3 – 5）。如果所有栽种玉米的土地在不种它的时候是抛荒不用的，那么玉米的传入就能造成粮食 700 万 ~ 800 万吨的增加，在 1914 ~ 1918 年和 1957 年，玉米所增加的谷物产量的幅度在 100 万 ~ 200 万吨到 1100 万吨之间；甘薯在 1918 年以前大约使粮食产量增加 400 万吨，1918 ~ 1957 年大约提高了 900 万吨，美洲作物引进的作用由此可见一斑。

---

① 道光十七年（1837 年）《仁寿县新志》卷 2。
② 乾隆二十八年（1763 年）《行唐县志》卷 5《种植》。
③ 光绪二十三年（1897 年）《文登县志》卷 13。
④ 民国 20 年（1931 年）《迁安县志》卷 18。

表 3 - 5　　　　**1914～1957 年玉米和薯类的种植面积统计**　单位：百万亩

年份	粮食作物总面积	玉米面积	薯类面积
1914～1918	1427	78	25
1931～1937	1575	104	55
1957	1813	196	157

资料来源：珀金斯（1984）。

2. 高寒地区

马铃薯的生物学特性决定了它适宜在高寒冷凉区发展种植，其主要分布区有川陕鄂山区为中心的西南产区、晋北为中心的华北产区和后来的东北产区，其中东北的开垦最具代表性。东北属于高寒冷凉区，美洲作物引进以前农业开发程度极低。尽管东北的生长季节比清朝其他农业地区短，但土地肥沃，也有较适量的雨水，这非常适宜马铃薯生长。不仅如此，满族征服中原时曾征用大量的东北人口，使得处女地未被开垦，即便是已耕地，也由于农业技术比中国其他地方简陋，产量仅及汉族农民所得的一部分（费正清等，1985）。这些都成了农业开发的有利条件。我们可以从流民对东北开发的角度，从侧面了解一下马铃薯的重要作用。

东北经过初期的禁止后，清政府鉴于巨大的人口压力和巩固边疆的需要，终于变默许为开放和鼓励。数以百万计的移民使东北在短期内完成了初步开垦和设置行政机构的过程（葛剑雄，1997），而这些人都需以马铃薯和玉米为主要粮食。

到 18 世纪末，吉林城镇人口的 80%～90% 是汉民，黑龙江也大概如此（费正清等，1985）。宣统三年（1911 年）东北人口共 1841 万人，其中约 1000 万人是由山东、河北、河南省先后自发涌入的流民，而其中以山东为最，约占 70%～80%。由此推断，清代山东移往东北的流民约在 700 万～800 万人之间（路遇，1987）。规模之巨，可以想见。进入民国时期，流民"闯关东"高潮迭起。民国时期历年进入关东地区的贫民人数多寡不一，但至少也在 20 万人以上，甚至超过百万人。

3.4.3 丰富了作物品种，改善了种植结构

美洲作物的引进和传播使粮食构成和作物构成发生新变动。清代前期，由于这些作物种植不多，影响还不明显。到了清朝乾嘉时期，由于人口激增，民食紧张，这些来自美洲的旱作高产作物得到重视，开始在全国范围迅速推广开来，种植面积不断扩大，从而使作物结构发生了变化。其中，由于玉米、甘薯和马铃薯比稻、麦的产量高，尤其在山地和旱地的种植又是非常明显（游修龄，1993），迅速取代了蔓菁和传统薯类如芋、山药（薯蓣）等粮食功用，使之退居蔬类行列，不久就以其独特的优势压倒传统薯类，在粮食作物中跃居重要地位。延至民国初年，甘薯在百姓的日常生活中地位更为重要。到清朝末期，依次为水稻、小麦、玉米、高粱、谷子、甘薯和马铃薯的粮食构成已经基本形成。另外，甘薯（红薯、白薯）和玉米在北方地区可以与冬小麦构成一年两季收获，改善了原有的种植结构，增加复种，从而提高了土地利用率。

3.4.4 增加了种植作物多样性，提供了更加丰富的育种和基因资源

时间久远并不是引起作物多样化变异的唯一因素，栽培环境的复杂性更易引起多种变异类型的形成。山区，尤其是低纬度山区植物变异类型多样的原因就在于此。变异产生以后再通过主要是人的有意识或无意识的选择，就形成不同地区作物类型的不同特点。在我国这片基本农业区内也存在着一些相当大的地理障碍，将全国分割为若干相对独立的区域，如秦岭、南岭、太行山、黄河、长江、淮河等，同时我国跨越热、温、寒带，存在高原、丘陵、平原的各种复杂的地理环境，这些都为生物的进化变异提供了有利的自然环境条件。美洲作物引进我国以后，由于复杂多样的栽培环境，再加上一些近缘植物的杂交，引起了多种变异

类型，最后通过人们有意识或无意识的选择，就形成不同地区的地方品种和农家品种，丰富了我国的作物品种资源。而这些地方品种和农家品种含有的许多有价值生物性状和多样性的变异，则是作物育种家探寻新基因的宝库。

3.4.5 提高了农业救灾度荒的水平

明、清时期，人口增殖很快，灾荒也相当频繁，一遇天灾发生，即出现大规模的粮荒。美洲作物的传入，在很大程度上缓和了这种局面。甘薯作为备荒作物，若主要粮食作物因天灾没有收成，而灾后所余的生长季节又太短，不够补种原来的作物，则可以补种甘薯，以济主粮之失败。甘薯所需生长期较短，且茎叶均可入食充饥，往往可以及时提供灾区所需之粮食。而玉米的耐储存性，极大提高了民间百姓贮粮御灾的能力。丰收年份把玉米储存起来，可以补充歉收年头的口粮；土豆、红薯的淀粉则可制作粉条，也可以长期储存（古代由于运输能力所限，丰收地区的粮食难以大规模救助歉收、绝收地区的人民）。另外，有时候造成灾荒的真正原因并不是灾荒地区没有粮食，例如，在17世纪40年代初折磨长江三角洲的可怕的"饥馑"中，当地仍有大米可买，问题是本地的歉收和其他种种因素促使价格高涨，许多人根本买不起罢了（牟复礼等，1980），而美洲作物的引进种植恰好解决了这个问题。吴方震《岭南杂记》（《丛书集成》本）曾记载："甘薯有数种，江浙间亦甚多而贱，皆从海舶来者。形如山药而短，皮有红白二种，香甘可代饭。十月间遍畦开花，如小锦葵。粤中处处种之。康熙三十八年（1699年）粤中米价踊贵，赖此以活。有切碎晒干为粮者，有制为粉如蕨粉藕粉者。"《遵义府志》续论道光年间玉蜀黍在当地农作物中的地位："玉蜀黍：俗呼包谷。……岁视此为丰歉。此丰，稻不丰，亦无损。价视米贱而耐食，食之又省便，富人所唾弃，农家之性命也。"甚至一些地区的贫苦百姓还可以将价格较高的稻谷投入市场，来换取价格远远低于稻米的玉米等来增加食物数量，以助度过荒年。

3.4.6 促进了经济作物种植的发展

明朝万历年间已出现人口膨胀的前兆，加上皇室豪强不断兼并土地，少地、无地农民日益增多，开始出现一定程度的劳动力过剩。部分地区特别在闽、广两省，开始种植需要劳动较多但有较高经济收益的经济作物，以缓和农业多余劳力的压力。美洲高产作物的引入及推广种植，解决了由于大量种植经济作物、侵占粮田而开始出现的缺粮问题。也就是说，美洲粮食作物的引进推广，不但使原有的耕地提高了产量，还使耕地扩展到以前难以利用的贫瘠地区和高寒地区，因此，不但为缓解人口激增所引起的老百姓吃饭难题做出了贡献，而且为经济作物的发展创造了有利条件。同时，很多流民涌入山区，他们既种玉米、甘薯以糊口度日，又栽桐、茶、漆、靛等经济作物进行商品生产。

3.4.7 促进了养殖畜牧业的发展

甘薯、马铃薯、玉米本身产量比较高，在满足人们口粮的同时可以作为非常好的饲料。我国的饲料用粮也主要以这三种粮食作物为主。同时，它们的秸秆、秧蔓又是极好的饲料，只要有人手，甚至不用额外加大投资，而麦秸、稻秆则不能作饲料。明、清时期，在山区以玉米和甘薯酿酒、养猪是当时农家极为普遍的现象，严如熤《三省边防备览》记载，在三省交界地区，"山中多包谷之家，取包谷煮酒，其糟喂猪，一户中喂猪十余口，卖之客贩，或赶赴市集"，收益十分可观。

3.4.8 为以后的作物引进和驯化积累了丰富经验

美洲作物在引进和传播过程中，既有顺利解决驯化、种植的成功经验，也有屡次引进、品种退化、不能成功驯化形成适应本地农业生产品种的苦闷，还有种植技术不合理造成损失的痛苦教训。但是，这些都是农业生产及育种工作中的宝贵财富。在此基础上，1930年，山西铭贤学院农科主任穆懿尔（R. T. Moyer）和霍席卿等在1930年从美国中西部引进金皇后、银皇后等12个优良玉米马齿品种，经过5年的品种比较试验，表明金皇后的丰产特性超过当时黄河流域各地所栽培的各个玉米品种，并于1936年开始在山西示范推广，以后传播到全国许多地方。1941年西北农学院王绶等又从美国引进50多个玉米品种并育成7个自交系，选出武功白玉米和综交白玉米，1942～1946年扩大育种3390亩，比当地品种增产20%～30%。在以后的半个世纪里，这些品种对促进我国玉米生产发展和作为杂交育种材料均起到了重要作用。同时，美棉、水稻、大豆、高粱、花生、烟草等，在品种引进和改良方面也取得了一定的成绩（沈志忠，2003）。正是洲际引种的成功经验和失败教训，为我国民国时期乃至今天的农业作物引进和驯化提供了宝贵而丰富的经验。

3.5 洲际引种在农业可持续发展方面的消极作用

对于任何事物的发展，我们都不能只看到其有利的一面，对它消极的一面也要给予足够关注。只有详细了解一个事物的发展过程，公正客观地评价它对周围带来的影响，才能在此基础上制定切实可行的发展策略。对于历史中已经发生的事件，由于历史的沉积，能使我们有更好的机会了解它的一切，为我们以史为鉴、制定策略应对类似的事件提供帮助。洲际引种对我国农业可持续发展的消极影响主要体现在以下几个方面。

3.5.1 人口方面的影响

人口的增加与多方面因素有关，如荒地垦辟、版图扩大、政策变更等。我国人口增长在明朝万历年间尚不明显，但到了明末清初时期，增长变化就显得异常突出了。

笔者认为，美洲作物传入中国以后，对中国土地利用和粮食生产确实引起了一个长期的革命。但由此引起的农业科技革命也同时引起了我国人口的快速增长。玉米、甘薯和马铃薯的传入及不断的传播造成山区大面积的开发和平原地区种植结构的变化，加之清代康熙、雍正、乾隆三朝，尤其是自1683年平定台湾完成统一到1796年川陕白莲教起义这一百多年的"太平盛世"，这种当时较有利的粮食生产与经济条件配合造成我国人口快速无节制的增长。1683年人口的总数应在1.6亿人左右，到1800年全中国的人口已达到3.5亿多人，虽经济条件早已开始恶化，但人口固有的变动规律还是把人口总数递增到1850年的4.3亿多人。

具体来说，这三种高产作物的传入和推广为清代人口膨胀创造了基本条件。一是使山区人口自然增长成为可能；二是遇饥荒时可使人们赖以救荒，减少灾荒时人口的自然衰减；三是饥荒后其高产特性使人口的损耗恢复速度提高。可见，人口的增长促进了美洲粮食作物的推广，而反过来，其推广又为进一步的人口增长提供了基本条件。

19世纪初，美洲作物已经使中国粮食生产达到了一个极限。珀金斯（1984）通过对19世纪中国人口和土地的计算，已大致向我们展示了我国已经面临难以承担的人口压力。土地利用和粮食生产达到或接近极限之后，全国政治、经济及人民生活变得非常脆弱和危险。

当时人口的增长对经济发展产生了明显的制约作用，在农业生产方面的表现是：农业生产人均土地面积减少，人均农业生产率倒退，人均所占粮食数下降。无地的贫民人数增多了，许多人从人口稠密的地区迁出。在政治方面的表现则是，在那些迁出人口定居的地方，交通可能依然不发达，政府统治依然无力。在新建立起来的生活艰难的地区，自然会发生贫困、法度落后和像白莲教之类的起义运动。这反过来又使吏治败坏，使清朝的政府威望遭到损害。同时，粮价上涨，仓贮枯竭，虽然政府倡导勤俭节约，但是一旦发生自然灾害，贫苦老百姓就首先会面临生存问题（村松祐次，1966）。

19 世纪初，中国已陷入马尔萨斯陷阱，即大部分地区传统农业经济的资源已经用尽，没有新资源的出现或农业技术在大范围内的重大改良，中国人口与土地资源的脆弱平衡将很快被打破，整个社会将由此经历因人口压力而导致的马尔萨斯危机。人们着力发展产量高的粮食作物的首要目标就是果腹，而质量、口味一般放在比较次要的地位。而当这些也不能解决生计问题时，就可能采取非常手段。我们可以把 1850～1949 年间中国内部的战争和造反连起来观察，马尔萨斯陷阱的压力展现得更加明白：几乎所有的战争和造反都得用"巨大"来描述其规模。尽管这些事件有各种各样的原因，但我们不得不寻求其长时段的根本性动力。这一百年间大动荡的背后是中国追求现代化伴之而来的社会转型的痛苦，是中国持续人口压力的宣泄。正因为如此，这一百年间不断的战争和造反才都覆盖了广阔的地区，它们吸引着众多人口并不仅仅因为给予一个光明的未来，还因为它们能更现实地填饱肚子（曹树基等，2002）。

从比较现实的角度考虑，如果一个国家由于人口压力处于经常战争的状态，那么不要说推进农业技术新发展和保持农业未来的发展潜力了，连最起码的农业生产也会出现问题。根据历史事实和梅托斯提出的"人口膨胀—自然资源耗竭—环境污染"世界模型，明、清时期人口激增导致人口压力不断加重，按人平均的土地下降，传统农业难免被迫走上围湖造田、开发山区（特别是明朝玉米、甘薯引入之后）的道路，超越了环境负载力，使环境严重退化，大量土地不能复垦，自然资源严重枯竭。

3.5.2　环境方面的影响

在传统的农业社会，人口压力导致粮食不足的直接后果就是促使民众寻求粮食产量的增加，一方面依靠扩大耕地面积，主要采取垦荒种植等措施；另一方面在恒定的单位面积上增大劳动和技术投入，采取集约化的精耕细作，努力提高单位面积产量，以达到总产量的增长，来维持增长人口的口粮需求。明、清时期，美洲粮食作物的传入使山区经济进一步开发成为可能，另外，流民垦殖山区也促进了新作物的推广传播。政府官员大力推广玉米、甘薯的种植，也间接地鼓励了山区的继续开发。但由于流民垦山种植玉米也造成了植被破坏和水土流失，对生态环境产生了巨大的破坏作用。清朝学者汪士铎所著《乙丙日记》曾载："人多之害，山顶已植黍稷，江中已有洲田，川中已辟老林，苗洞已开深箐，犹不足养，人事之权殚矣。"

我国人口从汉初的一两千万人增加到清朝的几亿人，开垦力度不断加大，据吴慧考证，汉朝平帝元始二年（公元2年）垦田数约为2.4亿亩，比之汉初增加6.4倍，那么汉初垦田数则应为3000多万亩，这样到清朝的20亿亩左右，就增加了几近60倍。这种开垦当然对自然、对生态环境的破坏亦日趋严重。由于越来越多的森林资源和植被被破坏和过度垦殖，引起越来越严重的水土流失、江湖淤垫、众多山区林产品趋向枯竭，以及对气候调节功能的减弱、自然灾害的增多加剧等。过度的垦殖、盲目的农业区扩张引起了大面积土地沙化。还有因围垦导致的河湖水面积急剧萎缩，由此造成的调蓄功能的减弱和灌溉效益的丧失以及对航运、水产以至于对气候都有不同程度的影响（张建民，1990）。土壤的肥力也大大下降了。我们可以从以下全国一些地方的变化，来粗略了解一下洲际引种对我国环境方面的消极影响。

明、清时期，由于美洲高产作物的引入，中国东部的人口迅速增加，很快超过了土地的承载力。清朝开禁以后，大量中原移民流入东北，至今不过100多年。辽宁曾经是一个森林密集、水草丰富的地区，随着人口的增加和后来农业的不断垦殖，辽宁已经是河川断流、风沙遍地，生态环境的恢复与重建变得十分困难。

在鄂西、川、陕边境及整个汉水流域的山区，玉米、甘薯引入后，数百万各省的游民自乾隆年间起，特别在嘉庆、道光之际蜂拥进入，对这些被挤到生活边缘的广大群众而言，这个辽阔险峻的区域是中国内地最后的农业边疆了。他们在这个区域主要种植的粮食作物先是玉米，辅之以甘薯，不久又增加了马铃薯，因为只有马铃薯才可以部分地"征服"贫瘠苦寒的高山地带。然而付出的代价却是严重的林木毁坏和水土流失。自19世纪初起，垦山的结果是"山形骨立，非数十年休息不能下种"；对山下农田，"山经开掘，遇霖雨，土随崩裂，湮灭田禾，填塞溪涧，以致水无潜滋，稍晴即涸，旱涝交忧，害实不浅"（何炳棣，1985）。

在西南及中部地区的美洲作物传播过程中，东南沿海"过剩"的人口逐步西移，先后开发了长江流域腹地的丘陵，随即集中向湖北西南部山区，自陕甘边境往东秦岭以南整个汉水流域的山区和四川盆地边缘的山区迁徙。这些山"大抵山之阳宜于苞粟，山之阴宜于甘薯。"① 于是，长江腹地大片的原始森林被砍伐，大片的处女山地被辟为玉米田和甘薯田（何炳棣，1985）。

江西西北部多山的武宁县，在明清时期曾大量开垦山地。新开的山田，土壤肥沃，连年丰收，但后来引起水土流失的问题。同治（1870年）《武宁县志》曾记载余腾蛟讨论山地问题的严重性的言论："棚民垦山，深者至五六尺。土疏而种植十倍。然大雨时行，溪流埋淤。十余年后，沃土无存，地力亦竭。今……诸处，山形骨立，非数十年休息不能下种。"皖南徽州一带，最晚从乾隆年间起，已有上万的"棚民"来自本省的怀宁、潜江、太湖、宿松、桐城，甚至来自浙江的温、台两府。此外还有"随时短雇帮伙工人，春来秋去，往返无定，多少不一"。

对于这类的消极影响，道光（1829年）《徽州府志》也有记载："查徽属山多田少。棚民租垦山场，由来已久。大约始于前明，沿于国初，盛于乾隆年间。其初租山者贪利，荒山百亩所值无多，而棚民可出千金、数百金租种。棚户亦因垦地成熟后布种苞芦，获利倍蓰，是以趋之若鹜。或十年，或十五年，或二十余至三十年，迨山膏已竭，又复别租他山。以致沙土冲泻，淤塞河边农田。"从1806年官方即下令禁止垦山，最后到1824年两江总督陶澍决定棚民租满退山之后，"不得仍种苞芦，改种茶杉，培蓄柴薪，以免坍泻"。

---

① 同治（1873年）江西《玉山县志》，卷一下，页二十四下。

关于此类记载，全国各地的方志和同期的各类著作中还有许多。山区开发造成的严重后果与当时相应的农业其他生产技术、社会经济状况和小农经济局限性都有很大的关系，责任并不完全在农民。历史教训提醒我们，农业开发必须适度，不能搞掠夺式开发，对资源的粗放式消耗和对环境的破坏就是过度开发的表现，这样做就牺牲了长远利益，牺牲了后代的利益，甚至使生存面临威胁。因此，我们在今后的农业开发过程中要坚持可持续原则。

3.5.3 品种资源方面的影响

随着大批流民涌入地广人稀的山区，人口的迅速增加使粮食需求显著增加，低产的黍粟类作物已有些无能为力了，在这种情况下，产量高而稳定，又具有耐旱、耐瘠等特性，适应范围广，高山、丘陵、平原皆可种植，具有救荒裕食之功的玉米，便以很快的速度在广大山区普及开来。同时，自18、19世纪以来，在华北平原上玉米也不断顶替了较低产的如各种小米、高粱之类的旧作物，使传统作物黍、稷的种植量大为减少。最终，玉米的种植面积超过了粟谷等杂粮而跃居于旱地杂粮作物的首位。

甘薯也不断地顶替了中国土生的山药和他种薯芋。另外，特别是中华人民共和国成立以后，随着水利的兴建，水稻的种植面积也在不断地扩大。美洲作物中，甘薯的种植面积可能已接近"饱和"，但马铃薯的种植推广相当快，尤其是在东北和北方边疆省区。[①]

据表 3-6 提供了我国 1900 年基本作物种植比例。根据卜凯（Buck）1929～1933 年做出的各作物种植面积百分比的平均数，我们可以看出，1900 年、1904～1909 年和 1930～1933 年作物种植面积变化趋势，如表 3-7 所示。

---

① 黑龙江省农科院克山农科所：《马铃薯育种和良种繁育》，农业出版社 1976 年版，第 98～99 页。

表 3 - 6   1900 年前后主要作物的年估计产量

基本作物	作物种植面积百分比（%）	作物种植数（亩）	每亩标准产量（担）	产量（担）
带谷大米	30.2	341364190	3.89	1327906699
小 麦	26.3	297280735	1.39	413220222
高 粱	12.5	141293125	1.73	244437106
小 米	11.6	131120020	1.64	215036833
大 麦	10.2	115295190	1.47	169483929
大 豆	6.7	75733115	1.39	105269030
玉 米	4.2	47474490	1.87	88772296
皮 棉	2.4	27127500	0.27	7324441

资料来源：卜凯，《中国土地利用统计资料》，商务印书馆 1937 年版；Ta - Chung Liu, K. C. Yeh, *The Economy of the Chinese Mainland：National Income and Economic Development，1933 - 1959*，Princeton University Press, 1965.

表 3 - 7   1904～1909 年和 1930～1933 年作物种植亩数变动趋向

作物		上报地方数（亩）	估计占作物总面积的百分比（%）			
			1904～1909 年	1914～1919 年	1924～1929 年	1930～1933 年
种植亩数增加或不变的作物	蚕豆	7	9	9	9	8
	玉米	22	11	14	16	17
	棉花	29	11	14	18	20
	鸦片	13	14	3	11	20
	花生	18	9	8	11	11
	油菜籽	5	15	21	27	28
	大米	17	40	41	37	40
	芝麻	7	4	8	10	9
	大豆	7	8	9	10	8
	白薯	18	10	11	12	13
	小麦	29	26	27	27	27
种植亩数减少的作物	大麦	10	24	23	20	19
	靛青	12	10	7	2	-
	高粱	14	26	23	20	16
	小米	15	22	18	17	17
	甘蔗	10	7	6	5	6

注：关于明、清时期的土地不清楚少报的精确数字，但根据卜凯 1929～1933 年农业调查的结果，把数字往上调整 1/3 还是很保守的。这样，19 世纪后期的耕地（假定它相当于作物种植面积）可能为 1130344579 亩。还没有 19 世纪各种作物种植总面积所占比重的详尽材料。根据这些估计，表 3 - 7 至少可以提供一个关于 19 世纪前期主要作物种植面比例似乎可信的测算。

资料来源：卜凯，《中国土地利用统计资料》，商务印书馆 1937 年版。

20世纪初期，随着人—地比例继续日趋紧张而出现的这种转种农作物情况，可在1904~1909年和1924~1929年这两段时期内关于种植作物亩数趋向的资料中表现出来，这些资料由卜凯的调查员收集并扼要地在表3-7中列出。这些数字说明，玉米、甘薯和芝麻逐渐代替了作为粮食作物的大麦、高粱和小米。不幸的是，1870~1911年甚至连这种能说明问题、但不完整的资料也没有；但是，如果这类变化能够在政治不稳定和内战不断的民国初期发生，那么在清末几十年相对安定的时期中发生同样的变化也应该是可信的。这样，我们就可以比较确切地推断，在洲际引种过程中，随着美洲作物种植面积的日益扩大，我国传统种植的作物日益缩减，甚至有一些可能已经被抛弃而绝种。同时，随着以后很长阶段的引进良种不断推广，加剧了这种情况的出现。到2002年，我国传统杂粮谷物的产量只有1184.82万吨，而玉米的产量达到了12130.99万吨，而近些年来，薯类（主要是甘薯和马铃薯）的产量则一直稳定在3500万吨，传统谷物种植受到了进一步挤压。①

我国的传统杂粮作物是在一定的自然条件和农业生产条件下经长期人工选择和自然选择形成的，对当地自然条件有较强的适应性。虽然产量一般甚至较低，但多数产量在生产上稳产性较好。由于各地要依据各地的不同情况选用品种，如干旱地区要选用耐旱品种、降雨较多的地区要选择耐涝品种、盐碱地区要选用耐盐品种等，使传统杂粮作物适应了特殊的自然条件和栽培条件，使它们蕴含着不可估量的价值。但在洲际引种发生作用的过程中，我们可能失去了对我国农业发展来说也许具有至关重要作用的很多作物品种和基因资源。

3.5.4 经济、社会方面的影响

一个地区由于人口过多、过密而移民他处，但这些移民又会在新的土地上用原有的方式生产和生活，重复其原居地的历史，在新的地区开

---

① 资料来源：《中国农业年鉴2003》，并参考历年《中国农业年鉴》。

垦种植，又繁衍出大量的人口，形成新的过密化态势。明、清时期，由于洲际引种的作用，东南地区也人满为患，于是上山开垦梯田、下水围湖造田，已经将可以利用的土地开发殆尽。造成劳动力投入加大后，劳动报酬不是随着投入的增加而增加，而是出现了递减的现象，且表现为多种生产、生活资料的全面缺乏。

道光（1843年）陕西《紫阳县志》记载："紫阳皆山，稻田不多。……浅山低坡，尽种包谷、麻豆。……又高山所种有野鸡啄，苗长二三尺许，结包谷至低，鸡可啄食，故名。……洋芋……每根约芋子一二斤不等，有黑白二色，味甘而淡。又红芋山间亦种以助粮。……但迩来民生日繁，地日硗薄，各粮所出，渐见减少。嗟我斯民，困苦将何所底极也！"

同治（1866年）湖北《建始县志》也写道："迨改土（归流）以来，流人麇至，穷岩邃谷，尽行耕垦。砂石之区，土薄水浅。数十年后，山水冲塌，半类石田，尚有何物产之有？！……建邑山多田少，居民倍增，稻谷不给，则于山上种包谷、羊芋，或蕨、蒿之类。深山幽谷，开辟无遗。"

明、清时期产量更高的美洲作物玉米、甘薯、马铃薯等的引进，使中国历史上制约人口增长的"瓶颈"被突破，圆了中国人多子多福的梦想，但也客观地造成农民的生活水平进一步降低。没有好吃的大米、小麦，就吃品质差的玉米、甘薯和马铃薯。但是，随着人口的急剧增长，原有农业资源的潜力也很快被挖掘完了，就连品质差的食物供给也出了问题。这说明，再好的农业技术，如果没有相应的政策（如人口政策等）配合，也不可能实现农业的可持续发展。

3.6 农业生产进一步发展的"瓶颈"分析

从农业发展的角度来看，洲际引种带来的后果是，不论是当时供养的人口数量，还是种植的耕地面积，都远远超过了以往的历史时期。在清朝最后几十年中，中国经济的农业部门可以说仍处于一种稳定的平衡状态中，并没有内在的经济理由可以说明它本身不能再继续生产。那么多的人口和上层阶层中那么高的文化得到供养和维持（虽然大部分人的生活水平确实很低），这要归功于我国传统的农业技术和洲际引种（石川滋，1993）。但是，洲际引种作为一种农业发展的推动力并不是会无限地发挥作用的，它是有一定限制的。这就决定了在1850年左右，我国当时的农业供养能力已经达到了一个极限。而且，在当时的农业技术条件下，已经不可能大幅度提高农业的产出了。到1931年，农业形势已变得十分严峻。当时一项关于14个省，包括大约2.8亿人口和全国主要农业区的粮食问题的研究报告中曾讲到，就需求而言，供应短缺5%。[①] 具体来说，这一时期的制约因素主要表现为以下六个方面。

3.6.1 耕地面积的进一步扩大受到限制

美洲作物传入我国400多年来，对沙地、瘠壤、不能灌溉的丘陵，甚至高寒山区的利用，做出很大的贡献。但是，美洲作物扩张耕地面积的最基础限定条件是国家面积，而且有很大面积的国土根本就没办法进行农业生产。加之要考虑环境问题，一部分虽然可以进行垦荒农作的地区也是不能随意进行农业开垦的。因此，在当时的农业生产技术水平下，再依靠扩大耕地粮食种植面积来提高粮食和其他农产品供给的难度已经变得非常大了。

3.6.2 传统的农田水利灌溉条件趋劣

到了清朝晚期，由于大多数农民和农村手工业者生计日趋艰难，大量的农业水利灌溉工程年久失修或者干脆被废弃，农业生产的抗灾能力严重减弱，造成当时一系列严重的自然灾害，使流民队伍扩大，经常使

---

① 海关总税务司：《十年报告，1922－1931年》，第442页。

大片地区荒无人烟。直隶和奉天在 1886 年、1890 年和 1891 年遭到水灾。江苏约 60 个县和安徽约 40 个县 1886～1911 年连年遭受旱涝风虫灾害的袭击。受灾最严重的是黄河沿岸诸省，成千上万的村庄年复一年成为旱涝灾害的牺牲品，它们既无时间又无资金去修复沟渠堤坝，许多地方的水利工程被弃而不用，这加重了不利的气候条件造成的危害，使问题更加严重。不要说发展农业生产，连生计都成了问题。1902 年四川七八十个县遭受旱灾，破产的饥民多达几十万人。废弃的原因不单是管理腐败无能，也在于地方资源枯竭。

3.6.3　农业生产在增强地力方面缺乏突破

我国素有积造和施用有机肥（有机肥主要包括农家肥和绿肥）的农业生产技术，这也是中国的农田虽经数千年耕种仍能地力常新的重要原因。中国农家肥种类多，资源丰富，如厩肥、堆肥、秸秆、饼肥等。明、清时期，因为多熟种植的发展，地力消耗增大，积极养地成为保持农业可持续增长的重要措施，因此，肥料的种类和施用量都较以往有显著的增加，但仍不能弥补美洲作物引进以后地力的急剧消耗。美洲作物种植主要是以开发比较贫瘠的土地（山地、沙地、高寒土地等）和实现北方一年两熟的农作物为主要生产目的的，使原有的地力补偿机制失效。加之流民对山区不合理的掠夺性种植开发，使我国在很长的一段时间里土地水肥等流失严重。在我国许多地区，地力问题已经成为农业进一步发展的重要制约。

3.6.4　农业自身生产特点造成了劳动力制约

农业生产是非常有季节性的，这就决定了农业用工也具有非常明显的季节特点。当农业生产处于耕种和收获阶段时，在短时间内传统农业往往需要大量的劳动力。当时随马戛尔尼使团来中国的巴罗估计，中国的粮食收获率高出英国，麦子的收获率为 15∶1，而在欧洲居首位的英国为 10∶1（张芝联等，1996）。这其中起着非常重要作用的，恐怕就是因为我国有比较充裕的劳动力资源，能够基本保障农忙时劳动力的高峰需求。但是，当时在人口密集的江南农村，由于种植双季稻，在农忙时节也会出现劳动力不足，制约农业生产。即使在 20 世纪 70 年代公社化时期的江南农村，农忙季节中仍感劳力缺乏，几乎所有的生产队都要开早工、出夜工，否则就会"脱了季节"（张乐天，1998）。同时，如果为了一时的农忙而储备大量的劳动力，在忙过这一段时间后又会出现大量的剩余劳动，他们不但会大量消耗农业生产的成果，还会带来其他大量的问题。因此，在当时的耕作技术下，劳动力问题成为当时农业进一步发展挥之不去的难题。

3.6.5　作物的特性限制了其进一步推动农业发展的可能

美洲作物的高产和抗贫瘠等性状，是经过几百上千年的自然选择，加之人们有意识的驯化和选育得到的。在洲际引种过程中，进入我国（相当于一块全新的农业种植区），引起了我国农业生产的大发展。但是，生物的遗传具有一定的稳定性，在没有剧烈外界干扰的情况下，不可能发生品质和产量方面性状的突变。虽然我国地域非常辽阔，地形也非常复杂，为作物的多样化突变提供了有利的条件，但在当时的农业生产技术条件和科学水平下，即使发生了这样的突变，也不大可能被及时发现并利用到生产中。我国农民在一些生产实践中通过有意识的人工选择留种，形成了一些比较有特色的地方品种和农家品种，但这对促进农业生产的作用是非常有限的。

3.6.6　农业投入—产出的效益较低，客观上阻碍了农业的发展

洲际引种还产生了一个有关农业的尚未解决的问题。随着人口的增加，有更多的土地被开垦了出来，在新垦的、只有限界价值的土地上的作物（如马铃薯、玉米、花生、烟叶、罂粟等）以及早熟稻种都得到

了进一步推广，可是农业却不得不更加占用劳动力和精耕细作，即每个耕作者的生产效率降低了。劳动和土地的边际生产率的问题本来是难以计量的，但在笔者查阅的资料内的确有关于它们的计量，大体上可以体现这一趋势。在刘克智和黄国枢（1995）的统计中，1870～1930 年，我国农业劳动和土地的边际生产率的数字变动和平均生产率是完全一致的。从表 3-8 可以看出，由于过度的劳动投入，人均产量（即劳动平均生产率）和边际劳动生产率不但没有增加，反而略有下降。这就造成从事农业生产的人口虽然像过去一样辛勤劳动，但由于土地报酬递减率的作用，每人生产的剩余产品更少了，因而更加贫穷了，人们在一定程度上失去了农业生产的积极性。

表 3-8 1870～1930 年劳动、土地平均生产率和边际生产率变动趋势

时间	劳动平均生产率（1000 卡路里／人）		土地平均生产率		边际劳动生产率（1000 卡路里／人）		土地边际生产率	
	实数	指数	实数	指数	实数	指数	实数	指数
1870	727.14	100.0	216.57	100.0	290.86	100.0	129.94	100.0
1880	710.20	97.7	222.81	102.9	284.08	97.7	133.68	102.9
1890	723.87	99.6*	222.73	102.8	289.55	99.5*	133.64	102.8
1900	704.10	96.8	229.72	106.1	281.64	96.8	137.83	106.1
1910	723.92	99.6	228.35	105.4	289.57	99.6	137.01	105.4
1920	709.17	97.5	234.57	108.3	283.67	97.5	140.74	108.3
1930	722.63	99.4	234.48	108.3	289.05	99.4	140.69	108.3

注：*指因四舍五入，产生 0.01 误差。

3.7 本章小结

第一，本章首先介绍由于历史机缘美洲的几种作物改变了世界的农业发展。15 世纪末的地理大发现及其对海外地区的开辟促进了科学的发展，也引起了全球范围内农作物的大传播，它们是玉米、甘薯、马铃薯在世界的传播，从而深刻地、永远地影响了人类的物质生活，尤其是在养活世界大量新增人口方面做出了巨大贡献。

第二，主要考证洲际引种在我国的发展演化进程，分别介绍玉米、甘薯、马铃薯的多次、多途径的传入我国及在我国国内传播的特征，为以后的分析打好史实基础。

第三，在明、清两朝的社会和农业生产背景下分析我国洲际引种发展的动因，主要包括：我国明、清时期灾害频发，急需救荒粮食作物；交通有较大改善，国内外交流日益频繁，加快了新作种植的传播速度；人地关系失衡，推动了高产美洲作物在我国的发展；种植、育种技术有较大突破，提供了传播的技术基础；政策的鼓励和官员的大力推广，促进了洲际引种在我国的发展；百姓引进种植的成本很低，种植的风险很小，使百姓有能力、有意愿地种植美洲高产作物；经济作物种植面积增加，推动美洲作物传播。

第四，美洲作物长时期对我国农业生产的革命性影响作用主要表现在以下几个方面：提高了粮食的单产；扩大了种植面积，促进了山区和高寒地区的农业开发；丰富了作物品种，改善了种植结构；增加了种植作物多样性，提供了更加丰富的育种和基因资源；提高了农业救灾度荒的水平；促进了经济作物种植的发展；促进养殖畜牧业发展；为以后的作物引进和驯化积累了丰富经验等，使明、清时期我国大部分时间人们能够得到比较充足的粮食供应，保障了社会的稳定。

第五，任何技术都是"双刃剑"，洲际引种对我国农业可持续发展的消极影响主要体现在以下几个方面：为我国人口的快速增长提供了条件；美洲粮食作物的传入使山区经济进一步开发成为可能，另外流民垦殖山区也促进了新作物的推广传播，在一定程度上造成环境恶化；美洲作物快速在广大山区普及使传统作物黍、稷的种植量大为减少，使品种资源受到影响；由于美洲作物带来的人口增长，经济、社会的发展也受到了一定的影响。从清朝后期的粮食问题引起的战争对社会造成的负面影响，可以看出与洲际引种的积极作用相比，它的消极影响还是非常小的。另外，如果有相关宏观政策配合，它的消极影响会大大降低。

第六，洲际引种作为一种农业发展的推动力并不是会无限地发挥作用的，它是有一定限制的。农业生产进一步发展的"瓶颈"有以下几个表现：耕地面积的进一步扩大受到限制；传统的农田水利灌溉条件趋劣；农业生产在增强地力方面缺乏突破；农业自身生产特点造成了劳动力制约；作物的特性限制了其进一步推动农业发展的可能；农业投入—产出的效益较低，客观上阻碍了农业的发展，而这些限制是洲际引种在当时的情况下不能解决的，需要由新的技术突破来解决。

第4章

石化革命对我国农业发展的影响

近代物理、化学技术之所以率先在近代工业中获得成功，原因在于近代工业的对象基本上都是没有生命的自然物体。而农业发展对理化技术的要求要比工业高得多，因此近代理化技术在农业中的应用也就相对迟缓一些。在很长的一段时期内，人们不能用理化技术去直接干预、改造有生命的动植物生长发育过程。只有当人们创造出农机、化肥、农药、化学除草剂以及相关的农业技术，来改造农作物所生长的外部条件和外在过程，从而间接地影响和干预了农作物生长发育的内在过程，尤其是直接影响了种植和收获——农作物生长发育周期中相对处于静止状态的两端，农业技术才又一次在农业生产领域取得了跨越性的成功。

长期以来，农产品作为生存之本一直困扰着人们。19世纪三四十年代以后，一些工业比较发达的国家率先结束了依靠农业自身投入来发展农业的传统发展模式，在农业生产中应用了大量的石油、机械、化肥、农药等外源性工业产品，而进入了以机械化和化学化为主的石化农业阶段，大大提高了农产品产量。这个农业生产方式变化过程就是石化革命。而石化农业就是指近、现代依靠直接或间接地消耗大量石油和化学产品获取农业产品的生产过程。与以前的传统农业相比，石化农业有了巨大的进步，缓解了粮食与人口增长之间的矛盾，基本满足了人们的需要。随着石化革命的不断发展——大型农业机械的出现、化学工业的飞速发展及相关农业技术的日益完善，西方发达国家的农业劳动生产率大大提高，农畜产品大幅度增加，形成了高产出的机械化集约农业。这种以开发廉价石化能源及依靠工业技术装备为特征的集约石化农业，在20世纪60年代进入鼎盛时期。①

农业生产中外源性物质投入过程在第二次世界大战以后又发生了质与量的演变。以美国为代表的工业、经济发达国家，广泛应用现代科学技术、现代工业提供的生产资料和科学管理方法，加速了石化农业的发展。农业生产机器体系的形成和农业机器的广泛应用，使农业由手工、畜力、农具生产转变为机器生产。技术—经济性能优良的拖拉机、耕耘机、联合收割机、农用汽车、农用飞机以及林、牧业中的各种机器已成为农业的主要工具，投入农业的能源显著增加。化学工业提供的农用化学制品得到广泛应用，如化学肥料、化学农药、除草剂、塑料薄膜等。兴建了水利工程和设施以调节和控制农业用水，发展灌溉农业。电子计算机、原子能、激光、遥感技术在农业中得以应用。农业还实行了高度社会化的生产方式和科学化的管理，这些都极大地提高了农业的劳动生产率、土地生产率，促进了农业的快速发展。

但是，另一方面，石化农业在消耗大量能源的同时，带来一系列不良后果。农业产量增加的同时，能源消耗成倍增加，投入和产出不是同步增长；自然资源和生态平衡遭到破坏，生产者追求高额利润，破坏林地和草原，使土地沙化现象日益严重，大量使用化肥，又使土壤板结和酸化。大量化肥、农药、除草剂的使用，严重污染了土壤、水体和大气，恶化了自然环境，威胁着人们的健康。因此，发展现代农业应该对石化农业的影响有一个全面的了解。要扩大其积极影响，并尽可能地减小它的消极影响，在农业可持续发展的大前提下发展石化农业。

---

① 当然，作物杂交品种的不断涌现，也是这一时期或稍后一段时期农业发展的主要动力。但是，由于投入途径和发展农业本质作用的巨大区别，作物杂交品种的不断发展作为另一次农业科技革命——绿色革命的主要内容在下一章进行探讨。本章讨论中涉及绿色革命时，也只作简要列示或说明。实际上，世界许多地方的农业发展历程中所经历的农业机械革命、化学革命和绿色革命在一定程度上是相互交织的。

4.1　世界石化革命的发展和沿革概况

1763～1914年的一个半世纪，是欧洲获得对世界大部分地区霸权的时期，在世界历史进程中具有显著地位。1763年，欧洲仅在非洲和亚洲有一些沿海据点，然而，到了1914年，欧洲诸强国已吞并整个非洲，并有效地建立了对亚洲的控制。这种控制或者是直接的，如在印度和东南亚；或者是间接的，如在中国和奥斯曼帝国。欧洲之所以能进行这种前所未有的扩张，宏观层面的原因是三大革命——科学革命、工业革命和政治革命给了欧洲以不可阻挡的推动力（斯塔夫里阿诺斯，1999）。

在这样重要的宏观背景下，欧洲（西欧）和美国先后出现了一系列的技术进展，而且把它们应用于新的生产过程中，加快了社会发展的步伐。在农业方面的技术发展也呈现了同样的趋势。19世纪后期到20世纪40年代，在工业、经济先发展起来的一些国家，随着近代理化科学的发展、半机械化农具的使用和多种农业机器的相继出现，畜力牵引的半机械化农具（如马拉的钢犁、改良的播种机和中耕机、摇臂收割机等）成为农业的主要生产工具，多种农业机器（如脱谷机、拖拉机等）和化肥相继出现，并在一些地区推广，带来了农业生产的快速发展。

随着农业机械化程度的提高及大量农药、化肥的使用，农业生产得到很大发展。经过半个多世纪的发展，石化农业已经成为大多数工业化国家农业生产的主要形式。由于各国自然和社会经济状况的差异，形成了各具特色的石化农业（见表4-1）。

表4-1　　　　　　　　1979年一些国家的农业基本状况

国别	人均耕地（公顷）	粮食产量（公斤/公顷）	化肥用量（公斤/公顷）	农用拖拉机（台/公顷）	平均每个劳动力	
					负担耕地（公顷）	生产粮食（吨）
澳大利亚	3.10	1479.75	282.8	7.5	120.30	62.28
加拿大	1.87	2031.75	306.8	14.99	82.40	66.61

续表

国别	人均耕地（公顷）	粮食产量（公斤/公顷）	化肥用量（公斤/公顷）	农用拖拉机（台/公顷）	平均每个劳动力	
					负担耕地（公顷）	生产粮食（吨）
美国	0.85	4434.00	795.80	23.10	83.70	134.75
苏联	0.88	1440.75	595.50	10.95	10.05	7.58
法国	0.35	4484.25	2229.80	75.46	9.07	21.04
南斯拉夫	0.36	3590.25	809.30	48.77	2.00	3.97
罗马尼亚	0.47	3060.00	1.53	13.33	1.79	3.31
德国	0.123	4370.25	3214.50	193.72	6.04	19.39
英国	0.123	4485.25	2220.75	60.92	12.75	32.13
荷兰	0.061	5414.25	5574.80	220.64	2.87	4.29
日本	0.043	5700.75	3372.00	244.55	0.70	2.28
中国	0.101	2846.75	705.00	0.695	0.36	1.11
世界	0.334	2142.75	565.50	14.30	1.77	1.90

资料来源：卞有生、邵迎晖、金冬霞，《生态农业是世界农业发展史上的一次重大变革》，http：//www.ccpef.com/ShowArticle.asp?ArticleID=87，2005年2月19日。

澳大利亚人均耕地3.10公顷，由于人少地多，因此十分注重节约劳力的围养放牧，农业中的种植业也就排到了畜牧业之后。美国人均耕地0.85公顷，每个劳力负担67公顷以上耕地，以投资大、耗能多的大型机械化生产为主，整个农业生产每年要耗用6000万吨石油、800万吨钢材、16万吨橡胶。这种能量密集型农业使得只有世界人口5%的美国生产了占世界20%的粮食。罗马尼亚人均耕地0.47公顷，南斯拉夫人均0.36公顷，法国人均0.35公顷，这些国家实行机械化集约农业既提高了劳动生产率，也注意提高土地生产率。法国施肥水平和粮食单产均高于美国和苏联，1979年粮食平均产量为448公斤/公顷。人均耕地0.13公顷以下的国家，如荷兰、日本等都十分重视提高土地生产率，化肥使用水平和单产都较高。荷兰每公顷施用化肥5.6吨，是美国的7倍；日本粮食单产5.7吨/公顷，为世界之最。

本节以石化革命的主要内容——农业机械化、化肥和农药的发明及大量施用等在具有不同自然禀赋国家的演进过程作为主要研究对象，试图探究石化革命的发展规律及其对世界农业发展的影响。

4.1.1 农业机械化的发展

就农业机械化而言，由于自然禀赋的差别，美国、加拿大等国的农用机械以大型和超大型为主；英国、法国、德国等欧洲国家多以中型农机为主；日本则以小型农机为主。我们分别从中选取典型——美国、英国和日本进行研究。

1. 美国

表4-2为1860~1900年各工业强国生产实力状况方面的次序排列，表明了在世界的工业均势方面所发生的变化。由于美洲基本上没有卷入第一次世界大战，所以美国的生产实力状况到19世纪初时已经跃居世界第一位了。加之美国农业资源结构的特征是人少地多，劳动力供给短缺，因此，在要素市场上，劳动力价格相对较高。这种市场价格信号诱导农民偏向劳动替代型技术的选择，所以在良好的工业发展背景下，农业的石化技术革命首先在美国以农业机械技术的发展作为切入点。

表4-2　　　　1860~1900年各工业强国生产实力状况

排位	1860年	1870年	1890年	1900年
1	大不列颠	大不列颠	美国	美国
2	法国	美国	大不列颠	德国
3	美国	法国	德国	大不列颠
4	德国	德国	法国	法国

资料来源：F. 斯顿伯格，《经过试验的资本主义和社会主义》，转引自斯塔夫里阿诺斯，《全球通史——1500年以后的世界》，吴象婴、梁赤民译，上海社会科学院出版社1999版，第298页。

关于美国农业机械化的发展，国内外已有许多研究。综合分析这些研究成果，笔者还是赞同把美国农业机械化的发展历程分为三个阶段来描述，即农业机械化发展初期（指农业生产以半机械化为主，由半机械化向机械化过渡时期）、农业基本机械化时期和农业全面机械化时期。

（1）农业机械化发展初期。

美国建国初期，农业生产比欧洲国家和中国落后。19世纪以前，美国农业耕作技术和农业工具主要引进于欧洲。直到19世纪初，美国农村人口仍占总人口的90%以上，农业劳动力占全社会总劳动力的80%以上，农业生产方式仍以人力、畜力手工作业为主。[①] 进入19世纪后，由于工业革命的兴起，钢铁用于农具生产、蒸汽动力引入农业生产领域，推进了农业机械设计制造工业发展。铧犁、棉花播种机、谷物收割机、打谷机等在美国相继问世并推广应用，[②] 使美国工业化过程与农业半机械化进程形成前后呼应的关系。19世纪三四十年代，省力、高效的农业机械在农业生产中逐渐推广使用，被认为是美国农业半机械化的起始时期，1850年后逐渐达到高潮。在19世纪七八十年代，美国就有十多匹马拉的铧犁，40匹马拉的谷物联合收割机也在农业生产中出现了。1884年，美国工业产值已超过农业产值，在工农业净产值中工业比重超过农业占53.4%，农业劳动力也降到占总劳动力的45%以下。由于南北战争的影响，农产品价格上涨和劳动力短缺，对农业机械化的需求更为迫切，进一步发展需要在农机动力和结构上有新的突破。1870年，美国第一台蒸汽拖拉机开始试验，19世纪90年代，蒸汽机在西部大农场较为广泛地使用，但由于太笨重，它所能从事的农田作业很有限，因此，蒸汽拖拉机不能完全取代畜力而成为农业生产的主要动力（宿景祥，1992）。从1860年开始，到广泛地实行农业半机械化，前后共用了约50年时间。在此期间，农业机械制造业成为最重要、最大的工业部门之一，也是当时主要的钢铁消费部门之一（杨景宇等，1962）。

（2）农业基本机械化时期。

随着内燃机技术的逐渐成熟，1910年美国已开始实行农业机械化，成为世界上推行农业机械化最早的国家。从1910年到第二次世界大战结

---

① 宿景祥：《美国经济统计手册》，时事出版社1992年版，第293~294页。

② 1831年发明了刘禾机，1836年发明了收割机。

束（1945年），这是美国基本实现机械化时期，其重要标志是内燃机、电动机在农业机械上普遍应用和不断完善，农机动力不断代替了畜力。

1905年美国建立了第一个制造单缸内燃拖拉机的公司，尽管美国农业动力的75%仍是畜力，但1910年全美已有15个内燃拖拉机厂，美国农用内燃拖拉机保有量达1000台左右。美国的农业机械化在此时进入了一个新的发展时期——农业基本机械化时期。到1924年，万能轮式拖拉机制造成功，标志着拖拉机由过去只能从事耕地、播种、收获和固定作业，发展到能进行中耕、锄草和运输作业，以石油为动力的拖拉机全面取代畜力前进了一大步。随着拖拉机的发展，其他农机具的改进和发展也很快。1910~1945年，美国农用内燃拖拉机由1000台增加到248万台，而且功率也增大了；谷物联合收割机由1000台增加到33万台；玉米收割机从零发展到16.8万台。在畜牧业方面，发展较早的是挤奶机，1910年有挤奶机的农场仅1.2万个，1945年已达36.5万个，拥有37.9万台挤奶机；1945年，饲草牧草收割机达2万台，轧捆机达4.2万台，花生收割机1.1万台（宿景祥，1992）。总之，到第二次世界大战结束时，美国的拖拉机及农业机械化设计制造水平已经使农场的主要农活都可以由农业机器完成。

（3）农业全面机械化时期。

第二次世界大战后以来，被称为美国农业全面机械化时期。主要标志是畜力作为农业动力的历史宣告结束，农业机械化继续向每个农业生产领域推进，水平不断提高，逐步向自动化、设施农业、精细农业发展。在注重高效的基础上，更加讲究舒适、安全、方便、节约和环保。到20世纪50年代末，谷物完全实现了机械化生产，不但减少了大量人力，而且推动了用机器代替畜力的进程，耕畜已减少到几乎为零（牛若峰，1962）。从"二战"以后到60年代中后期，是各种农业机械迅速增加的时期，1945~1965年，拖拉机增长103%，谷物联合收割机增长179%，其他种类的机械数量也大幅度增加。20世纪60年代末，实现了棉花生产的机械化作业，苹果、李子、樱桃等水果也有60%左右机械化收获。20世纪70年代后期，除葡萄等少数鲜食水果和少量蔬菜

外，水果和蔬菜的生产也实现了机械化。在植保、脱叶、除草、运输等
方面，农用飞机有了较大发展。1950 年美国已有农用飞机 4500 架，
1978 年发展到 8649 架。畜牧业方面，禽畜饲养过程的配种、孵化、饲
料调配、供水、清粪、消毒、疫病防治、剪毛、挤奶、禽蛋分级、屠
宰、分割、包装、储存、保鲜及运输等畜牧生产作业在 20 世纪 60 年代
全面实现了机械化（杨玉林，2001）。

20 世纪 60 年代以后，由于土地价格的高涨，土地利用率的提高
成为农业发展的一个突出矛盾，与此相对应，农业机械化的发展特点
表现为：机械数量增长缓慢，渐趋稳定，有些机械数量还有所下降
（见图 4 - 1）。但是，机械质量和性能大大提高，1965 年平均每台拖拉
机功率为 36. 8 马力，1986 年增加到 66. 6 马力，在一些高难度作业领域
都实现了机械化。70 年代以后，农业机械与计算机、卫星遥感等技术
结合，正在向高度自动化和精确化方向发展，与此同时，农业机械自身
的改革和运用仍旧伴随着农业发展的进程（李治民等，2004）。自动
化、智能化等新技术使农业机械化不仅代替人的体力，而且进一步向部
分代替人类的脑力劳动方向发展，标志着农业机械化进入了高级发展阶
段。农业机械的不断创新和进步，农业生产能力和效率的不断提高，使
农业生产在一定程度上实现了可持续发展（杨玉林，2001）。

（台）

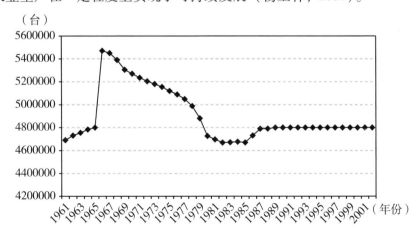

图 4 -1　1961 ~2002 年美国农业用拖拉机保有量变化趋势

资料来源：FAO 官网。

2. 英国

英国在农业机械的使用方面，18 世纪已有很大进步。18 世纪末，铁制农具广泛取代了木制农具。铁犁取代了木犁，铁造的压土机和铁耙取代了石滚和木耙。杰思罗·塔尔在 18 世纪上半期发明了条播机和马拉锄；1780 年，安德鲁·米克尔发明了脱粒机，等等。当然，这些农业机械的发明当时还没有广泛地应用于农业，农业产量的提高还主要来自其他因素。另外，在耕作制度方面，二圃制到三圃制的转变，以及农牧混合轮作制的逐步推广，迅速提高了农产品的产量。总之，"圈地运动"后，土地连片和规模经营为农具和农业机械的采用、畜种的改良和农业科学的发展提供了基本的条件。先进的荷兰农业技术之所以未先传入近在咫尺的法国，反而首先传入被大海阻隔的英国，就在于英国的大农场主不但对农业新技术有强烈的需求，而且有应用这些技术的能力以及生产规模和方式（周春平等，2000）。

（1）农业机械化发展初期。

英国是世界上最早进行工业革命的国家。1870～1890 年，英国工业生产居世界首位，号称"世界工厂"。由于在早期工业革命中获得了巨大的经济利益，为了从工业发展中获得更多的利益，英国以工业品换取殖民地廉价农产品，而忽视了农业的发展，因此，虽然英国在 19 世纪初就采用了蒸汽作动力带动脱粒机、饲料粉碎机、摇臂收割机和绳索牵引犁等进行农业机械化作业，但是直到第一次世界大战前，英国基本上没有自己的拖拉机和农业机械工业，拖拉机依靠从美国进口。1933 年美国福特公司在英国建立了英国的第一个拖拉机厂，从此才诞生了英国的拖拉机制造业。直到第二次世界大战爆发时，英国农场中的主要动力仍然是马。1939 年英国耕地面积约 522.66 万公顷，农业劳动力近 95 万人，耕马保有量近 55 万头，而拖拉机拥有量（包括园艺拖拉机）仅 5.6 万台。也就是说，平均每 10 公顷耕地拥有一匹耕马和 0.1 台农用拖拉机。农业生产方式处于从半机械化向机械化过渡的发展阶段，但仍以半机械化为主。农业生产力水平低，因此，在竞争中小麦和谷物种植面积也在不断减少，

1874 年种植面积分别为 363 万英亩和 943 万英亩，1904 年只有 137 万英亩和 695 万英亩（克拉潘，1977）。本国农业产品只能满足需求量的 1/3（丁建定，2000）。落后的农业也无力提供工业发展所需要的大量原料和劳动力，不能支撑英国国民经济的发展，导致工业成本上升而丢失了市场。农业的落后也影响了工业的发展，导致整个经济的相对衰退，英国在世界工业中的比重和地位逐渐降低。从 19 世纪中叶开始，英国在世界工业生产中的比例也由 32% 下降到 9%，而美国则是从 23% 上升到42%（W. Rostow，1973）。到 20 世纪，英国逐渐失去了霸主地位，而美国、德国、法国等国家则逐渐取而代之。20 世纪初英国开始推广使用拖拉机，到 1948 年这一时期则被称为英国农业机械化发展初期。

（2）农业基本机械化时期。

1948～1966 年，英国用 17 年时间基本实现了农业机械化。所以，1948～1966 年被称为英国农业基本机械化时期。在农业基本机械化时期，英国农业生产方式发生了较大变化，农业生产成果也较为显著。第二次世界大战以后，英国开始重视发展本国农业，积极推进农业机械化，把一部分军工厂转为生产拖拉机和农业机械。1948～1966 年，农用拖拉机从 22.3 万台增加到 46.5 万台，与之相对应的配套农机具和联合收割机也有较大发展，农业劳动力从 117.8 万人减少到 80.6 万人，耕马也逐渐退出了农业生产领域，而谷物产量从 752 万吨增加到 1320 万吨，其他农畜产品也有较大增长。农业劳均生产谷物从 6.38 吨增加到 16.38 吨，提高了 1.6 倍。农业机械化的发展，提高了农业生产能力和效率，对于促进农业生产可持续发展的作用是显而易见的。[①]

（3）农业全面机械化时期。

1966 年以后，称为英国的农业全面机械化时期。英国的农业机械化水平可以从图 4-2 大体有个了解。这一时期英国主要作物（谷物、马铃薯、油菜籽、甜菜）的种植全部实现了机械化，牧草的收获、加工、运输也已实现了机械化，农场、畜牧场的机械化、自动化也达到了较高水平。农业

---

① 农业部农业机械化管理司、北京农业工程大学编：《世界农业机械化发展要览》，北京农业大学出版社 1991 年版。

机械化水平的提高，使农业综合生产能力大大提高，改变了英国农业的落后状况。到20世纪80年代，在英国700多万公顷的耕地上，已使用着52万台拖拉机、5.5万台谷物联合收割机及许多其他农业机械。据统计资料，农业劳动力由1966年的80.6万人进一步降到1978年的60.6万人。1971～1981年，英国农业生产以年均1.4%的速度增长，只占总人口1.1%的农业劳动力，使英国的食品自给率从"二战"前的30%提高到65%左右。食品自给率1970年达到59%，1988年达到113%，由过去以进口为主转变为出口大于进口。1987年的农业劳动生产率是，平均每一农业劳动力负担耕地11.5公顷，生产谷物35312公斤。农业机械化水平提高，支撑了整个国民经济发展，创造的社会总财富不断增多。据世界银行统计，1997年英国人均GNP达到20710美元，世界排名第15位。每个农业工人创造的农业附加值已达2万美元，发展水平居于世界前列。①

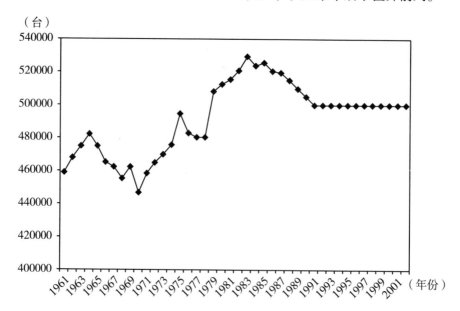

图4-2　1961～2002年英国农业用拖拉机保有量变化趋势

资料来源：FAO官网。

---

① 农业部农业机械化管理司、北京农业工程大学编：《世界农业机械化发展要览》，北京农业大学出版社1991年版。

3. 日本

日本耕地面积只占总土地面积的 14.5% 左右，且较贫瘠，集约利用土地非常重要。农作物以水稻为主，水稻种植面积占农作物总播种面积的 40% 以上。由此形成了日本农业机械化的三个主要特点：一是以水稻生产机械化为重点，逐渐实现全面机械化；二是小规模经营，兼营农户多，以小型农机具为主；三是实行农业机械化与农业工程相结合，以增加单位面积产量为主要目标。日本的农业机械化发展进程也分为三个阶段，但是时间要落后于美国和英国。

（1）农业机械化发展初期。

日本的农业生产在明治维新（1868 年）以前主要是手工劳动，明治维新开始从外国引进畜力生产机具。但从外国引进的一百多种马拉机具因不适合日本小地块水田作业的国情，基本上没有推广开来，只有单铧犁及单行收割机等几种机具试用成功。因此，日本开始结合本国的特点研究改良畜力水田犁和中耕机，发展脱粒、碾米等固定作业机械，推进半机械化。到 1890 年初见成效，促进了农业生产的发展，实现了粮食自给有余。到 20 世纪 20 年代，开始在脱粒、碾米等固定作业中应用发动机、电动机等农用动力机械；到 40 年代左右，又先后研制成功适合日本应用的喷雾、喷粉机械、手扶拖拉机和旋耕机等田间作业机具，初步实现由农业半机械化向机械化发展。据统计，1900～1949 年，农用拖拉机从零发展到 3000 多台，田间作业机械化程度到 1940 年还不到 10%，说明当时仍以半机械化为主（朱道华，1963）。但农业生产劳动力数量减少 88 万人，农业劳动力占全社会的总比重减少，由 71.8% 下降到 40.5%，[1] 农业劳动生产率提高了 1 倍多，说明农业半机械化、机械化提高了农业生产能力，推进了农业生产持续发展，也支持了日本的工业化进程。

（2）农业基本机械化时期。

第二次世界大战以后，日本的农业从恢复走向发展，1945～1952 年，

---

[1] 农业部农业机械化管理司、北京农业工程大学编：《世界农业机械化发展要览》，北京农业大学出版社 1991 年版。

在农村普及碾米、脱粒机械。20世纪50年代，手扶拖拉机和旋耕机得到普及，机械动力基本上取代了畜力。1940～1955年，日本役畜由293.4万头减少到98.8万头，1957年12月23日，"全国农业畜化协会"由于"全国农业机械化协会"的成立而自然解散，反映出农业生产方式的更替规律。在此期间，喷雾机和喷粉机的推广也在加速。通风干燥机取代了人工烘干。1961年，日本颁布实施农业基本法，农业机械化发展的趋势增强，开始从国外引进轮式拖拉机等大中型农业机械，随后国内通过改进技术设计自行生产制造。20世纪60年代，日本逐渐实现了耕地、整地、排灌、植保、施肥、脱粒、加工、运输等项作业的机械化。1967年，农业机械化的分项水平分别达到：机耕66%，其中水稻机耕96%、脱粒98%、植保90%、机收80%（用割捆机），除插秧和联合收获机械化进展不大外（还主要靠人工），农田作业基本上实现了机械化。水稻生产所需工时随着机械化程度的提高而不断减少。每公顷水稻所需要的工时，1952年为1995个工时，1960年为1725个工时，到1969年降低到1120个工时。

据统计，1947～1968年，日本农用手扶拖拉机从0.8万台增加到303万台，轮式拖拉机从零增加到12.4万台，动力喷雾、喷粉机从0.7万台增加到193.3万台，动力脱粒机从44.4万台增加到330万台，干燥机从零增加到145.7万台，碾米机从19.9万台增加到101万台，田间作业机械化程度达到70%以上。随着农业机械化的发展，1960年以后，农业劳动力向非农产业转移的速度加快，1960～1969年，农业就业人员占全社会总就业人员的比重由26.8%降至17%，农业从业人员从1197万减少到860万。① 中学毕业后的农村青年，成为城市青年工人的重要来源。农业机械化不仅推进了农业的持续发展，也支持了工业化和城市化的发展。

（3）农业全面机械化时期。

在此阶段日本实现了水稻生产的全面机械化，同时，旱地、畜牧、蔬菜、果树、桑蚕等作业机械化也有了很大的发展，农业机械化继续向高效率、低成本、高效益方向发展。1970年以后，日本农业机械化经

---

① 农业部农业机械化管理司、北京农业工程大学编：《世界农业机械化发展要览》，北京农业大学出版社1991年版。

历了石油危机、农业产业结构急剧变化调整、水稻种植面积减少等严峻的考验，逐步建立了水稻种植业机械化体系，着重解决了难度较大的水稻插秧、工厂化育秧、半喂入联合收割机和烘干等机械技术，由于符合生产需要，出现了农业机械工业的快速发展，同时实现了水稻生产过程机械化。1980 年，水稻生产机械化程度已达到 80% 以上。1982 年水稻机插面积达到 93%，机收面积 97%，其中联合收获达到 63%。日本已实现育秧工厂化、插秧机械化、除草化学化、水利管理自动化及收获、脱粒、烘干、加工机械化。蔬菜、瓜果生产普遍采用设施农业机械化技术。

到 20 世纪 70 年代，日本手扶拖拉机拥有量保持在 320 万台左右；80 年代逐渐减少，到 1987 年减少到 268.2 万台，而旱田使用的轮式拖拉机则迅速增加，功率也明显增大。1970 年 11 千瓦以下的拖拉机占76%，1987 年降到只占 23.7%。固定作业机械在 1967 年前后即达到饱和，联合收割机从 1970 年的 3.8 万台增加到 1987 年的 120.1 万台。每公顷水稻生产所需要的工时由 1970 年的 1117.5 个减少到 1986 年的 520个，劳动效率提高了 1 倍多。这一阶段农业机械化的变化规律可以从图 4-3 中有一个粗略的了解。

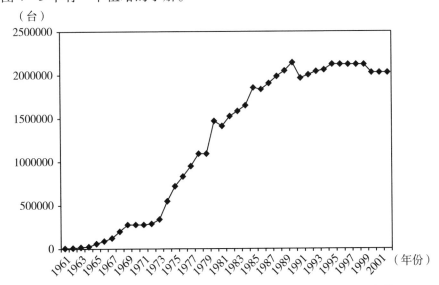

图 4-3　1961~2002 年日本农业用拖拉机保有量变化趋势

资料来源：FAO 官网。

农业机械化的不断发展给日本的农业和社会发展提供了巨大的动力。据农业部农业机械化管理司统计，这一时期，每工时生产的稻谷由1952年的2.5公斤提高到1985年的9.6公斤。农业从业人员占全社会人员的比重大幅度下降，1980年为8.5%，1998年已降为5.3%。在人多地少、小规模经营的国情下，农业机械化促进农民向兼营方向发展。到2005年，日本农户的经济收入已进入世界前列，农业外收入约占总收入的60%~70%。由于兼营经济收入较高，对农机具的购买能力也较强，特别是日本农机型号较小，售价不高，国家还有补贴，为了抢农时季节和使用及时、方便，日本自购自用农业机械的农户较多，农户拥有的农业机械量很大，1979年就达到了26%，这导致了农业生产成本提高。如何提高经济效益和农产品竞争力问题成为日本农业机械化进一步发展必须面对和解决的重要问题。

从上述不同类型国家的农业机械化进程中可以看出：经济发展水平与农业工人数量的反比例关系趋势是完全一致的，这表明农业机械化本质上是一个在农业生产过程中不断提高劳动效率、利用自然能源取代人类能源的过程。农业机械化提高了自然资源利用率，为工业发展提供劳动力和原料，促进了工业的发展，推动了社会进步。

4.1.2 化肥的发展

1830年，英国产业革命达到高潮时期；德国还是个落后农业国，依靠出口农产品、进口英国工业品过日子。当时的德国较有基础的产业是农业和矿业。德国人不甘心落后，大批学者留学英国，学成回国从事科学研究和教育工作，开创了德国科学繁荣的历史新时期。

1840年，从法国学成回国的德国化学家李比希创立了植物元素营养学说。他认为，若要维持土壤的肥力，就必须恢复土壤中被植物摄取的氮、钾和磷，因为最初利用天然肥料来恢复地力的方法已经不能满足大规模连续种植的需要，这促进了对化肥的研究。1913年德国化学家哈伯发明了合成氨技术，开始人工生产氮肥，首创了前所未有的肥料业。到 1940 年前后全球氮肥产量达万吨以上。为了保障化肥的生产，世界性的无机物生产大大增长，1850~1913 年，硝酸盐、钾碱和过磷酸钙的产量从微不足道的数量分别上升到 90 万吨（其中 3/4 用于制肥料）、134.8 万吨和 1625.1 万吨（梅方权，1996）。

据估计，第二次世界大战以后，粮食增产的 40%~50% 来自化肥。1950~1951 年，全世界共生产化肥 139 万吨，其中生产氮肥 40 万吨、磷肥 56 万吨、钾肥 43 万吨，化肥生产主要集中在中北美洲和欧洲；全球化肥消费量为 137 万吨，消费量仍以中、北美洲和欧洲居多，其中美国、英国、法国、加拿大等经济发达国家几乎消耗了世界化肥产量的三分之二（梅方权，1996）。

据联合国粮食与农业组织（FAO）统计，1960~1985 年的 25 年间，全世界化肥用量由 194 万吨增加到 12949 万吨，增加了 67 倍。其中，1970~1971 年度世界消费化肥 7331 万吨，比 1950~1951 年度增加 53 倍；1980~1981 年度世界消费化肥 11515 万吨，比 1970~1971 年度增加了 57%；1987~1988 年度世界消费化肥 14516 万吨，比 1980~1981 年度增加 26%。20 世纪 80 年代以后，由于在较高的化肥投入水平上单位投入报酬递减和生产化肥品种的有效成分不断提高，化肥使用量呈减少趋势。1994 年世界消费化肥 12205 万吨，比 1987~1988 年度下降 16%。

经过 20 世纪六七十年代生产和消费较大幅度的发展后，由于化肥对生态和环境的不利影响，发达国家化肥生产量和消费量开始下降，农业发展逐渐步入持续农业的方向。发展中国家由于国情和发展的需要，化肥生产量和消耗量仍在继续增长，在世界化肥生产和消费中所占的比重也进一步增加，但增长速度也已经开始下降。发展中国家化肥生产量和消耗量所占比重从 1970 年的 20% 增至 1980 年的 32% 和 1990 年的 43%。发展中国家到 20 世纪 90 年代中期化肥使用量已经达到每公顷收获面积 62 公斤（大约为发达国家平均化肥使用量的一半），化肥的使用量比 20 年前增加了 3 倍，但是区域之间的差别很大。发展中国家 20 世纪 70 年代的化肥消耗量以每年 9% 以上的比率增加，但 80 年代则低于每年6%（梅方权，1996）。

总体来说，自20世纪中叶以来，世界化肥施用量趋势可划分为四个明显的阶段（见图4－4和表4－3）。1961～1984年，化肥年施用量由3118万吨增加到13124万吨，增长了4倍多，即每年增加10.8%；从1984年起，化肥施用量继续增长，到1988年达到14516万吨，但增长速度较慢，大约每年以2.6%的速度增长；然后，1988～1993年，化肥施用量逐年下降，到1993年下降到12048万吨；1993～2002年，化肥施用量又开始缓慢增长，其中存在一些波动，2002年又恢复到14157万吨，而且，世界及各主要农业生产大国复合肥的使用数量大大增加了。

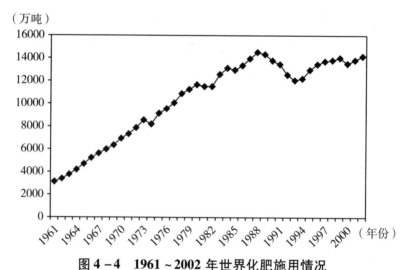

图4－4　1961～2002年世界化肥施用情况

表4－3　　　　　　　1961～2002年世界及主要国家的
化肥消耗量
单位：吨

年份	世界	法国	德国	日本	英国	美国
1961	31182244	2423100	3275800	1584170	1401200	7646496
1962	33980678	2626421	3555424	1654850	1411600	8604260
1963	37687898	2882108	3703469	1797000	1495200	9474315
1964	41883641	3075194	3952035	1763500	1494000	9953907

年份	世界	法国	德国	日本	英国	美国
1965	47002898	3099262	4195802	1851500	1554600	11276278
1966	52329285	3378137	4107193	1978000	1665200	12676548
1967	56277452	3796545	4211429	2104700	1885500	13645012
1968	59809730	4043881	4264940	2150400	1795300	14074587
1969	63482031	4204473	4561443	2110200	1623700	14577261
1970	69307503	4651451	4763597	1954600	1893700	15535480
1971	73310242	4959929	4900681	1915000	1948900	15580451
1972	78694749	5301366	4856763	2062300	1732800	16322141
1973	85475349	5826983	4935926	2245100	1871600	17516046
1974	81945486	4655900	5088639	2050600	1683700	15940912
1975	91399112	4686300	4932429	1801300	1820000	18913713
1976	95434760	5105400	5209204	2086000	1929000	20058575
1977	100607102	5229800	5050607	2124000	2009000	18676065
1978	108754261	5617500	5108603	2221000	2073000	20470607
1979	112472181	5904500	5309308	2344000	2235000	20940680
1980	116719610	5608700	5169349	1816000	2054000	21479946
1981	115147224	5569600	4856240	1879000	2301000	19438990
1982	115111785	5571000	4753565	1984500	2545000	16415911
1983	125703905	5833000	4587420	2098400	2617000	19767528
1984	131237064	5780000	4741130	2097900	2590000	19688206
1985	129490363	5694700	4822756	2024000	2516000	17830541
1986	133417168	5872200	4834470	2052600	2650000	17285666
1987	139475675	5818300	4809980	2036600	2484000	17792358
1988	145159359	5999700	4874868	1943000	2462000	17733130
1989	143368255	6103400	4590900	1938000	2511000	18709234
1990	137829315	5682800	3350700	1838000	2388000	18586936
1991	134606391	5565000	2968658	1752000	2171000	18784000

年份	世界	法国	德国	日本	英国	美国
1992	125339061	4530000	2843851	1784000	2003000	18991000
1993	120480329	4604000	2672215	1817100	2075000	20349600
1994	122046148	4712200	2906436	1763500	2219000	19297270
1995	129681375	4914200	2820946	1641100	2191000	20037976
1996	134579335	5064000	2818925	1563000	2376000	20310309
1997	137187863	4988800	2856819	1509700	2270000	20165250
1998	138167053	4837000	2938428	1418600	2081000	19773874
1999	140301517	4753400	3033160	1438700	1996000	19563478
2000	135198144	4144800	2742776	1452300	1764000	18794978
2001	138121046	4178000	2613413	1354000	1870000	19614367
2002	141571130	3968000	2594327	1284000	1801000	19298449

资料来源：FAO 官方网站。

4.1.3 农药的发展

人类进入农业社会以后，120 万种昆虫中的一小部分，即被称为"害虫"的那部分，在两方面与人类利益发生冲突：与人类争夺食物；传播疾病。人类早就使用一些无机化学药品来控制昆虫的蔓延，滴滴涕的使用使人类真正开始了与昆虫的战争。

从 19 世纪 40 年代中期以来，200 多种基本的化学药品被创造出来，用于杀死昆虫、野草、啮齿动物和其他一些害虫。这些化学药品有几千个不同的品种出售，喷雾剂、药粉和药水等形式几乎已经被农场、果园、森林和家庭所普遍采用，但是，这些没有选择性的化学药品具有杀死每一种"好的"和"坏的"昆虫的力量（R. 卡逊，1979；Rachel Carson，1962）。

1874 年人类首次合成了一种名为双氯苯基三氯乙烷的有机化合物，这就是后来半个多世纪之内妇孺皆知的滴滴涕，瑞士人保罗·穆勒也因此获得诺贝尔奖。1939 年，人们逐渐认识到这种化合物杀虫的卓越特性，于是滴滴涕被广泛应用于消灭农田害虫与传染疾病的有害昆虫，这在事实上成为石化农业重要的促进生产的手段之一。截至 20 世纪 90 年代，全世界已生产滴滴涕约 200 万吨，同时其他农药的生产也迅猛发展。

20 世纪 50 年代初到 70 年代中期是化学农药大量生产和消费的时期，全球的化学农药品种由最初的几种发展到几十种，农药的生产量也在逐年提高。1966 年，有 8000 多家企业以 6 万种不同处方生产 900 种基本杀虫剂。此外，加上杀菌剂、杀线虫剂、除草剂、落叶剂、生长调节剂与灭鼠剂等，全世界各种有机化学农药的总产量每年达到 250 万吨，平均每人 0.45 千克；农药的使用量也不断增加，仅 20 世纪 70 年代各类杀虫剂的使用量即增加了 12 倍。全球农药的销售额从 1970 年的 30 亿美元上升到 1990 年的 200 亿美元。农药的使用成为现代农业所不可缺少的手段（梅方权，1996）。由于有害生物抗性的增强，农药的毒性也越来越高，在当时的发达国家已经对生态和环境产生了影响，随后在发展中国家掀起的"绿色革命"使化学防除方法在发展中国家得到普遍应用。可是，各种作物的农药消耗量差异是很大的。从全世界的农药使用情况来看，棉花、落叶果、蔬菜和稻谷的农药使用量很高，柑橘类水果、可可、咖啡、玉米、甘蔗、茶和热带水果的使用量要少一些，而大麦、小米和高粱很少使用农药（梅方权，1996）。

1980 年，发展中国家（特别是在非洲撒哈拉以南地区、拉丁美洲、近东和北非）的农药消耗量约为 62 万吨（有效成分），此后开始下降。到 1985 年，农药消耗量约为 53 万吨，然后重新开始增加，但每年的增加速度仅为 1%，与同期发达国家的增长速度相近。到 1991 年，发展中国家用于农药的支出估计达 57 万美元。之后，发达国家正在逐渐采取可望减少农药用量的新政策，但发展中国家的农药用量继续增加，这反映在农业生产的强化和开拓新的土地上。然而，旨在减少对农药依赖性的虫害防治战略已在发展中国家取得立足点。农药消耗量的增加可能主要是在南亚、东亚以及拉丁美洲。20 世纪 80 年代中期，发展中国家的农药消耗量在全球大约只占 1/5。发展中国家使用的杀虫剂在全世界总用量中所占的比例比较高，约为 50%，发展中国家使用的杀真菌剂和除草剂所占的比例分别为 20% 和 10%。东亚（包括中国）在发展中国家的农药用量中占 38%，拉丁美洲占 30%，近东和北非占 15%，南亚占 13%，非洲撒哈拉以南地区仅占 4%。目前，发展中国家使用的农药有大约 50% 是杀虫剂，杀真菌剂和除草剂分别占总消耗量的 35% 和 15%。相比之下，发达国家使用的除草剂占总消耗量的 48%，杀真菌剂占 35%，杀虫剂仅占 17%（梅方权，1996）。

1990 年以来，考虑到环境影响，世界主要发达国家在杀虫剂的消费上日益减少，但为了保障农业生产，还是维持了一定的规模（见表 4-4）。在除草剂方面，由于劳动力的制约和技术水平的限制，世界主要发达国家虽然没有再大规模的增加消费量，但依然维持在一个较高的消费水平上（见表 4-5）。

表 4-4　　　　1990~2001 年世界主要国家的
杀虫剂消耗量
单位：吨

年度	法国	德国	英国	美国
1990	11039	1838	2083	89811
1991	10673	1477	1854	92533
1992	6110	1098	1553	97522
1993	5408	1790	1611	94801
1994	4558	1439	1771	103419
1995	8848	1518	1667	107048
1996	7603	1296	1654	124284
1997	6074	1311	1663	112037
1998	4672	1442	1413	—
1999	3250	1362	1476	—
2000	2590	1281	1681	—
2001	2487	1255	1596	—

资料来源：FAO 官方网站。

表 4 – 5	1990 ~ 2001 年世界主要国家的 除草剂消耗量			单位：吨
年度	法国	德国	英国	美国
1990	37429	15941	18360	202384
1991	33713	17790	18262	195580
1992	27821	15394	19900	199762
1993	25982	12696	20885	188777
1994	29923	14834	22733	215992
1995	27419	16065	22753	205106
1996	36052	16541	24131	218177
1997	33576	16485	24118	213187
1998	36439	17269	24064	—
1999	40430	15825	24007	—
2000	31500	16610	22900	—
2001	32122	14942	22841	—

资料来源：FAO 官方网站。

4.1.4 石化革命的世界影响

农业生产系统内部生物与环境之间物质与能量的循环，在一定程度上制约了农业生产力的进一步发展。石化革命使农业循环中的能量和物质的循环从封闭、半封闭系统走向开放系统，从农业的外部向农业输入物质与能量，从而促进生物与环境之间物质和能量的转换，使土地有了今天的较高产出。本书认为，"石化农业"比以前的传统农业在历史上前进了一大步。但是，当今世界上地力减退、水土流失、环境恶化等现象也与石化农业的发展有着极大的联系。

1. 石化革命的积极作用

（1）农业机械化大大推动了社会的发展。

在美国，由于农场规模巨大和缺乏足够的农业劳动力，农业机械的发明得到了促进。取代马匹的拖拉机一天能拉旋转式犁翻耕多达 50 英亩的土地；联合收割机能自动收割庄稼、打谷脱粒，甚至还能自动将谷物塞进布袋以供应市场。与这些新机械同样重要的是罐头食品制造厂、冷藏车、船和迅速的运输工具，它们导致了一个既提供工业产品又提供农业产品的世界市场。加拿大的小麦、澳大利亚的羊肉、阿根廷的牛肉和加利福尼亚的水果可在世界各地的市场中找到。因而，农民受农业机械化革命的影响并不亚于先前工匠受工业革命的影响。历来提供自给式的生活资料的农业，成为一种与全国性市场和国际市场的生产相适应的、大规模的产业，同时也养活了这些国家倍增的人口（斯塔夫里阿诺斯，1999）。

（2）农业机械化对农业生产产生了巨大的推动作用。

19世纪60年代发明了蒸汽拖拉机，首先在西方资本主义国家推广应用，大幅度解放了农业劳动力，如美国原先劳工的90%是农工，应用拖拉机后农业人口降至总人口的58%（Dunkle, R. L., 1997）。在农业机械化发展初期，由于农业机械化的推广使用，提高了农业生产能力和农业劳动生产率，解决了劳动力缺乏和扩大生产经营规模、降低农产品生产成本等问题，推进了农业生产的持续发展。到1910年，美国农业生产每公顷消耗的工时与19世纪末相比，玉米由212.5工时减少到86.6工时，小麦由138工时减少到37.7工时，棉花由457工时减少到287工时。劳动投入减少了，而耕地面积扩大了，单产也有所提高，农产品产量显著增多，机械化的作用和效果很明显（杨景宇等，1962）。1910~1945年，耕畜大量减少，由机器完成的农田作业比重从不到10%增加到约占80%，农业劳动力由1356万人减少到约1020万人，减少了1/4；农业生产每公顷消耗的工时进一步减少，玉米由86.6工时降到58.5工时，小麦由37.7工时降到17.8工时，棉花由287工时降到225工时。农业劳动力占总人口的比重由13%降到7.7%，即平均一个农业劳动力所产生的农产品由可以供养7.5人增加到13人。农业劳动力以年均11万人的速度向非农产业转移，而农业产出却以年均近20%的速度增加。农场总土地面积由3.58亿公顷增加到4.62亿公顷，耕地面积由1.4亿公顷增加到1.6亿公顷，平均每个农场面积由56.3公顷增加到77.3公顷，农业劳均负担耕地由10.3公顷增加到16公顷。农业机械化使农业生产能力大大提高，农业生产进一步持续发展（宿景祥，1992）。同时，由于机械化的发展，1936～1985 年，美国中西部新开垦的耕地面积为 2.45 亿英亩，相当于原有耕地面积的 1.53 倍。随着耕地的增加，美国的粮食产量倍增，玉米产量由 1934 年的 5037 万吨增加到 1981 年的 19208 万吨，增加了 2.6 倍；小麦产量由 1934 年的 1948 万吨增加到 1981 年的 6623 万吨，增加了 2.4 倍，美国也因此成为世界主要的粮食出口国（John B. Braden，1991）。

（3）化肥和农药对农业生产的促进作用是不言而喻的。

在以前传统农业时代，当病虫害大爆发的时候，人们往往束手无策，甚至求助于神仙。进入石化农业的初期，人们发明了化学农药，深受农业生产者的欢迎，发挥了重要的历史作用。据估计，如果不使用农药，全世界粮食总产量的 50% 将会被各种病、虫和杂草所吞噬；使用了农药，则可挽回其损失的 15%。全世界因病、虫、草害造成的损失，估计每年达 800 亿美元。例如，在日本，稻米产量由于大量使用化学农药，每公顷自 1945～1950 年的 3.2 吨提高到 1966～1968 年的 4.2 吨；在菲律宾、巴基斯坦和巴西的示范农场中，利用除莠剂使稻米增产约 46%（梅方权，1996）。而不使用化肥的结果，恐怕就是世界上占很大比重的耕地大幅减产或者绝收。

总之，这些关键技术的跃进促进了传统农业向石化农业的转变，使农业产生了巨大变化，大农场和专门种植带随之出现，土地开发能力大幅度提高，农业人口大幅度减少，农业总产量和供给能力大幅度提高。据联合国粮食与农业组织数据，1950～1995 年，世界谷物产量从 7 亿吨增加到 19 亿多吨，全世界人均谷物产量比以前人类历史上任何时期都高。农业生产取得这样前所未有的增长，部分是由于耕地面积的扩大，更重要的是由于大量的能量投入和农业科学技术的进步使农业生产能力明显提高。

2. 石化革命的消极影响

（1）产生了严重的土壤侵蚀。

机械化耕作与不合理的种植导致了严重的土壤侵蚀。1982 年的调查资料表明，美国耕地中有44%的表土超过了土壤损失容许水平，以过快的速度损失的土壤总数达17亿吨，其中90%以上来自不到1/4的耕地。近100年来，美国中西部地区土壤的有机质已减少了一半，加利福尼亚州的圣华金河（San Joaquin）山谷地区是美国主要的食品和蔬菜出产地，现正处于初期的沙漠化阶段，许多地方天然的地下水库也正在日益耗尽。美国每公顷农田的土壤侵蚀量估计为每年27吨，这样严重的土壤侵蚀已造成至少1/3表土流失，使农田生产力显著降低。苏联是世界上耕地面积最大的国家，每年流失的表土超过25亿吨。印度的表土损失每年为47亿吨，中国为43亿吨，按照这样的侵蚀速度，每10年要耗去7%的土壤，事实上，世界各地都正在以不同的方式毁灭其大部分耕地。这些问题的严重性已经引起了人们的高度重视（卞有生等，2005）。

（2）加剧了能源危机。

石化农业所面临的最大挑战是资源问题，它所依赖的是不可更新的石油能源。据皮曼特等（Pimental et al.，1975）计算，美国每年在食物供应系统上输入的能量为每人1250升汽油。如果全世界都用这个标准来进行食物生产，则所有石油的贮存量将在13年内全部消耗殆尽。自20世纪70年代初发生第一次能源危机以来，越来越多的人认识到问题的严重性。美国农业自1940年以来总产量增长了1倍，但能源的消耗却增长了2.2倍，能量的转换效率随着投入能量的增加而明显降低。以美国的玉米生产为例，1945年的能量产出投入比为3.71，1959年和1970年分别为2.83和2.82（卞有生等，2005）。

（3）化肥和农药用量增加引起生产成本大幅上升。

据统计，1951～1966年全球粮食产量增加的34%是由农机增加63%、氮肥增加146%和农药增加300%换取的，粮食增加与这些条件增加的比例为2∶5∶10，这种农业发展不仅给环境造成日益严重的化学物质积累污染，也大幅度增加了资源能源消耗（Meadows D. H.，1972）。1960～1995年，全球的农药销售额中，杀虫剂增加了26倍，杀菌剂增加了17倍，除草剂增加了74倍，其他种类的农药（如植物生长调节剂）增加了113倍，农药销售总额由1960年的8.5亿美元上升至1995年的30.3亿美元，而粮食产量仅增加近3倍，且随着害虫抗药性的增强，农药用量还在继续增加。这些都导致了农业生产成本的不断上升（戈峰等，1997；Teng P. S. et al.，1997）。

（4）造成严重的环境污染。

伴随着农业发展的化学化，化肥、农药（含除草剂）的用量迅速上升，而化肥和农药用量的增加不仅增加了农业生产的成本，也带来了能源短缺、环境污染及生态破坏等一系列问题。

近20年来，化肥、杀虫剂、除草剂的使用不断增加，带来了严重的环境污染问题。据美国科学院研究，在农耕区施用的氮肥中被微生物利用的只有30%，其余70%都进入地下水成为致害因素。例如，20世纪70年代，世界粮食生产平均增长率为3.35%，而化肥增长率达6.49%，其中氮素使用量增加30%，同期地下水中硝酸盐的含量增加约23%。大量的化肥和农药流失到水体中，造成水体的富营养化，对水体中的动植物体系造成严重的生态危害。农业生产对人类赖以生存的地表水和地下水污染也是一个世界性的问题，以农业为主的非点源污染已成为水环境污染的一个主要来源。在法国、苏联、荷兰等国家地下水的硝酸盐浓度达到了400~500毫克/升，比世界健康保护组织规定的极限值45毫克/升高出9~11倍（孙彭力，1995）。而使用化肥时间长、用量大的美国地下水污染也非常严重。1939年，依阿华州许多农场的地下水硝酸盐含量就达到了400~450毫克/升；1973年伊利诺伊州浅水的硝酸盐含量达到6000毫克/升，而在北卡罗来纳州则高达10000毫克/升（朱济成，1995）。农业生产中农药使用量不断增加，但药效却在降低，污染加剧，直接对环境和人类健康造成危害。同时，不恰当的农药使用还引起农田害虫抗性增强，次要害虫上升，导致病虫等施药后的再猖獗（卞有生等，2005）。

（5）农药对人类造成严重伤害。

据世界卫生组织和联合国环境规划署1987年的不完全统计，全世界每年发生300万起农药中毒事故，其中200万起属自杀性中毒，70万起为职业中毒，30 万起则为其他非故意原因引起中毒。每年全球因农药污染食品引起的集体中毒事件约 1650 起。国际劳动组织 1994 年《世界劳动报告》估计，全球每年农药中毒人数达 500 万，死亡人数 4 万，其中绝大多数（99%）发生在发展中国家。据菲律宾稻作区的调查发现，15～54 岁年龄组的男性农药死亡率从 1961～1971 年的 2.39/10 万人，上升至 1972～1984 年的 8.29/10 万人。这些仅为农药急性中毒，还不包括慢性中毒。农药的大量使用和滥用，直接危及人类自身的健康和安全（R. 卡逊，1979；Rachel Carson，1962）。

同时，新的合成杀虫剂的巨大生物学效能不同于他种药物，它们具有巨大的药力：不仅能毒害生物，而且能进入人体内最要害的生理过程中，并常常使这些生理过程产生癌变。它们毁坏的正好是保护身体免于受害的酶；它们阻碍了躯体借以获得能量的氧化作用过程；它们阻滞了各部器官发挥正常的作用；还会在一定的细胞内产生缓慢且不可逆的变化，这种变化导致了非常恶性的结果。

此外，农药、化肥的大量施用降低了农产品的质量，也最终将影响人类健康。

4.2 石化革命在我国的发展

石化革命是提高农业劳动生产率、发展农村生产力的重要手段，它的发展受到众多因素如工业化发展水平、自然条件、社会及经济发展水平的影响。在世界其他国家由于石化革命的作用引起农业飞速发展的同时，我国农业发展面临的环境却是：在农业本身日趋困难的条件下，加上战争破坏、赋税倍增、水利失修，到清朝末期传统农业已无力支撑这个腐朽的王朝。正是在这个农村破落、农业衰败的过程中，清朝的海禁被西洋的炮舰轰开，接触到西洋的科学技术和先进农业，才省悟到谋求富国强兵之道的根本是振兴农业。但接下来的一百年，我国几乎一直处于战争之中，人们没有很好的外部环境，也没有强大的内在动力发展农业生产技术，甚至对于由国外引进的先进农业生产技术，老百姓也基本没有采用的需求。

中华人民共和国成立后，农业对外交往与经济技术合作是国家对外经济技术合作的一个重要组成部分，被列为农业整体工作中的重要方面。我国农业部、林业部等都设有专管外事工作的机构，根据不同时期和不同要求，按照"平等互利，互通有无，取长补短，共同提高"的原则，同世界各国联系交往。我国的农业对外交往随着国家对外关系的发展，既积极同一切已有外交关系的国家建立政府间的农业交流合作，也努力同尚未建交的国家和地区开展民间的农业友好往来，在不同时期对不同国家和地区的交流合作关系各有侧重，并经历了一些曲折。但总的来说，对我国农业的推动还是比较巨大的。在合理引进的同时，我国也加大了自主研发的力度，使我国的石化农业在中华人民共和国成立后，尤其是改革开放后有了较大的发展。

由于资料所限，本书对不同社会背景环境下石化革命的发展分别做简要介绍。

4.2.1　中华人民共和国成立前石化革命的发展情况

在中华人民共和国成立以前，我国的石化农业由于各种原因并没有发展起来，仅有少量的由国外引进的机械能源等。我国从美国引进农机具，从晚清时期即已开始。例如，1906 年，山东农事试验场曾由美国购进农机具 20 余种；1907 年前后，奉天农事试验场曾从美国、日本等购买各种犁耙、刈麦器、刈草器、玉米播种机等多种农具；[①] 1908 年，美国万国农具公司先后在海参崴、哈尔滨开设支店，向我国东北地区销售农机具。1912 年，浙江省政府由美国购回 2 台铁轮水田用拖拉机及配套犁耙等农机具，后交浙江大学农学院实习农场。1915 年，黑龙江呼玛的三大公司，从美国万国农具公司海参崴支店购入拖拉机 5 部和其

---

① 光绪三十四年（1908 年），《奉天农事试验场报告》第一、二册。

他机械农具进行大农式经营，这是我国引进拖拉机的最早记录。其后，绥滨、泰来等地的农垦公司又陆续购进三台拖拉机和其他一些大型农具（章有义，1959）。这些农垦公司大多采用农业机具进行生产，开垦了大片荒地。1929 年，山西农事试验场购买美国农具公司所制最新式的拖车，带二行犁及三行犁、双行四盘耙、条播机、割捆机等。

在农业机械中，引进的抽水机在我国的推广应用比较成功。1925年前后，江浙两省连年苦旱，美商慎昌洋行进口美国小火油引擎（发动机）和水泵，在嘉善、无锡一带推销。不过，由于机灌事业多应抗旱救灾的特殊需要而产生，并非建立在农村经济发展的基础上，因而不可避免的带有暂时性与局限性，使用范围始终限于江苏一省及浙江、安徽、江西的部分地区（沈志忠，2003）。

总体来说，我国当时面临的粮食危机与广大农民的生活困境，使科学家的第一选择是增加粮食产量与提高农民的经济实力，而国家和农民的投入能力非常有限。当时的一些学者认为，由于中国农民贫穷，工业底子薄弱，如要普遍制造和使用肥料、农药是不现实的。而沈宗瀚（1984）认为，改进中国农业的程序，首先应该增加农业生产，而增加生产以改良品种入手最易。农民栽培改良品种，无须多用资金、肥料及劳工，而得产量的增加，在经济上言，纯为收益。农民得到这样的实惠后，自易接受其他新法。政府与社会亦可由此而重视农业改良。

由表 4-6 可以看出，1820~1950 年这 130 年里，中、美两国农业动力与生产工具的演变存在很大分别，在美国发生石化革命的同期，在我国根本就没有发生。

表 4-6　　　中、美两国不同时期农业生产中的主要工具对比

国别	1820 年以前	1820~1860 年	1860~1914 年	1914~1950 年
美国	耕牛与人力锄、犁、铲、耙、镰	牛、马、骡与人力犁、锄、兜、部分马拉农具	马、骡、蒸汽机各种马拉农机具	内燃拖拉机、马各种配套农机具
中国	耕牛、骡马与人力锄、犁、铲、耙、镰	同前	同前	同前

资料来源：王思明，《中美农业发展比较研究》，中国农业科技出版社 1999 年版。

4.2.2　中华人民共和国成立后石化革命的发展情况

我国农业石化革命真正发生、发展是在中华人民共和国成立以后。从 20 世纪 50 年代起，我国政府为发展农业、增加物质投入和提高农业综合生产能力创造条件，优先对农用工业给予了扶持。1953 ~ 1993 年，国家对化肥、农药、农机等行业的基本建设投资总额达 500 亿元，约占同期国家基本建设投资总额的 5%（梅方权，1996）。1986 ~ 1996 年，国家又加强了对饲料工业和畜用药品及良种繁育等行业的建设。"六五"及"七五"时期，用于这三个行业的基本建设投资达 20 多亿元，用于上述各行业的技术改造投资为 160 多亿元。

农用工业的发展为农业物质投放创造了必要条件，对农业技术进步及农业综合生产力水平提高的作用是显而易见的。据有关部门测算，1992 年同 1952 年比较，因化肥、农药、农膜、良种等物质投入量增加而增产的粮食，相当于同期全国粮食增产总量的 50% 左右（梅方权，1996）。另据中国农科院农经所在 20 世纪 80 年代中期对徐州、淮阴、宿县等地农业技术进步因素的测定结果表明：仅 1978 ~ 1984 年，物质技术投入（包括水利、化肥、良种等）在上述地区的农业技术年平均进步率中所占份额高达 60%（梅方权，1996）。到了"七五"时期，虽然全国农业技术进步的速度已相对放慢，但物质投入对农业技术进步的贡献份额仍占 34% 左右。我国为了增加粮食和其他农作物产量，不论是农业机械，还是化肥、农药等投入都在持续的增长。扩大物质投入规模、不断优化投入结构推动了我国的农业技术进步，提高了农业的综合生产能力，是我国农业发展的关键之一（梅方权，1996）。

我国石化革命的发展进程，可以从附录 1 大概了解。但由于取得的化肥和农药的资料不完整，农业机械化方面的资料要相对完整得多，而且我国农业机械化的进程也基本代表了我国石化革命发展的进程，因此，本书着重以农业机械化的进程来阐述我国农业石化革命的发展。

1. 改革开放之前的发展状况

1949～1978 年，我国农业生产处于指令性计划经济时期，该时期表现出农业生产资料、自然资源和产品的计划性特征，因此，农业机械的发展过程也具有当时的时代特点。

在这个时期，农业生产处于恢复和发展时期，主要由政府制定政策指导农业发展，同时注意农业生产技术的推广，改良农具与推广新式农具。与当时农业生产水平相适应，我国农村仍然采用传统的人畜力耕作，仅有少数国营农场开始实行一定规模的机械作业，1952 年全国农业机械总动力仅为 18 万千瓦，农用大中型拖拉机 1307 台，机耕面积仅为 13.6 万公顷（占当年全国总播种面积的 0.00096%，每公顷农机动力为 0.00013 瓦）。[①]

在 1958 年的"大跃进"和人民公社时期，逐渐在有条件的社、队成立了农机站，政府按计划配置了各种农机具，到 1978 年全国农业机械总动力达到 11750 万千瓦，农用大中型拖拉机 557358 台，农用小型及手扶拖拉机达到 137.3 万台，与 1952 年相比，农机总动力增长 652 倍，大中型拖拉机增长 426 倍，机耕面积增长 299 倍。[②] 由以上数字可以看出，在改革开放前的近 30 年中，我国农业机械的发展取得了相当大的成绩，这是由于中央政府重视农业机械在农业生产中所起的作用，加强了对农机行业的投入。在此期间，国家的一些大中型拖拉机厂基本形成了配套产品，国家财政支援农业的资金逐年增加。1949～1978 年间，国家财政支出中支农资金占的比重较大，从 1958 年开始该比值都高于 10%（在 1966～1970 年为 9.16%），最高年份的 1963～1965 年达 14.75%；国家对农业机械的投入在 1958～1962 年为 16.88 亿元，1971～1975 年为 23.74 亿元，年均投入约 4 亿元左右。

然而，受当时农业发展方针、政策的影响，特别是土地等资源与主要生产工具的国家与集体所有制形式这一特征，多多少少影响到农民的

---

①② 杨力明：《农业机械化改革与发展研究》，http://www.rcre.org.cn/ztyj/rcre-a3-2.htm。

生产积极性；同时，又由于受"大跃进"思潮的冲击，不适当地提高了实现农业机械化的目标。已经被实践所证明的结果是，到 1980 年我国未能实现全国农、林、牧、副、渔主要作业机械化程度达到 70% 左右的原定目标（1980 年机耕面积达 41.3%，机电排灌面积 56.4%）。[①]但是，我国农业机械化装备水平在行政手段的强行推进下还是取得了一定的发展。

从 1949～1978 年农业机械发展的过程来看，由于当时我国农村经济还处于较低的生产水平，同时又由于当时农村政策不稳定而导致农产品产量大幅度波动，农业机械仍然受到农民的欢迎，农业机械总动力仍然不断增长，表明我国农业生产与农村经济的发展需要农业机械，在人们的劳动过程中，劳动工具的改良与生产条件的改善是劳动者不断追求的目标。该时期农民对农机具的了解与使用对今后我国农业机械化的发展起到了推动作用。

2. 改革开放之后的发展状况

党的十一届三中全会后，随着改革的发展和不断深入，随着农业机械化方面的思想解放、观念更新和国家若干有关政策的调整，我国农业机械化走上了健康发展之路。加之我国工业化进展迅速加快，推动了农村经济体制改革及农业产业结构的全面调整，农业机械化发生了相应的快速发展，特别是进入 20 世纪 90 年代以后，农机总功率和数量持续增长，到 1998 年达到 44936.8 万千瓦，是 1978 年的 3.8 倍；大中型拖拉机由 1978 年的 557358 混合台增加到 721063 台，农用排灌动力机械由 1978 年的 502.6 万台增加到 1256.47 万台，联合收割机的数量由 18987 台增加到 181781 台，农业机动渔船由 41176 艘增加到 472756 艘，分别是 1978 年的 1.3、2.5、9.6 和 10.0 倍。[②] 与此同时，农业机械化作业水平不断提高，耕地机械化程度由 1978 年的 42.4% 提高到 1998 年的 63.7%；播种机械化程度由 1979 年的 10.4% 上升到 1998 年的 24.6%；

---

① 杨力明：《农业机械化改革与发展研究》，http://www.rcre.org.cn/ztyj/rcre - a3 - 2.htm。
② 资料来源：《中国农村经济统计大全（1949 - 1986）》和《中国农业年鉴 1999》。

收获机械化程度由 1979 年的 2.6% 一直稳步上升，至 1998 年达到 15.07%；秸秆粉碎还田面积 1040.3 万公顷，机械铺膜面积 460 万公顷，机械深耕、深松面积 1576.4 万公顷。到 1998 年，我国小麦机收率已提高到 61.5%。① 可以说，1980 年经国务院批准的作为我国农业机械化的"第一大战役"——小麦收获机械化已告捷。但是，水稻生产仍主要靠手工作业，玉米收获机械化仅在少数地区刚刚起步，棉花机械收获在绝大多数地区仍属空白，具有节水、节肥、节能等性能的机具也在不同程度上存在数量不足、水平不高的问题。1998 年以后我国农业机械化热点转入南方水稻栽植与收获、烘干机械化和北方玉米收获机械化，可以说我国农业机械化已进入"第二大战役"。农业机械在农业生产和农村经济中发挥着越来越重要的作用。

据统计，到 2002 年末，农垦系统农机总动力达 1245 万千瓦，大中型农机动力占 65%。拥有农用拖拉机 30 万台，拖拉机配套农具 36 万台，收获机械 4.6 万台，农用运输机械 4.6 万台，滴喷、喷灌等灌溉机械 1 万多套，农田基本建设机械 3.7 万台，植物保护机具 5.7 万台。这些机械使农垦系统耕地机械化水平达 82%，播种机械化水平达 66%，收获机械化水平达 47%，分别比全国平均水平高 35 个、39 个和 29 个百分点。② 垦区依靠机械化先后在黑龙江、新疆兵团、内蒙古等垦区建成商品粮基地，在新疆兵团和湖北等垦区建成商品棉基地，在海南、云南和广东湛江垦区建成天然橡胶基地。这些垦区农业机械化引领了石化农业的发展，对全国农村发挥着示范带动作用。农业机械化作为农垦农业生产的主要手段和农业科技的载体，促进了农业资源的开发、利用和保护，增强了农业抗御自然灾害的能力，为实现农业生产集约化、改善劳动条件和提高农业劳动生产率、资源利用率和农产品商品率创造了条件。

另据农业部农业机械化管理司分析，2003 年全国农业机械化发展平稳增长主要有以下两个特点：第一，整体运行平稳。虽然受到"非

---

① 资料来源：《中国农业年鉴 1999》。

② 《农业机械化从全面到全程》，http://www.chinafarm.com.cn/version/admin/one_new.php? ID=7352，2004 年 1 月 16 日。

典"疫情和洪涝灾害的影响，但是全年农机化运行平稳。一是农机装备总量稳定增长，年底农机总动力达到 6.04 亿千瓦，比上年增长 4.3%；拖拉机保有量达到 1494 万台，增长 3.3%（其中大中型拖拉机达到 97 万台，增长 7.6%；小型拖拉机达到 2123 万台，增长 5.7%）；联合收割机达到 36 万台，增长 16%。二是农业机械化水平稳中有升。全年完成机耕面积 9.2 亿亩，与上年基本持平；机播面积 6.3 亿亩，增长约 2%；机收面积 4.1 亿亩，比上年略有增长。机耕、机播和机收水平分别为 47.2%、27.2% 和 18.5%，比上年分别提高了 0.07 个、0.56 个和 0.17 个百分点。第二，农业机械化区域和品种结构日趋合理。从区域看，农机化水平由北高南低、旱高水低，向南北平衡、水旱平衡发展；从粮食生产机械化看，由小麦生产基本实现机械化，向水稻、大豆、玉米机械化发展；从经济作物看，各地发挥了比较优势，农业机械化与产业化结合，设施农业、草业、畜牧业、奶业、水产养殖等机械化有新的发展。

2003 年农业机械化发展的突出亮点是"三夏""三秋"农机作业成效显著。"三夏"期间，受"非典"疫情的影响，外出务工农民不能返乡，为了确保及时收割，保护农业生产成果，农机部门形成了快速反应部队，统筹安排，开展帮扶，有序抢收。据统计，全国共投入抢收农机具 150 多万台（套），其中参加跨区机收的联合收割机达 15 万台，完成机收小麦 2.8 亿亩，机收比例达到 70%；"三秋"期间，为了克服黄淮海地区和长江流域连续阴雨给秋季生产造成的影响，全国共组织投入各类"三秋"生产机具近 1000 万台（套），其中播种机 280 万台，为抢修整地、排涝除渍、加快越冬作物的播种进度做出贡献。据统计，北方小麦机械化播种比例达到 80%。可见，农机已经成为粮食主产区粮食生产的主要手段和各地应对突发事件的重要措施之一，同时也说明了农机服务体系日益完善，农机服务日趋产业化，农机化管理协调能力逐步加强。

而化肥施用的发展情况，相对农业机械的发展就要简单得多。我国 1949 年以来的化肥消费量虽然一度受限于工业的发展水平，但一直处于相对比较快速的增长之中。近年来化肥的施用量有减少的趋势，使用结构也有了一定的变化。相对以往氮肥的快速增长，复合肥的施用量明显增加，而且增加趋势平稳（见图4-5）。

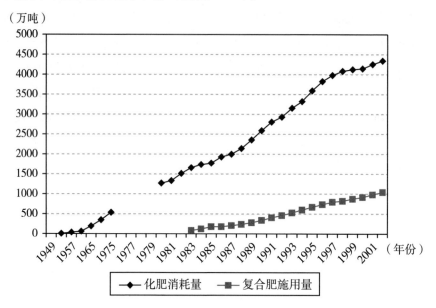

图4-5　1949~2002年我国化肥施用的变化趋势

资料来源：历年《中国农业年鉴》。

农药的施用量虽然有一些年份比较特殊，但由于农药技术的改进，还是处于平稳增长之中。另外，农膜的发展出现过明显的阶段性波动。最初，由于农膜技术能给粮食、蔬菜带来明显的增产和错季生产效果，所以在引进之初很快就达到年消耗351.4万吨。但是，由于造成明显的白色污染，接下来的一段时间消费量急剧萎缩，甚至在一些地方完全退出了农业生产。可是，随着光降解、生物降解和双降解农膜材料的出现，农膜近些年在我国农业生产中又开始重新发挥作用，生产量和消费量也日益增加。

4.3　推动我国石化革命发展的动因

亚洲虽然人力丰富，但有些地方的劳动力并不便宜，因此机械装置，也包括金属部件得到了发展和应用。历史上，中国、印度和波斯都使用水车或水磨，这些水车和水磨为灌溉、农业、工业和其他方面提供了动力。亚洲许多地区在水利和农业的其他改良措施方面，在农田的开垦方面都成绩非凡。条播耧犁在印度的最初发展以及后来在亚洲的广泛使用，对于提高农业生产特别重要（贡德·弗兰克，2000）。但是，1840～1949年，中国始终处于内忧外患之中，社会处于崩溃的边缘或崩溃之中，政府不能进行有效治理，经济无法发展。老百姓挣扎在饥饿的维持生存的边缘，不具备采用新的农业技术的社会经济条件。在美、英等国快速发展石化革命时，中国的石化革命从全局来讲根本就没有发生。直到1949年中华人民共和国成立，有效地恢复了社会秩序，恢复了经济建设所需的和平环境，石化革命才有了比较迅速的发展。石化革命在中华人民共和国成立前没有多大的发展，所以这里主要研究中华人民共和国成立后石化革命相对发展比较快的动因。

4.3.1 宏观动因

1. 我国的经济实力有了较大发展，对农业发展提出了新的需求

农业除了要满足粮食需求，还必须为工业发展提供原料、资金、市场和劳动力等，这就要求农业用尽可能少的人、一定的资源产出更多的农产品。这就给我国石化农业的发展提供了机遇和需求。

从产值结构看，虽然1952年我国农业总产值只有461亿元，但却占国内生产总值的45.4%；1978年农业总产值比重降低到38.5%；1998年进一步下降到占国内生产总值的30.9%，而农业总产值却增加到24516.7亿元。[①] 这说明国民生产的其他部门有了很大的发展。这就要求我国农业在耕地一定的情况下，加大投入，生产出更多的农产品满足我国经济发展的需求。同时，农业和国民经济的快速发展，也为大量的物质投入到农业生产中提供了可能。

---

① 资料来源：历年《中国农业年鉴》。

从劳动力结构看，1952年我国农业劳动力为17317万人，占社会劳动力总数的83.5%，此后，农业劳动力持续增长，1978年农业劳动力达到28455.6万人，占社会劳动力总数的70.9%；到1998年，农业劳动力增加到32626.4万人，占社会总劳动力的比重下降到46.6%，比1978年下降了24.3个百分点。虽然投入到农业生产中劳动力的绝对数在增加，但是比重一直在减少。80年代以来，全国从事农业的劳动力占乡村劳动力的比重持续下降，已从1981年的93.9%降至1997年的70.6%，农业劳动力的绝对数量从1992年以来也呈现零增长到负增长的趋势，已有十几个省（区、市）出现农业劳动力比重和数量双下降的局面。1997年全国第一产业从业人员占全社会从业人员比重已降至49.9%，出现了低于50%的历史性转折。① 农用役畜也有十几个省（区、市）出现了下降局面。而为我国工业发展提供重要原料的经济作物种植，随着经济发展，种植规模日益加大，这就要求在农业生产中投入大量的劳动力。这在一定程度上促进了我国农业机械化的发展。另外，随着我国东北（北大荒等）和西北（新疆等）的农业开发，区域性的劳动缺乏也极大地促进了我国石化革命的发展。

2. 相对要供养的巨大人口，我国的土地资源比较匮乏

我国近20亿亩耕地中有2/3是中低产田。这就要求加大农业投入、增加地力，保障农业发展的顺利进行。同时，我国比较肥沃的耕地一般集中在中东部地区，其中绝大部分土地的耕作都一年两熟，甚至还有一部分地方一年三熟。这种耕作方式下，依靠土地恢复地力基本没有可能，必须要加大肥料的投入。而我国这些地区有机肥的供给水平十分有限，反而经济比较发达，这就为化肥的大量投入提供了很大的空间。

3. 提高农业产出的需要

中华人民共和国成立后，尤其是绿色革命以后，为了提高产量和便

---

① 资料来源：历年《中国农业年鉴》。

于机械化操作，往往在一地区同一种作物会大面积的种植，而且连年种植。这样就加重了病虫害的发生，为了保证产量、减少损失，人们自然就会拿起农药这个有力的武器。

4. 国家政策的大力支持，促进了农业石化革命的发展

在改革开放之前，我国对农业机械化的发展就有强有力的政策支持。农业机械的生产及产品的分配由政府统一安排，因此全部投资也由国家承担，20世纪80年代以前，每年国家对农业机械工业的投资平均为3亿~5亿元。虽然在这些政策的制定、执行过程中有一些消极的东西，农业机械化还是有了比较长足的进展。但是，农机所有者在使用其工具时作为单个行为主体才易于进行作业方式的选择，也可以根据所投资金额的多少，选择农机具的应用方式与范围及作业时间来确定较好的社会、经济效益。农机的所有者与使用者的基本一体决定了其利益取向的一致性（原计划体制下，农机具由国家、集体所有，很难将每台机具的最佳工作状态与效益结合起来），有利于农机具发挥更大的作用。改革开放以后的政策调整理顺了关系，改变了农业机械的投资主体，加快了农业机械化的发展。从1979年开始，我国农村开始进行经济体制的重大改革，由于在农村推行家庭联产承包责任制，农民逐步有了生产经营的自主权利，同时，1983年中共中央发布的《当前农村经济政策的若干问题》的通知中指出："农民个人或联户购置农副产品加工机具、小型拖拉机和小型机动船，从事生产和运输，对发展农村商品生产，活跃农村经济是有利的，应当允许；大中型拖拉机和汽车，在现阶段原则上也不必禁止私人购置。"从此，改变了国家投资购买拖拉机、建立拖拉机站的单一模式，开始了多种所有制形式对农业机械的投入。这种投资主体的变化经历了国家→国家及集体→国家、集体和农户的过程，不同投资主体的投资额所占比重经历了由国家为唯一投资主体改变为以农户为投资主体。80年代以来，国家投入逐年减少，投入较低的1985年仅投资了0.63亿元，而到1998年底，农民所拥有的农业机械原值达到2000多亿元。投资主体的变化确定了生产工具的所有权归属问

题，从而也决定了生产工具的使用效率。农机具所有权的改变也促进了管理方式的变革，农业机械所依托的管理组织由原人民公社的社、队农机站转变为个人或联户的分散管理，又过渡到乡、村农机站、个人或联户与农民自发的农机协会组织并存的状况，其组织管理方式的构成将伴随着我国农业生产的市场化程度的提高而逐渐有序化，同时也将体现出组织创新带来的高效益。

同时，2004 年《中共中央国务院关于促进农民增加收入若干政策的意见》明确提出了农机补贴等；2005 年《中共中央国务院关于进一步加强农村工作提高农业综合生产能力若干政策的意见》继续巩固和加强了 2004 年的政策取向，大大推动了我国农业外援性投入的进一步发展。

5. 我国的改革开放政策，强有力地推动了石化革命

改革开放前，由于不合理的分配政策，大多数地方的农业基层生产组织——生产队，尤其是生产基本单位——社员，没有太大的动力应用和发展农业新技术。而改革开放以后，由于分配原则的调整，农业生产新技术的应用直接与自身利益息息相关，农民为了获取更大收益，非常乐意采用新技术和加大物质投入，这直接推动了农业中石化革命的快速发展。

6. 新的需求带来了农业机械新的增长点，形成了新的生产作业模式

农业机械跨区作业规模与数量的不断增长，成为提高农业机械的使用效率、增加农民收入、解决农户的小规模生产与社会化大生产矛盾的有效途径。而农民对农机不断提出新的需求，推动我国农业机械研制、生产等进程。

7. 人们对高品质的农产品和高品位生活的追求，推动了石化革命的新进展

大量施用农药和化肥，一方面会降低农产品的品质，另一方面会造成一定程度的环境污染。经济发展较快，人们的生活水平日益提高，人们开始追求绿色生活方式。人们越来越要求在生产蔬菜和粮食时少使用

或不使用农药和化肥,这对石化革命的发展提出了新要求。

8. 我国人口转型缓解了石化革命的人口压力

20 世纪 70 年代开始我国人口进入低出生、低死亡、低增长类型,从而最终实现人口再生产类型的历史性转变。在世界所有国家中,我国实现人口转变所花费的时间是最短的,这不仅强有力地促进了我国社会经济的现代化,对石化革命发展的贡献也是巨大的。

4.3.2 微观动因

在改革开放以前,我国农业生产基本上是以集体的方式进行的,农业资料的所有者也是集体,一般的农业生产都会按照国家的生产计划进行。本应该作为农业生产的微观主体的农民,在这方面几乎没有任何选择。但现在的宏观环境发生了变化。同时,我国目前所处的技术时代也已不同于农业机械化发展的早期,工业、教育、科学技术发展水平,以及能源和其他基础设施建设水平等因素虽然影响了农业机械化发展的过程和效果,但已不是限制农业机械化发展的主要因素。就某一区域而言,农业机械化能不能发展,关键看农业生产对它有没有需求和经济条件上有无可行性。这种需求和经济的可能程度可以归纳为四点:其一,扩大生产能力,补充人、畜力不足,或增加已有生产规模的要求;其二,降低生产成本、减少损失和增加经营收入的需求;其三,改善生活和劳动条件,追求舒适、体面和更多的发展机会的要求;其四,农业技术进步的要求,即某些新技术、新的管理手段对生产手段的特殊要求。这四个方面的需求构成了促使农业机械化发展的微观动因。

在人多地少的条件下,土地资源稀缺,相对价格高;劳力资源丰富,相对价格低。劳动力机会成本随着社会经济的发展,特别是就业结构的变化而变化,逐步升高。选择劳动集约型技术,还是选择节约劳力的机械技术,取决于技术要素的相对价格。换言之,对农户而言,购买农机具或要求机械服务是一个经济过程,决策权在农民,有一个需要、买得起和用得起的问题。实际上，农民在任何时候都是根据这一原则在节约劳力技术上进行选择的。

因此，无论产生农业机械化发展的宏观动因是什么，如农业资源的富足、产业结构的调整、社会对农产品需求的扩张、投资能力的增强和科学技术的发展等，这些因素在微观层次上的反映都必然演化为农民对农业机械化（其中后三条也适用于石化革命其他方面）的需求和社会经济的发展，其进程的快与慢和程度的强与弱都和农业劳动力平均负担的播种面积、人均收入水平和农业生产的集约化水平有着紧密的联系和内在的逻辑关系。

另外，由于化肥和农药的投入不像农机投入那样需要比较多的资金，而且投资规模不具有整体性，农民对化肥的投入量可以根据自身的经济实力和实际情况，每年都可以比较灵活地选择，而当年的投入产出效果明显，所以我国化肥和农药的发展要比农业机械化快得多，也顺利得多。

4.4　我国石化革命发展的制约因素

我国石化革命发展水平在发展的初期与美国、英国和日本相比有着巨大的差距，即使现在也要落后许多。究竟是什么在阻碍我国石化革命的发展进程呢？本书以1949年中华人民共和国成立和1978年改革开放为分界点，分三个不同的历史时期分别加以研究。

4.4.1　1949年以前

据吴承明（2001）估算，1700年我国国民生产总值占全世界的23.1%，而当时整个欧洲的国民生产总值只占全世界的23.3%；1820年我国所占的比例提高到32.4%，整个欧洲也仅为26.6%。这时，我国农业生产的精耕细作程度已相当发达，工业水平居世界之冠，外贸具有顺差优势,这种优势一直保持到19世纪初。伏尔泰在18世纪中期也曾赞扬我国的农业已臻完美境地。谢和耐在《中国社会史》中比较了我国和法国18世纪的农业,认为当时我国的农业是近代农业科学出现以前历史上最科学和最发达的,同时期的欧洲农业则显得特别落后。鸦片战争之前我国的农业还比较先进,而且工业处于很高水平。但是,为什么农业石化革命没有在中国首先发生?而且事实上,在鸦片战争尤其是甲午战争以后,朝野上下痛感振兴农业的必要,纷纷引进西方的农业技术和农业设施的大背景下,为什么石化革命没有在我国发展起来?除了长期的战乱这个人们普遍认知的原因外,还存在着很多制约因素。

1. 我国人力资源丰富,限制了石化革命在我国的发展

美洲和欧洲具有进行农业生产的丰富的自然条件,但是较低的人口增长限制了扩大农业规模和对农业进行精耕细作,当时也就基本上限制了农业生产的发展。这使美洲和欧洲产生了对节约人力的技术的需求。我国一直保持较大的人口规模,1800年人口就达到了3.52亿人,1850年更是达到了4.36亿人。而且,在接下来的100年的动荡年代里人口规模也没有较大变动,一直保持在4亿人左右。相对于没有多大变动的农业耕地面积和产业结构,大量廉价劳动力的存在使我国农业除灌溉外的各个生产环节对劳动节约型技术没有多少内在的需求,这也就阻碍了由于(和基于)对节约人力和产生动力的机械需求而发生的技术革命。虽然清朝晚期曾引进了一些机械,但只在非常小的规模范围内实验使用,在全国的农业生产中也基本上没有形成大的影响。为解决日益加重的人地矛盾,传统农业主要通过加大劳动力的投入精耕细作来提高农作物单位产量,以满足不断增长的粮食需要(黄希源等,1986)。

2. 我国农业投入能力和欲望有限,制约了石化革命的发展

1949年以前,地租以货币或实物缴付,如果缴实物,地租一般为主要作物的50%。19世纪80年代上报的现金地租每亩从0.6两银到

2.66 两银不等，这接近当地地价的 5% 到 10%。① 这表明在扣除赋税和其他费用后，土地投资的回报率虽然在政局稳定时还比较保险，但它还只是商业或放债回报率 10%~20% 的一半。这种较低的回报率很可能使想把资金投入农业的人转而把资金投向其他领域。然而，对老百姓来说，租佃的真正负担还在于地租以外租佃契约中的其他规定。可以找到19 世纪契约中规定条件较好和较差的个别事例（表现在劳务、短期租借和地租押金等方面），但笔者还没有找到系统的证据来断定 19 世纪后期的状况是越来越坏，而不是无数穷人在维持着悲惨的生活现状。日本的村松教授发现，1905~1917 年地主租佃的地租收入激增。这个证据的确提醒了人们，地方上层人物能够把王朝最后十年因增加税收而产生的负担转嫁给佃农。因为要筹集庚子赔款的资金，这些增加的税收分摊到各省征收。有权势的地主历来能够逃避他们按比例负担的普通税赋定额，通常他们会将税赋转嫁到自耕农和大地主的佃户身上，所以很可能自耕农和大地主的佃户最后负担的增税中的那一部分会高得不成比例（费正清等，1985）。因为地主只收取地租，而基本不参加农业生产，所以他们只对能否按时收取地租和其他附加感兴趣，而对农业技术改良不感兴趣。他们对农业的投入也只限于扩大自己能够出租赚取地租的土地规模。而大多数的农民基本是租种土地的，由于租种的土地收益的50% 以上归地主，所以他们基本上没有加大对土地投入的欲望。即使有一些自耕农和佃农有这方面的欲望，他们也没有这方面的能力。中华教育文化基金会社会调查部调查显示，1926 年河北挂甲屯百户农家每年平均收入在百元左右者占 73%，负债户占 48%。浙江大学调查显示，杭嘉湖地区负债农家达 48.6%（蔡衡溪，1934）。全国土地委员会 1937年调查全国 16 省 163 县 1745357 家农户，收支有余占 23.21%，平衡占41.06%，不敷占 34.89%。卜凯（1936）调查显示，1921~1925 年全中国六省十三处 2370 农户每家平均生活用品价值 228.32 元，其中食物136.29 元、燃料 25.32 元、衣服 17.31 元、房租 11.31 元，仅此四项生

---

① 参照中央农业实验所的估计，20 世纪 30 年代的平均现金地租为地价的 11%。

活必须费用占 83.8%。由于农业剩余减少以及人均收入和人均需求下降，以及劳力越来越廉价而资源和资本越来越昂贵……农民和商人的合理策略取向不是节约人力的机械，而是经济地使用资源与固定资本（贡德·弗兰克，2000）。

3. 土地经营规模较小，抑制了石化革命的发展

我国这一时期拥有巨大地产的情况并不普遍。可以举出在整个 19 世纪中官吏、富绅和垄断商人拥有土地超过 1 万亩的例子，但拥有这样大的产业毕竟是很不寻常的。晚清时期我国的土地所有是不平均的，但比得上欧洲和亚洲其他地方的大地产或者美国的大牧场和商业农场的农业地产却很少。土地拥有者通常包括华北拥有土地大约 20～30 亩的自耕农、南方拥有土地 12～15 亩的自耕农和一般拥有土地 100～150 亩的大约 200 万户缙绅家庭（通常把大部分土地租给佃户耕种）。与 20 世纪一样，租佃在南方（"大米主产区"）要比北方（"小麦主产区"）普遍得多，又像以后几十年那样，也许有 50% 的农户可以定为佃农和部分自耕农。由于超过一定的限度，较大的土地所有者宁可出租其多余的土地，也不愿雇工来耕种。所以，实际上由单个农户实际耕种的土地平均面积是很小的。而且，我国分家析产的制度加剧了耕种规模进一步缩小的趋势。小块耕作因为以下事实而变得不利于石化革命的发展：农田容易被分割成若干通常是不同性质并且互不相邻的小块土地。农田的大量边缘土地被浪费，过多的劳动时间用于在小块土地之间来回奔波，合理的灌溉措施也受到了很大的阻碍，更不要提机械化作业了。

4. 农业落后带来工业部门的滞后，使石化革命失去了发展基础

传统农业的平衡是在每人平均产量很低的水平上取得的，产量的很大一部分被农业生产者自己消费掉了，只有少量供应市场的剩余可用作工业原料或供给非农业部门；反过来，城市产品的实际需要也受到了限制。因此，广泛工业化的直接可能或农业发展的直接可能，都被农业部

门的无能紧紧地束缚住了，石化革命的发展也就失去了支撑的基础。

5. 不合理的农业剩余分配，使石化革命变得更遥远

我国农村生产率低下，许多挥霍浪费的积习以及政府的腐败加剧了农业投入的不足，使石化革命渐行渐远。事实上，剩余农产品以各种方式被浪费了。老百姓中的许多劳动力都投闲置散，在我国北方的冬季尤其如此。在祝寿、结婚和丧礼中竞相奢华，挥霍了积蓄的财富，同时厚葬又转而造成了土地（坟地）的浪费和土地的分割。尤为重要的是，地主的田租、高利贷和政府的税收支撑着上层阶级的寄生生活、游手好闲和奢侈浪费，其中还支撑了大量专为私人服务的行业。

6. 科学技术知识的严重匮乏，阻断了石化革命的发展道路

除了以上的因素之外，还有一个长期以来被视而不见的重要事实，即种田的劳动大军是不识字或识字很少的农民，他们完全依靠实践经验的长期积累，世代相传，充实丰富，但始终停留在感性认识阶段。读书识字的士人很少直接从事农业。"劳心者治人，劳力者治于人"，把脑力劳动与体力劳动机械分割，忽视了农业劳动的对象是有生命的动植物，需要脑力劳动的探索才能深入掌握其规律。传统农业缺乏读书识字的农民，既影响农业理论认识的深化，也影响农业技术的普及推广。

4. 4. 2   1949～1978 年

1949～1978 年，我国农业生产处于指令性计划经济时期，该时期表现出农业生产资料、自然资源和产品的计划性特征，因此，石化革命的发展过程也具有当时的时代特点。由于农业机械化的发展在当时的石化革命进程中既是主要内容也比较有代表性，所以在此主要以农业机械化作为研究对象。

前文已经述及，由于受当时农业发展方针政策影响，农业机械化发展未能在预定的时期内达到既定的目标。下面重点分析农业机械化发展

这一时期的主要制约因素。

1. 政策与实际脱节，限制了农业机械化的正常发展

1980 年前农业机械化获得一定的发展，是因为在传统计划经济体制下，利用行政干预和强有力的国家财政支持，加上要求农村社区集体经济组织实行高积累政策，才获得农业机械化的推进。农业机械部门曾将 1980 年以前农业机械化的指导思想和工作方法概括为 3 句话 12 个字，即"脱离实际、孤军深入、急于求成"。农业机械化的发展应与整个经济发展相适应，这是经济技术发展规律，不可违背。1980 年前推行农业机械化急于求成，脱离了经济发展水平的要求，不符合技术演进的规律，因而未能实现基本实现机械化的目标。

从国家投入分析，农业机械工业和农村农业机械化规划都脱离了国民经济可能提供的支持。如第三次全国农业机械化会议确定国家每年向农机供应柴油 1600 万吨，实际上当时全国柴油产量总共才 1800 万吨；要求拿出 300 亿元支持农村购置农机，也根本办不到（郑有贵，2001）。

从国家对农业投入结构分析，把大量的财力用于农业机械化相应地要压缩对农业的其他投入，这也影响了对绿色革命的投入，直接造成粮食产量增速减慢。

2. 生产中投入产出经济效果不好，制约了农业机械化的进一步发展

从微观经济主体分析，国家规定给社队的贷款 60% 以上用于购买农机具，社队收入的 1/3 用于购买和维护农业机械。这样造成两个后果：一是农民把钱投在这里，积累与消费结构就肯定变得不合理，影响了社员的分配收入，降低人们劳动的积极性，会导致人们出工不出力；二是农产品成本随着农业机器用量的增加而提高。据商业部门对 2162 个生产队的调查，1976 年与 1965 年相比，6 种粮食作物亩产由 232 斤增加到 316 斤，增长 36%；同时每亩成本由 26.2 元增加到 40.5 元，增加了 54%，平均劳动日值降低 20%（牛若峰，1993），这也影响了农民的收入，在客观上降低了社队和社员对农业机械的需求。农村劳动力从

50 年代的约 1.8 亿人增加到 1978 年的 3 亿人，耕地面积由 10666.7 万公顷减少到 9933.3 万公顷，使劳均耕地从 0.593 公顷降为 0.333 公顷，在南方 13 个省（区、市）内，一般劳均耕地仅 0.2 公顷左右，浙江、上海还不足 0.133 公顷（牛若峰，1993）。这致使劳动生产率无法提高，1952～1978 年农业劳动生产率几乎处于停滞状态。因此，劳动力又产生剩余，生产中劳力成本与机械成本两套成本同时支付，使生产成本大为增加，这抑制了农民发展农业机械化的积极性。总之，因为改革开放前社会、经济、技术发展水平低，农业人口比重大，农村产业结构单一，农民收入水平低，在这种特定历史发展阶段，物化劳动价格比活劳动价格高，还没有达到用机械技术替代劳动力的经济条件。这就是通常讲的用得起和用不起的问题，机械技术必然是不经济的选择，因而农业机械化进程没有预期的快。

3. 二元经济体制对农业机械化的发展产生了很大的制约作用

尽管反复强调发展农业的重要性，但始终只是把农业作为社会的一个基本保障，而不是把它作为与工业同样的一个平等的产业。一些人看到抓工业比抓农业的效益大、见效快，就放松甚至放弃农业，或牺牲农业发展工业，以至于农业成为"口号农业""会议农业"。与重工轻农相联系的就是重城轻乡的观念。长期以来对城市居民的优待和对农村居民带有歧视性的政策，特别是严格的户籍制度，不仅使农民的经济收入和生活水平远远低于城市居民，而且造成了二者社会地位的不平等，农村居民和城市居民之间似乎有道难以逾越的鸿沟。经济发展水平低，当时劳动成本比机械成本低，尚没有达到劳力替代的条件。同时，我国在工业化过程中，城市在集聚和生长现代生产力的过程中，抑制了农村剩余劳动力的转移，造成政策上和实际操作中重工轻农、重城轻乡，严重阻碍了农业机械化和石化革命其他方面的发展。

4. 工业水平的落后制约了农业机械化的发展进程

更为严重的是，在传统计划经济体制下进行农业机械产品生产的工业水平比较差：一方面，农业机具配套生产能力差，很多作业没有适合的机具，所配备的农机具利用率不高，且不能解决农忙时作业的需要；另一方面，不少农业机械质量差、故障多，零配件紧缺、购买困难，维修费用很高。这些都加大了农业生产费用。据 1971 年统计，东北一些地方，每台拖拉机油料和维修费一般在 1 万元以上，有的高达 1.5 万元，分别相当于 400 亩和 600 亩粮豆产品的收购价格总额（牛若峰，1993）。如此昂贵的油耗和维修费，即便是行政手段推行，农业机械化也是难以推进的。

5. 人口增长方式转型、人口激增，抑制了农业机械化的发展

1949 年以前中国的人口再生产类型一直近似于"原始型"，基本特点是高出生、高死亡、低增长，人口总量甚至多年停滞不前。中华人民共和国成立后，随着社会主义制度的建立和生产力的大发展，人民生活包括医疗卫生水平得到很大改善，致使人口死亡率迅速下降，使我国的高出生、高死亡、低增长类型转变为 20 世纪五六十年代的高出生、低死亡、高增长类型，造成了我国人口的急剧增长。而大量的人口不仅要占用大量的生活资料，使生产剩余减少，客观地降低了对农业的投入；同时，使劳动力更加丰富，抑制了农业机械化和劳动替代型石化革命技术的发展。

4.4.3　1978 年以来

自 1978 年改革开放以来，我国农业生产的基本特征是：以家庭经营为基础，农户数量多且生产规模小，正处于传统农业的转型、调整时期，由此来决定我国农民的农业生产方式与生产手段。每个时期农业机械的发展状况要与当时国民经济发展规划、经济发展水平和农村的生产力发展水平相适应。可以说，我国农业机械的设计、生产、需求、组织结构及在农业生产中的作用与当时农村社会、经济状况与计划经济体制是相适应的，同时，也使农民认识到农业机械带来的生产高效率。因

此，只要有可能，农民就要想方设法改良自己的生产工具，摆脱繁重的体力劳动，提高生产效率。但是，现实中的农业石化革命发展还受到多方面条件的影响。

1. 农户技术需求不足，制约了石化革命的发展

农民是农业科技应用的终端。在市场经济条件下，农户是技术需求的主体。但从现实情况看，农户对农业技术的需求存在明显的不足。其原因主要是：第一，农村经济不发达，农户多为中低收入家庭，收入用于应付日常开支已捉襟见肘，没有多余资金投资于农业机械化方面。就算农民能够有一笔款项空余，但他们在朝不保夕的压力下仍然不敢贸然投资。这造成吸纳新技术的意愿不强，大型农业机械的推广使用也受到制约。第二，农业经营风险大。在市场经济条件下．农户必须面对自然风险、市场风险、技术风险和产业风险，而小农户承受风险的能力又很低，因而降低了采用新技术的欲望。第三，技术信息成本高。由于农民的组织化程度普遍比较低，信息不灵，难以获取适宜技术，或者获取技术信息的成本太高，从而减弱了农户采用新技术的欲望。第四，农民受教育程度偏低，人力资本积累不足，对现代农业技术缺乏了解，制约了他们采用新技术的能力。第五，大部分农民的知识水平都不高，加上政府的宣传教育不足，农民并未认识到农业机械化的重要性和必然性。有的农民在生产方面安于现状，认为农业机械化麻烦，多此一举，这也是原因之一。

2. 农业技术有效供给不足，延缓了石化革命的发展

政府及农业技术机构是农业技术的供给主体，但由于各方面的原因，两者的技术供给均显不足。造成这一现象的主要原因是：第一，政府对农业技术供给意愿不足。由于农业科技创新是一种典型的公共产品，对农业投入比对非农投入获利机会相对要少，从而造成政府对农业技术供给意愿不高。第二，农业科技机构供给意愿和供给能力不足。在政府对农业科技经费供给不足的硬约束下，农业科研、农业推广及农业

教育部门面临生存危机，从而农业研究、开发和推广意愿低落，即使有供给意愿，也没有供给能力。第三，农业技术的适用性不足。由于体制上的原因，传统的农业教育和科学研究与实际的农业生产相对脱节，有相当一部分名为实用技术的农业科研项目立题并非来自农业生产第一线，从而使许多农业科研成果不能成为有效的技术供给。第四，农业推广体系不够健全。农业科技创新和应用有赖于农业技术推广组织。世界上的农业发达国家几乎都建立了完善的农业推广体系，如美国的以各州农学院为依托，农业教育、科研和推广紧密结合的农业推广体系；以色列的农业科研组织和农业推广服务局等。我国在计划经济年代建立的农业推广体系，由于种种原因已不能发挥应有的作用，适应市场经济发展的新的农业推广体系又没有建立起来，因此，在一定程度上制约了石化农业的发展。

3. 客观自然条件制约了农业机械化的发展

我国南方地形以丘陵为主，田块一般较小，可机耕面积有限，使用大机器较难。这也成为阻碍农村机械化发展的因素之一。

4. 农村剩余劳动力转移不畅，影响石化革命的进程

改革开放以后，尽管农民生活水平大为改善，城乡居民收入水平差距曾一度缩小，但在一部分人尤其是一部分管理者的思想中，重城轻乡的观念依然存在，并在实际工作中体现出来。例如，为了安置城市国有和集体企业的下岗职工再就业，许多地方政府出台了限制农民进城务工的政策，影响了农村剩余劳动力转移，从而影响了劳动节约型石化革命的发展。

5. 农业基础建设投入不足，使石化革命发展缺乏后劲

农业技术的运用要有一定的物质基础保证。但是，由于多年来农业投入不足，基础设施落后，无法保证技术的顺利运用。尽管国家财政及对农业服务的各项政策支持的力度在逐年增加，其中1995年国内支持

总量已达正值 537 亿元，开始走向良性轨道，但由于我国长时期对农业的投入不足，形成的弱质状况年深日久，不可能一日而变。要彻底改变这种状况，我们必须坚持不懈地逐步加大对农业的支持和保护力度，在国家财力有限的情况下，动员全社会的力量，增加对农业的投入和保护。

6. 农村社会的智力基础差，阻碍石化革命的合理进一步发展

发达国家的石化农业就是建立在高文化劳动者基础之上的。在德国农民中，大学文化程度占 6.7%，受过职业教育的占 85%；日本农民中，大学文化占 59%，高中以上文化的占 74.8%；英国 70%~80% 的农民受过良好的职业教育。而我国，一方面，农村农业劳动者的科技文化素质普遍较低，农民接受科技的能力较差；另一方面，农村的农业技术教育体系也不够完善，农民接受科技教育的机会很少，制约了农业技术的推广和应用。这种文化结构和素质严重束缚了我国石化革命的进程。

4.5 石化革命对我国农业发展的积极作用

我国石化革命和其他国家的发展进程有很大的区别。别的国家的石化革命和绿色革命的发展在时间上是有一定间隔的，而我国的两次农业科学技术革命是基本交织在一起发生。两者之间相互作用，也互相制约。本节仅就石化革命的积极作用简单地做一下定性研究，在本书以后章节结合绿色革命再做比较详细的研究。

4.5.1 农业机械的大力发展促进了我国北方的灌溉农业

从图 4-6 可以看出，灌溉面积与我国粮食产量呈高度的正相关关系。在实际的地区分布中，北方基本是灌溉农业。

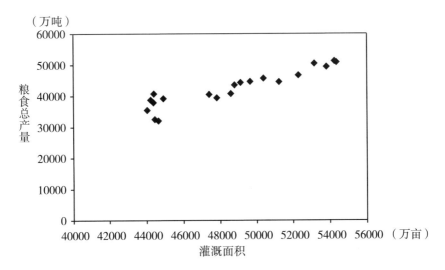

图 4 – 6　1983 ~ 2002 年我国粮食总产量与灌溉面积关系散点图

资料来源：作者根据历年《中国农业年鉴》和历年农业统计报告数据绘制。

北方旱区农业保证灌溉面积 2. 9 亿亩，约占总耕地面积的 1/3。有效灌溉面积达 3. 6 亿亩，占耕地的 40%。其中东北地区 4400 万亩，占该区的 1/6；黄淮海地区 2130 万亩，占该区耕地的 57%；内蒙古草原 185 万亩，占该区近 1/3；黄土高原地区 5450 万亩，也占该区近 1/3；西北内陆区 4900 万亩，占该区耕地 4/5，是北方旱区有效灌溉面积占有比重最高地区，也是全国最高的地区，如果该区没有了灌溉，也就没有了干旱地区的农业。[①] 但是实际上，没有灌溉机具的保障，各个灌区就根本不可能进行有效的农业灌溉。尤其是在地下水占约 30% 的情况下，如果没有农业机具从地下提水，很多地方根本不能保障正常的农业生产。20 世纪 50 年代，我国部分地区开始进行喷灌的研究和试点，到 70 年代喷灌技术受到普遍的重视，全国的喷灌面积达到 290 万亩。进入 20 世纪 80 年代，在喷灌方面我国已经具备了自己的一套设备和技术，为喷灌的大面积推广创造了条件。截至 1998 年，我国的节水灌溉总面积共有 2 亿亩（其中喷灌面积 1300 万亩，低压管道输水灌溉面积 4000 万亩，微灌面

---

① 董绵昆：《北方旱区的水资源》，http：//www. agrionline. net. cn/zhuanti/hanquny/hqny/ shuiziyuan. htm。

积30万亩），这大大地促进了北方旱作农业的发展（曲格平，1999）。

4.5.2 化肥的大量施用极大地促进了粮食增产，保障了土地肥力

我国的粮食增产和农业增收与我国农业外源性的投入是分不开的，其中表现最为明显的就是化肥的投入。我国耕地质量普遍不高，中低产田比例大，占整个耕地面积的2/3。耕地养分含量不高，土壤有机质含量低的比例高达31.26%，缺氮耕地4.7亿亩，占耕地的33.6%；缺磷耕地6.84亿亩，占耕地的49%；缺钾耕地1.82亿亩，占耕地的13%（曲格平，1999）。所以，化肥在我国的推广使用几乎没有遭遇多大阻力，而且增产效果明显，现在我国已经是世界高水平的施肥国家之一了。据联合国粮农组织统计，2000～2001年度，世界平均施肥水平为91千克/公顷，而我国为256千克/公顷，我国耕地面积仅占世界总面积的9%，而施 $N + P_2O_5 + K_2O$ 总养分却占世界总量的25%。虽然我国施肥水平在世界排第17位，但排世界首位的爱尔兰耕地面积为107.9万公顷，施肥水平为594千克/公顷。根据《中国统计年鉴2002》，我国福建、江苏、上海、广东施肥水平分别为818千克/公顷、667千克/公顷、642千克/公顷、596千克/公顷，耕地总面积为1008万公顷。施肥水平世界排名前16位国家的总人口为4.24亿人，总耕地面积为2758万公顷，化肥总用量为912万吨。而我国湖南、江苏、广东、湖北、安徽、河南省总人口为4.35亿人，总耕地面积3132万公顷，共施用了1685万吨化肥。若按省份为统计单位，我国有20个省份施肥水平超过了世界排名第16位的以色列，我国确实已是世界施肥超级大国。[①]

4.5.3 农药的施用提高了农业生产抗御病虫害的效率

我国农药的施用无论使用量还是使用水平与一些发达国家相比差距

[①] 《化肥需求量预测要谨慎》，http：//www.chemnet.com.cn/newscenter/09/00070256.html。

都较大，而且主要以经济作物和蔬菜为主。但是，19 世纪 50 年代，农药六六六的使用控制了猖獗的蝗虫，对发展农业生产、控制其危害、夺取农业丰收做出了巨大的贡献。20 世纪 50 年代末期我国棉区推广使用的有机磷类农药，也在那个时期保障了农业的增产增收。随着高效、低毒、低残留、微量、甚至无公害的新农药一代一代地被推出，我国农业抵抗病虫害的能力得到了极大的提高。

4.5.4　农业机械化推动了农业产业结构调整

我国农业机械的使用已经从以粮食作物生产为主要对象，逐渐按资源的合理配置原则转向以经济效益较高的农产品及其加工品的生产为主要对象，或转向直接产生经济收益的运输、农田水利建设等方面，对调整劳动力、促进农村各业的均衡发展产生了积极作用。同时，农业的产业结构调整对农业机械提出了新的要求：粮食生产的农业机械要提高装备水平和质量，进行结构调整与更新改造；大力发展林果、蔬菜、牧草等高经济价值作物农业机械，注重设施农业、畜牧、水产养殖及其深加工机械和设备。特别应当指出的是，在农田耕作机械化保障粮食稳定、增产的前提下，农业产业结构调整才有可能。

4.5.5　农业机械化是我国农业现代化的必要条件

在市场机制的作用下，农业机械的发展使我国农业生产资源按经济规律合理配置，使农机使用者获取相应的经济回报的同时，又能在整体规模上支撑我国农业的持续、稳定发展。其均衡点在于使每台农机具能发挥较大作用，对农机具的总体需求具有相对稳定性，既要避免农民对农机的盲目投资，又要注意中国农村劳动力的合理使用。另外，我国石化农业的发展使农业剩余增多，刺激农村除农业以外的其他产业的发展。

4.6 石化革命对我国农业可持续发展的消极作用

石化革命依靠石油、化肥和农药等高外源性物质投入，大大减轻了农业劳动的强度，增加了粮食产量，基本上缓解了传统农业所解决不了的人口增长对食物要求的压力。但是，它的根本特征——高能耗、高污染，存在着诸多弊端。由于我国近几十年来过量使用化肥、农药，生态环境已遭到严重的破坏，农业生产环境日益恶化，这已成为制约我国农业发展的"瓶颈"。据有关资料显示，美国施用农药量平均每公顷是1.5公斤，欧洲各国不足2公斤，而我国平均每公顷达13公斤，是美国的8倍多、欧洲的6倍多（曹俊杰，2002）。虽然粮食产量提高了，但农产品品质降低了，环境受到污染，这已成为严重的社会问题。

4.6.1 农业机械化对我国农业可持续发展的消极作用

1. 农业机械化破坏了地面植被和土壤结构，降低了土壤的抗侵蚀能力

工业革命以后，以机械力为动力的农业机械使人类有了更加强大的生产能力，极大地提高了人类对自然的开发利用程度，同时也使土壤在水和风的侵蚀下的流失速度超过了土壤的再生能力。美国和苏联在大规模使用机械化生产以后大约50年内，就产生了历史上有名的黑风暴与河流泥沙含量增加的现象。这些现象在我国也有逐年增多、增强的趋势，对农业可持续发展构成了严重的威胁。我国土壤流失量达到50亿吨/年，全国平均每消耗土壤10吨生产1吨粮食。在水土流失严重的黄土丘陵地带降雨量在500毫米，低产田地的侵蚀模数高达14000吨/公顷，粮食产量仅为641.25~1027.5公斤/公顷，每消耗218~136吨土壤才能生产1吨粮食（张兴昌等，1996）。我国土壤受侵蚀面积高达

492 万公顷，占国土面积的 51.2%（王占礼，2000）；水土流失面积 367 万公顷，占国土面积的 38%；土地荒漠化面积 262 万公顷，占国土面积的 27.3%。[①]水土流失严重，土壤退化面积逐年呈扩大趋势，直接威胁到我国农业的可持续发展。

以不同的时间尺度来衡量荒漠化的成因，得到的结论是有争议的。专家们在百年的尺度甚至 10 年尺度上的范围内研究荒漠化的成因，结论却比较一致。在小尺度的条件下，由于自然条件变化不足以造成土壤大规模、剧烈的退化，因此人为的因素就是主要因素。室内的降雨模拟试验和野外的观察试验证实了不合理耕作方式导致水土大量流失，造成资源浪费和土壤贫瘠化（廖植挥等，1997）。董光荣（1987）利用风洞模拟实验的方法，从定量计算的角度，精确地证实了土地翻耕（开垦）、樵采和牲畜践踏等人为因素对发生土壤风蚀有强烈的促进作用。人类不合理翻耕土地、放牧和樵采等经济活动，在自然条件相同的情况下，能够使土壤风蚀值增大几倍、十几倍至一百余倍以上。我国近几十年来荒漠化加速发展，主要是由于人为过度经济活动对资源的破坏造成的，而农业机械强大的生产能力及其不合理使用，对土壤造成的破坏也比人畜力、手工劳动多得多。土地荒漠化和水资源过度开发已经影响到局部地区生态环境和人类的生存。

2. 石化革命带来的农业生产能力提高促使人们过度垦荒，对生物多样性造成破坏

农业机械化加强了人们"征服"自然的能力。人们在扩大农业生产时，使用农业机械加剧了对生态环境和生物多样性的破坏。森林遭到大量砍伐，林地面积迅速减少；湿地、沼泽、湖泊被排干，"沧海"人为变桑田。生物的栖息、繁育地遭到破坏，吸纳、滞留洪水的滞洪区和补给地下水的湿地、沼泽、湖泊大大减少。更进一步，人类为了提高作物产量，大量开发地下水资源，提水机具与井位布置的配置不合理而造

---

① 中国国情研究会：《中国国情报告 2000》，中央文献出版社 2000 年版。

成大面积地下水位下降，地下水枯竭，进而引发含水层压缩、地面沉降、裂缝等地质灾害，导致生态平衡系统甚至地质系统遭到破坏，带来一些灾难性的后果。

3. 大量使用以石油为能源的农业机械，对农业可持续发展的负面影响巨大

以石油为能源的内燃机用于农业，大大推动了农业机械化的进程，推动了石化农业的发展，但它在农业可持续发展方面的负面影响也是巨大的。从另一个角度来说，石化农业的负面作用还表现在：一是经济性问题。以能量计算，发达国家在生产粮食过程中消耗的能量已经超过了生产出的粮食中所含的能量，也就是说，石油农业的能量投入产出是不经济的，而且石油资源的有限性和石油紧缺时的高成本，也使农业生产大量消耗石油能源受到限制。二是对环境的影响问题。工农业生产活动中大量使用的石油在燃烧过程中排出了大量的二氧化碳和一定量的二氧化硫等有害气体。二氧化碳的温室效应将导致两极冰川融化、海平面上升、大陆气候变迁等危害；二氧化硫等有害气体形成的酸沉降加快了土壤营养成分的流失和有毒物质的溶出，结果使植被生长发育受阻，甚至中毒死亡。以植物及其残体为营养来源的各种生物的生存将受到严重威胁，甚至发生生物链条断裂，危及生物多样性。这些都将严重损害农业的可持续发展能力，甚至将影响到人类的可持续发展能力。

4.6.2 化肥的大量施用给我国农业可持续发展带来了严重的问题

增加农业生产依赖于补充收获作物时带走的大部分土壤养分，否则土壤养分便会耗尽，生产便不能持续下去。低量外部投入办法将需要大量的劳动投入（这种劳动投入不是总能有的），而大量外部投入办法则需要相当多的矿物燃料（即非再生性的）、能源等投入。化肥的大量施用虽然提高了农作物的产量，但由于施用量不当以及施肥不合理，常使很多化肥浪费掉，而且随水土流失进入水体，从而加剧了环境污染，导致生态系统多方面失调。我国是化肥施用大国，1996年我国化肥施用量3800万吨，居世界第一位，单位面积用量居世界中等水平，但我国化肥利用率平均只有30%~35%。也就是说，每年有1100多万吨的化肥流入水体，其中氮肥损失率最高。这不仅造成了巨大的经济损失，而且对环境产生了严重污染，对水体、土壤、大气、生物及人体健康造成严重危害。主要表现在以下四个方面。

1. 对水体的污染

包含两个方面：对地表水的污染和对地下水的污染。由于旱田和水田施入化肥量过大，肥料不能被充分利用，一部分肥料随地表水流入河流，有的进入海洋，相当一部分进入湖泊和水库，尤其是水田排水更为严重，造成江河湖及地下水源的污染。据有关资料表明，农田径流带入地表水体的氮占人类活动排入水体氮的51%，施氮肥地区这种氮流失比不施地区高3~10倍。据调查，全国532条河流中，82%受到不同程度的氮污染，大江大河的一级支流污染普遍，支流级别越高则污染越重。这些河湖水域中氨氮和硝酸盐都是主要污染物，富营养化日趋严重，同时造成地下水污染。我国北方地区的地下水污染也较为严重，早在20世纪60年代，辽宁、吉林、河北等以地下水为主要水源的部分地区就有过"地下肥水"的报道；1991年，我国辽北一丘陵区检测到地下水的硝酸盐浓度的最大值为808.3毫克/升（金速，1997），超过标准17.96倍，地下水硝酸盐超标直接危害人体健康，甚至造成死亡。据统计资料表明，地下水的硝酸盐含量与氮肥用量呈现非常一致的变化趋势（胡明星，1998；黄文钰等，1998；IRRI，1997）。同时，氮肥的径流流失为"赤潮生物"的迅猛增殖提供了丰富的氮营养条件，已成为赤潮的主要诱发因素之一。我国天津近海渤海湾、连云港近海海域、大连湾海区及南海珠江口入海处等一些海域氮污染比较严重，已达到富营养化程度，近些年屡有赤潮发生，已引起人们普遍关注。

2. 对土壤结构的破坏

长期大量使用氮肥特别是铵肥，铵离子进入土壤后在其硝化作用的过程中释放出氢离子，使土壤逐渐酸化。铵离子能够置换出土壤胶体微粒上起联结作用的钙离子，造成土壤颗粒分散，从而破坏了土壤团粒结构。大量施用氮肥，给土壤引入了大量非主要营养成分或有毒物质，如硫铵中的硫酸根离子和氯铵中的氯离子，或尿素中的有毒物质缩二脲，它们对土壤微生物的正常活动有抑制或毒害作用。土壤酸化不仅破坏土壤性质，而且会促进土壤中一些有毒有害污染物的释放迁移或使之毒性增强，使微生物和蚯蚓等土壤生物减少，还加速了土壤中一些营养元素的流失。我国东北地区一些农场长期使用氮肥。江西红壤上施用两年铵态氮肥后，表土 pH 值由 5.0 降到 4.3，土壤板结普遍严重。一些地处热带的农田中长期大量施用氮肥而不用有机肥，致使土壤严重板结，最终丧失了农业耕种价值。

3. 对食品的污染

过量和不当的施用化肥会使农产品质量严重下降，特别是硝酸盐在蔬菜类体内大量积累，食用后对人体健康构成严重危害。苏联科学家发现，施氮过多的蔬菜中硝酸盐含量是正常情况的 20~40 倍。人或牲畜食用硝酸盐含量过多的植物后，硝酸盐在体内转化生成亚硝酸盐与各种胺类反应，会产生亚硝酸胺，同时亚硝酸盐容易与血红素中的铁离子结合，导致高铁血红素白血症，使人们出现行为反应障碍、工作能力下降、头晕目眩、意识丧失等症状，严重的还会危及生命。因此，世界卫生组织建议饮用水硝酸盐不得超过 11.3 毫克/升。在我国华东沿海等一些肝癌高发区调查发现，当地及其附近区域的土壤、地表水、地下水因大量施用氮肥，污染比较严重，对人类的健康产生了重大的不良影响。

4. 对空气的污染

由于大量损失的氮肥流入湖泊和水库，也有一部分进入沼泽，在厌氧发酵过程中产生沼气而进入大气，沼气是引起臭氧层改变的主要因素之一，长此以往将对人类生活的空间构成威胁（刘翔，2000；梅方权，1996）。

另外，肥料使用不当，化肥施用量大，致使氮、磷、钾失衡，钾透支严重，造成经济上的损失。同 1985 年相比，21 世纪初全国化肥使用量已经翻了一倍，但全国粮棉产量只增长了 10% 左右。化肥投入在整个农业物质成本中占 50% 以上，成为农业成本中最大的一部分。[①]

4.6.3 农药的大量施用对我国农业可持续发展的负面影响

1. 农药对环境的负面影响

为了提高单位面积粮食产量，除了推广优良品种、改良土壤和精耕细作外，就是大量使用化肥和农药。而后者已成为农业污染的重要因素。农药一旦进入环境，其毒性、高残留特性便会发生效应，造成严重的大气、水体及土壤的污染。农药六六六、滴滴涕的发明与使用，对病虫害防治起到明显的效果，但谁也没想到二三十年后这些农药残毒的严重后果，典型的例子是剧毒长效农药对自然生态和环境的危害。

农药微粒和蒸汽散发到空气中，随风飘移，污染全球。据世界卫生组织报告，伦敦上空 1 吨空气中约含 10 微克滴滴涕（曲格平，1999）。其原因是除了化学稳定性和物理分散性外，滴滴涕还具有独特的流动性，它能随水汽共同蒸发到处流传，使整个生物圈都受到污染。

农药对水体的污染也是很普遍的。全世界生产了约 150 万吨滴滴涕，其中有 100 万吨左右仍残留在海水中。英、美等发达国家中几乎所有河流都被有机氯杀虫剂污染了。据报告，伦敦雨水中含滴滴涕 70 ~ 400 纳克/升。北极地区的格陵兰，估计在 1500 万平方公里的水区里每年可能沉积 295 吨滴滴涕（曲格平，1999）。

---

① 《平衡施肥技术将掀起农业科技革命新浪潮》，www. bcny110. net/yidiantong01/new/syjs/ten/xxhc. htm，2003 年 6 月 28 日。

农药对土壤的污染主要是由于在其施用过程中,约有一半药剂下落在土壤中。由于农药本身不易被阳光和微生物分解,对酸和热稳定,不易挥发且难溶于水,故残留时间很长,尤其对黏土和富含有机质的土壤残留性更大。以我国为例,虽然从 1983 年起已全面禁用有机氯农药,但以往累积的农药仍在继续起作用。到 20 世纪末土壤中积累的滴滴涕总贮量约 8 万吨,贮存的六六六约 5.9 万吨(曲格平,1999)。这些累积的农药,还将在相当长的时间内发挥作用。

2. 农药对人体健康的恶劣影响

农药主要是通过食物进入人体,在人体脂肪和肝脏中积累,从而影响人体正常的生理活动。农药对人体的危害有以下五个方面。一是对神经的影响。有机氯农药具有神经毒性。大量进食滴滴涕会危害神经中枢,以致痉挛而死,但施用时人体的吸入量不大,不致引起急性中毒。有机磷农药也被认为具有迟发性神经毒性,人类对此毒性特别敏感。二是致癌作用。动物实验证明,滴滴涕等农药有明显的致癌性能。虽然动物实验不能完全外推到人类,但可反映出它对人的危害性。三是对肝脏的影响。有机氯农药能诱发肝脏酶的改变,从而改变人体内的生化过程,使肝脏肿大以致坏死。此外还能侵犯肾脏,并引起病变。四是诱发突变。滴滴涕和除莠剂等是一种诱变物质,即具有遗传毒性,能导致畸胎,影响后代健康和缩短寿命。五是慢性中毒。有机氯农药慢性中毒时,会引起倦乏、头痛、食欲不振、肝肾损害等。

3. 农药对食品的污染

农药污染食品的途径有二:一是农药残留在作物上,使其直接受到污染;二是通过食物链的富集作用间接污染食物。当有毒农药施用在农作物、蔬菜和果树上时,残留在作物表面上的农药由于脂溶性强,很容易渗入表皮的蜡质层,以致很难完全清洗掉。如果以这些受污染的粮食、蔬菜作饲料,则残留的农药就会转移到肉类、乳类和蛋品中引起污染,最终随食物进入人体。1976 年湖北汉川县测定新河公社水土粮食、水产的农药残留量，均检出"1605"，且超过规定的允许标准，最高超过13倍；天门县在集中棉区抽查饮用水源，每公升含"1605"1.125毫克，超过国家规定标准的375倍。[①]

4. 农药给除虫害带来的问题

农药除了污染环境、危及人体健康外，在防治病虫害的固有功能方面也不是完美无缺的。它有两个十分不利的副作用。

第一，对害虫的天敌和其他益虫、益鸟有杀伤作用。日本长野县施用农药防治苹果红蜘蛛，短期内红蜘蛛被消灭了，但秋后又发现红蜘蛛的数量比用药前还要多，其原因就是其天敌同时也被杀死了。在农作物—农业害虫—害虫天敌这一简单的食物链中，使用农药对害虫天敌的影响常常比害虫更大，以致不能彻底消灭害虫，或旧害方除新害又至，问题仍然不能解决。我国20世纪50~60年代，稻田大量使用六六六防治水稻三化螟，导致飞虱、叶蝉等吸刺式害虫的爆发，柑橘上施用波尔多液防治病害，引起了柑橘红、黄蜘蛛、锈壁虱的大量发生。[②] 其原因大致有三点：一是害虫的数目一般比其天敌多，故少数害虫有较大的概率逃避死亡而幸存下来；二是食物链中由于毒性的富集作用，营养层次越高的中毒剂量也越大，以致天敌中毒的程度比害虫严重，死亡的机会也越多；三是农药大多具有广泛的毒性，可能不只一种天敌受到无意的危害，以致意外地一害未除反而引起了新的虫害。

第二，使害虫产生抗药性。增加用药的次数和数量，更加重了环境的污染和危害。按照进化论中物竞天择、适者生存的原理，害虫的抗药性会不断增加，最后使农药损失其除害作用。当害虫在生理上受到农药的毒性作用时，它必然会产生一种抵抗这种毒性的反作用，从而少部分虫体有机会幸存下来并把抗药性遗传到下一代去，以免于种群的灭绝；另外，人们为了除恶务尽，常常会增加用药量，甚至采用毒性更广泛的农药或扩大用药的范围。殊不知，由于上述同样的道理，那些幸存的害

---

①② 《湖北省农作物病虫灾害五十年变迁及战略对策》，http://www.biocentury.com.cn/rlzy/cmsgk11.htm。

虫抗药性越来越强，这无异于在选择性地培养一种能抗农药的"超级害虫"。再加上害虫密度的暂时降低和其他虫种的减少，使具有抗药性的害虫更容易繁殖成长。20世纪50年代末期我国湖北棉区开始推广使用有机磷类农药；到60年代中后期，棉蚜、棉花叶螨和棉铃虫等几种主要害虫对有机磷产生了抗性并数十倍的增长，1963年天门、沔阳等集中产棉县棉花叶螨对有机磷抗性增加了36倍。[①]

4.7 石化革命在农业可持续发展方面的先天制约

石化革命作为农业科技的一次飞跃，取得了举世瞩目的成绩。但是，它与生俱来就存在着自身发展的先天性缺陷，主要表现在以下四个方面。

4.7.1 石化革命只是促进农业跨越发展的一个外因

石化革命并不能用理化技术去直接干预、改造有生命的动植物生长发育过程，只是通过农机、化肥、农药、化学除草剂以及相关的农业技术来改造农作物生长的外部条件和外在过程，从而间接地影响和干预了农作物生长发育的内在过程。但是，这种干预是极其有限的，真正起决定性作用的还是农作物本身的生理、生化特点。石化革命不可能从本质上提高农作物最高生物产量和利用外界物质的效率。

4.7.2 能源问题是石化革命的"瓶颈"

能源对石化革命具有极其重要的作用，它几乎是一切石化革命活动的前提。虽然迄今为止，能源危机似乎从来没有延缓石化革命的发展，

---

① 《湖北省农作物病虫灾害五十年变迁及战略对策》，http://www.biocentury.com.cn/rlzy/cmsgk11.htm。

但从一些数字来看，如果没有其他的技术突破（突然找到大量新能源或大大减少能源消费）出现，前景似乎并不那么美妙。根据美国能源信息局（EIA）1995 年编写的《世界能源展望》所提供的数据，1990年欧佩克国家的探明石油储量为 7650 亿桶，按当年的生产量计算，可供开采 90 年，非欧佩克国家的探明储量为 2366 亿桶，可供开采 17 年。但由于人类的石油消费量在不断增加，因此，真正能够维持的年限要比上述数字低。而据世界能源委员会《1992 年世界能源资源调查》数据，中国人均煤炭可采储量仅为 100 吨，相当于世界平均值的 1/2；人均石油可采储量也只有 2.8 吨，仅为世界平均值的 11%。而且我国能源资源分布很不均衡，已证实的煤炭储量将近 80% 集中在华北和西北地区，石油探明储量 85% 集中在长江以北东部地区。能源资源地理分布的这种不均衡性，在运输设施十分薄弱的条件下，给能源的开发和利用带来很大的困难（王俊峰，2000）。科学技术还没有提供一个可以立即替代石油的新能源，无论是在发达国家的实践中，还是在提倡有机农业、生态农业的方案中，都不可能排除石化产品作为农业的重要资源。因此，不论从现在还是从长远看，我国常规能源资源的保证程度（尤其是石油）都将是石化革命发展的一个决定性制约因素。

4.7.3　环境污染问题将与石化农业同生

外源性物质投入的负效应，促使发达国家和一些发展中国家对大量使用石化能源、化学农药、化学肥料以及生产方式等进行反思。高效、低毒、低残留、微量的，甚至所谓的无公害新农药一代一代被推出，但事实证明它们对环境几乎都有负面影响。尽管新有机化肥品种、质量、施用技术都在朝着持久提高土壤肥力方向发展，如可控释化肥料就可以适应未来超高产品种的施肥要求，它可人为地调节释放速度，模拟自然状态下的有机肥，可以一次性全层施入，能大幅度提高肥料利用率，将现有肥料利用率提高 20% 以上，但并不是全部利用，还是有较大的残余，且远远没有达到可以取代普通化学肥料的水平。而农业机械开动一天就会产生一天的环境污染，即只要石化革命这种农业生产方式存在一天，环境污染问题就会跟着存在一天。

4.7.4　石化革命突破不了边际经济递减规律的制约

在一定科学技术条件下，能量和其他物质投入的报酬将呈递减趋势，并非投入越多生产能力越高。所以，即使有足够的能源和其他物资，也不可依靠日益增加它们的投入量来解决人口增长—粮食需求增加的问题。

4.8　本章小结

第一，由于各国自然禀赋和社会经济状况的差异，形成了各具特色的石化农业。本章根据代表性国家的农业机械化发展程度，农药、化肥的使用变化情况，研究世界石化革命的发展和沿革概况，并从积极方面和消极方面分析石化革命对世界的影响。各国的农业发展历程及其实际农业发展战略的选择证明，石化革命对世界的消极影响与它的积极作用相比还是要小得多。

第二，对我国的石化革命发展，以所处的不同社会背景环境，分中华人民共和国成立前后两个阶段进行研究。中华人民共和国成立以前，石化革命由于各种原因并没有发展起来，仅有少量的由国外引进的机械能源等；中华人民共和国成立以后，我国的农业石化革命真正地发生、发展。从20世纪50年代起，我国政府为发展农业、增加物质投入和提高农业综合生产能力创造条件，优先对农用工业给予了扶持，尤其是改革开放以后，我国石化革命有了进一步的快速发展。

第三，推动我国石化革命发展的动因分宏观、微观两个层次。宏观动因包括：我国的经济实力有了较大发展，对我国的农业发展提出了新的需求；我国的土地资源相对要供养的巨大人口比较匮乏，要求石化革命的发展；降低农业生产损失，提高农业产出的需要；国家政策的大力支持，促进了农业石化革命的发展；改革开放政策强有力地推动了石化革命；新的需求带来了农业机械新的增长点，形成了新的生产作业模式；人们对高品质的农产品和高品位生活的追求，推动了石化革命的新进展；我国人口转型缓解了石化革命的人口压力，令石化革命有了更大的发展空间。微观动因有四个：扩大生产能力，补充人、畜力不足，或增加已有生产规模的要求；降低生产成本、减少损失和增加经营收入的需求；改善生活和劳动条件，追求舒适、体面和更多的发展机会的要求；农业技术进步的要求，即某些新技术、新的管理手段对生产手段的特殊要求。

第四，以1949年中华人民共和国成立和1978年改革开放为分界点，分三个不同的历史时期，分别研究我国石化革命发展的制约因素。1949年以前，除了长期战乱的原因外，石化革命发展的制约因素有：人力资源丰富，限制了石化革命在我国的发展；农业投入能力和欲望有限，制约了石化革命的发展；土地经营规模较小，抑制了石化革命的发展；农业落后带来工业部门的滞后，使石化革命失去了发展基础；不合理的农业剩余分配，使石化革命变得更遥远；科学技术知识的严重匮乏，阻断了石化革命的发展道路。1949～1978年石化革命发展的制约因素包括：政策与实际脱节，限制其正常发展；生产中投入产出经济效果不好，制约其进一步发展；二元经济体制，产生了很大的制约作用；工业水平的落后，制约了它的发展进程；人口增长方式转型，人口激增，抑制了石化革命的发展。1978年以来，石化革命发展的制约因素包括：农户技术需求不足，制约了石化革命的发展；农业技术有效供给不足，延缓了石化革命的发展；客观自然条件制约了农业机械化的发展；农村剩余劳动力转移不畅，影响石化革命的进程；农业基础建设投入不足，使石化革命发展缺乏后劲；农村社会的智力基础差，阻碍石化革命的合理进一步发展。

第五，石化革命对我国农业发展的积极作用主要有：农业机械的大力发展促进了我国北方的灌溉农业；化肥的大量施用极大地促进了粮食增产，保障了土地肥力；农药的施用提高了农业生产抗御病虫害的效率；农业机械化推动了农业产业结构调整；农业机械化是我国农业现代化的必要条件。

第六，石化革命对我国农业可持续发展的消极作用包括：农业机械化破坏了地面植被和土壤结构，降低了土壤的抗侵蚀能力；石化革命带来农业生产能力的提高，促使人们过度垦荒，造成生物多样性的破坏；大量使用以石油为能源的农业机械，对农业可持续发展的负面影响巨大；化肥、农药的利用率不高，造成了巨大的经济损失，而且对环境产生了严重污染，对水体、土壤、大气、生物及人体健康造成严重危害。

第七，石化革命在农业可持续发展方面存在四个先天制约：石化革命只是促进农业跨越发展的一个外因；能源问题是石化革命的"瓶颈"；环境污染问题将与石化农业同生；石化革命突破不了边际经济递减规律的制约。

尽管石化革命在农业可持续发展方面有一定的消极作用，并且存在着一定的先天制约，但石化革命解决了洲际引种无法解决的地力补充问题和季节性劳动力缺失问题，缓解了灌溉和耕地扩大压力等问题，使粮食产量大幅跃升，减轻了一个时期人口快速增长对农业的压力。只要把石化革命的消极作用控制在生态阀以内，石化革命的积极作用是占主导地位的。同时，随着科技的不断发展，石化革命的消极作用将会逐渐减轻，先天制约也会被突破。

第 5 章

绿色革命对我国农业可持续发展的影响

人类的食物直接或间接地来自植物，而在自然条件下，植物的生产能力是由很多因素决定的。自农业产生以来，种植农作物就成为人们的主要食物来源。很长时间以来，人们通过不同范围（洲际、洲内、国内）的引种驯化和加强适宜作物生长的农业生产外部环境，来提高作物对人类的贡献。但这些毕竟都是外因，只有通过植物本身才能起作用。说到底，种子才是农业的基础，是增产的内因。在农业生产中，施肥、灌溉、田间管理等增产措施都必须通过良种才能发挥作用。在长期的生产实践中，人们创造了选种技术，选出了大量的优良品种，正是依靠它们，各种种植活动才能周而复始地得以进行。

为了维持和提高农业生产力，利用杂种优势，以杂交育种进行作物改良就成为农业生产的重要内容。杂种优势是指两个遗传组成不同的亲本杂交产生的杂种第一代，在生长势、生活力、繁殖力、抗逆性、产量和品质上比其双亲优越的现象。杂交可以使杂种后代增加变异性和异质性，综合双亲的优良性状，产生某些双亲所没有的新性状，使后代获得较大的遗传改良，出现可利用的杂种优势。生产中以杂交方法培育优良品种或利用杂种优势就称为杂交育种。杂交可以使生物的遗传物质从一个群体转移到另一群体，是增加生物变异性的一个重要方法。不同类型的亲本进行杂交可以获得性状的重新组合，杂交后代中可能出现双亲优良性状的组合，甚至出现超亲代的优良性状，当然也可能出现双亲的劣势性状组合，或双亲所没有的劣势性状。育种过程就是要在杂交后代众多类型中选留符合育种目标的个体进一步培育，直至获得优良性状稳定的新品种。杂种优势是许多性状综合表现突出，杂种优势的大小往往取决于双亲性状间的相对差异和互补性。一般而言，生态类型和生理特性上差异越大的，双亲间相对性状的优缺点能彼此互补的，其杂种优势越强，双亲的纯合程度越高，越能获得整齐一致的杂种优势。同时，杂交优势一般都表现在杂交第一代，从第二代起杂交优势就明显下降，表现出明显的遗传分离规律，因此，在农业生产上主要是利用杂交第一代的增产优势。达尔文的杂种优势理论和孟德尔的遗传学理论，在20世纪被广泛地用于农业育种中，取得了粮食产量的跨越式增长，缓解了世界人口对粮食需求的压力，极大地推动了世界农业科技革命的发展。所以，笔者认为，以杂种优势理论和遗传学规律作为理论基础，以作物杂交育种为核心的大幅提高粮食产量的农业生产技术突破就是绿色革命。

5.1 绿色革命的产生、发展及其对农业发展的巨大影响

一般的学者和媒体都把绿色革命理解为发达国家在发展中国家开展的以培育和引进高产稻麦新品种的活动为主要内容，大规模提高土地生产率的生产技术改革活动。实际上这是对绿色革命的一种狭义理解。这里将对绿色革命的产生、发展及其对农业的影响做一个全面的分析，以求对绿色革命有一个全面的理解。

5.1.1 绿色革命的产生及发展

1. 绿色革命的产生

人们一般认为绿色革命发轫于20世纪40年代，美国洛克菲勒财团和福特财团派遣农业专家到亚、非、拉国家，设立各种农业研究中心，选育、推广稻麦高产品种（如1961年育成高产、矮秆"墨西哥小麦"

品种，1965 年育成高产、矮秆、耐肥的 IR8 "菲律宾水稻"品种），但实际上 20 世纪 30 年代美国就开始大面积推广杂交玉米，40 年代末已经基本普及使用玉米杂交种（Kloppenburg，1988）。关于水稻矮生性的遗传研究，早在 20 年代就开始了（Ramiah K. et al.，1933），最早的报道是，艾克曼（Akemine，1925）对从"赤毛"品种诱变获得的三个矮秆突变体进行了详细的遗传分析（李欣等，1982）。由此可知，绿色革命的起源时间至迟是 20 世纪 20 年代初期。但是，绿色革命的高潮却是在国际玉米小麦改良中心和国际水稻研究所富有成效的工作推动下才兴起的。

2. 绿色革命的发展

杂交优势理论广泛地应用于农业，培育出品类众多的高产优质的农作物新品种，开创了农业的新时代。现今世界农业生产上应用的多数新品种都源于杂交育种，杂交优势利用是选育高产优质新品种的最有效、最成熟的方法之一，它在未来选育新品种工作中仍将起到重要作用。农业生产最早应用杂种优势的是玉米、水稻和小麦，稍后才应用于经济作物、果蔬作物等。下面分别就对人们生活有极大影响的三大谷类作物杂交技术的应用做简要分析。

（1）杂交技术在小麦育种及生产中的应用。

野生小麦进化为栽培小麦后，主要特征是高秆大穗。但是，随着水肥条件的改变和栽培技术的提高，逐渐暴露出高秆小麦不利的一面，即高秆小麦在水肥充足时易倒伏，严重的倒伏不仅会导致无法用现代设备收获，而且还会使产量下降、加工品质变差。1891 年，法勒（Farrer）发现小麦矮化植株。矮秆小麦茎秆坚硬，在收获前不易倒伏。要提高小麦的抗倒伏能力，对小麦育种家而言，一个较好的遗传策略就是降低植株高度。小麦矮化育种始于 20 世纪初，但其大规模进行则在化肥用量增加、产量与倒伏矛盾突出的 40 年代末期。在小麦矮化育种中，日本的"赤小麦"（Akakomugi）和"达摩"（Daruma）两个矮源，及由达摩衍生出的半矮秆小麦"农林 10 号"（Norin10）得到了广泛的应用，并取得了显著成就。据统计，世界上约一半以上的生产品种具有这两个矮源的血统。我国生产上推广的多数矮秆或半矮秆品种，其矮秆基因也大多来自这两个矮源（刘秉华等，1994；贾继增等，1992）。"农林10号"由 S. C. 萨蒙（S. C. Salmon）在 20 世纪早期引入美国，后来在"农林10号"的基础上培育出了一些矮秆品种，这些品种的产量显著高于传统品种，其播种面积逐年增加（Reitz & Salmon，1968）。1954年，墨西哥从美国引进日本"农林10号"及其衍生系，布拉格等人将这些矮源材料与不同品种杂交，培育了一批矮秆、高产、抗倒伏、适应性广的"墨西哥小麦"，使墨西哥的小麦平均亩产由原来的 100 斤左右提高到 561 斤。世界上其他国家和地区也都依据不同气候和日照条件培育出了适应于本地区农业条件的具矮秆基因型的小麦。例如，南非、印度、巴基斯坦、墨西哥、智利和澳大利亚等国家都先后引入了矮秆基因 Rhtl 和 Rht2。20 世纪 80 年代以后，世界上大部分小麦产区都推广和种植了携带 Rhtl 或 Rht2 的品种。另外，来自"赤小麦"和"农林10号"的矮秆基因也被转移到四倍体硬粒小麦中。矮秆或半矮秆品种小麦是小麦绿色革命的主要组成部分（Dalrymple，1978；Konak，1982）。20 世纪 60 年代初，在墨西哥建立了国际小麦玉米中心，并在不长的时间内陆续推出若干矮秆高产小麦新品种。从 1965 年起，一些小麦新品种陆续向其他一些发展中国家推广。这些小麦高产品种的产量比当地品种高出 1～3 倍。70年代又在印度、印度尼西亚和巴基斯坦等 20 多个国家推行。印度是绿色革命具有代表性的地区，印度种植的高产小麦品种达 2800 万公顷，占全世界总推广面积的一半以上。60～80 年代，全世界小麦产量快速增长，而在大多数情况下，新的半矮秆品系的广泛利用是小麦产量大幅度提高的关键。世界各国还陆续发现或诱导出一些矮秆基因，有的已经用于小麦育种，"矮变一号"的矮秆基因被用作太谷核不育小麦的标记基因。在小麦育种中，植株高度逐步矮化是一个总趋势。

中华人民共和国成立后，小麦生产上推广应用品种的平均株高在不断降低，同时产量在不断提高，矮秆基因的作用是显而易见的。虽然人们很早就发现小麦矮秆或半矮秆现象，但对它们的研究却是从 20 世纪

50 年代才陆续开展起来的（王玉成等，1982）。

杂种优势利用是提高小麦产量的一条重要途径，但是小麦杂种优势利用研究尚未取得突破性进展，其原因是多方面的，而没有十分理想的雄性不育系是其重要原因之一。在已有的核不育材料中，或不育性败育不彻底和不稳定，或没有可利用的标记性状。矮败小麦不仅败育彻底，不育性稳定，而且具有理想的标记性状，借助于矮秆基因 Rht10 对赤霉酸的不敏感性，可以及早剔除矮败小麦后代群体的非矮秆可育株，以组成用于杂交制种的全不育群体。但是，矮秆不育株接受父本品种的花粉后，其 F1 代仍要分离出一半矮秆不育株和一半非矮秆可育株，这样的混合群体不能用于大田生产，解决此问题的关键是寻找恢复育性的显性上位基因。我国发现的油菜、谷子、大白菜和水稻等显性不育材料，都先后找到了其恢复育性的显性上位基因，从而解决了恢复系问题。

孟山都公司从 1982 年开始进行小麦化学杂交剂的研制工作，历时五年，成功试验了 15000 种小麦化学杂交剂，最后终于筛选出理想的小麦化学杂交剂 MoN21200，商品名叫 GENESIS。GENESIS 目前已在世界上许多国家应用于杂交小麦育种和大面积杂交小麦种子生产。理想化学杂交剂的研制成功，使小麦育种专家们得以每年从数以千万计的杂交组合中筛选强优势组合，极大地推动了杂交小麦育种的进展。有人比较了 1987～1991 年美国硬红冬麦常规品种的单产年递增率与利用化学杂交剂生产的红冬麦杂交种的单产年递增率，结果表明，后者是前者的 1.7 倍。说明杂交小麦育种途径在提高产量方面比常规育种途径更有效，速度更快。化学杂交制种技术也日趋成熟。在美国，数千公顷的大面积制种，平均制种产量达到每亩 200 公斤；在西欧一些国家，大面积杂交小麦制种产量可达每亩 330 公斤。孟山都公司于 1996 年开始与我国小麦育种专家合作，利用化学杂交剂进行杂交小麦育种工作，选育出的强优势组合已经进入区域试验或生产示范，走向大面积生产。

1946 年美国人 S. C. 萨蒙把一种不引人注目的秆矮、秆硬、籽重的日本小麦种子"农林 10 号"带到美国，与抗锈病的"墨西哥小麦"进行杂交，育成了"皮蒂克""盘加莫""索诺拉 64"等 30 多个矮秆、半矮秆品种，其中有些品种的株高只有 40~50 厘米，同时具有抗倒伏、抗锈病、高产的突出优点。1953 年在墨西哥得到了一小袋第二代种子，成为美国学者布拉格领导的一个育种计划的基础。1962 年，布拉格选育的第一批墨西哥半矮秆、抗锈病小麦种在新德里成熟（信乃诠，1999）。20 世纪中叶以来，用小麦矮源"Daruma"（Rht1、Rht2）和"赤小麦"（Rht8、Rht9）育成了 600 余个品种，其血统遍及南北美洲、地中海和亚洲的主要小麦品种，我国于 20 世纪八九十年代推广品种的 70% 直接或间接的有此血统（曾亚文，2001）。

1963 年，印度从墨西哥获得了矮秆小麦品种，经过几年培育、繁殖和推广，到 1970 年在旁遮普邦得到了普及。同一时期，哈里亚纳、北方邦等邦也有一些地区采用这种小麦和从菲律宾引进的高产水稻品种（石太林，1999）。

我国杂交小麦研究始于 1965 年，1972 年列入国家重点农业科研项目并组织全国协作，1982 年起列入国家科技攻关计划。迄今为止，我国杂交小麦育种已经取得较大进展，选育出一批强优势组合，有的已通过品种审定开始在生产上示范试种。

（2）杂交技术在玉米育种及生产中的应用。

玉米连续进行几代自交后生长势的降低和个体体积的减小就逐渐稳定下来，不再出现进一步的衰退。用这些高度纯合的植株与另一些自交品系进行杂交就能获得生长势强、体积大、高产的植株，这导致了 1926 年杂交玉米的诞生，它是当时美国农业最重要的进步之一。从那以后，人们不断培育许多能够持续高产、抗病虫害力强、具粗壮矮秆[①]更适应机械收割的优良杂交品种。20 世纪 30~50 年代，美国依靠推广杂交种玉米，使玉米单产迅速提高，总产量达到世界玉米的 50%。杂交玉米的培育和应用，使世界玉米产量大幅度增长，1940 年玉米平均亩产仅 120 公斤，50 年代增加到 225 公斤，90 年代玉米亩产已经达到 300 公斤了。[②]

---

① 玉米矮化增产不明显，只能靠合理密植增产。

② 《杂交优势利用——绿色革命》，中国公共科技网，2002 年 8 月 12 日。

（3）杂交技术在水稻育种及生产中的应用。

在杂交小麦育成的同时，国际水稻研究所的彼得恩宁（Peterenning）在菲律宾把 peta（一种高秆稻种）与 Dee – geo – woo – gen（一种来自中国台湾的矮秆稻种——"低脚乌尖"品种）进行杂交，得到130粒种子，它具有秆矮、秆硬、分蘖力强、抗逆性强等特点，命名为"IR8"。此后，又相继育成"IR5""IR26""IR34""IR36""IR50"等系列良种，并在抗病害、适应性等方面有了改进（信乃诠，1999）。自从杂交水稻20世纪70年代育成并应用于生产以来，种植面积逐年扩大，产量持续增长。我国的杂交水稻技术处于世界领先的地位，而且技术发展和实际推广做得卓有成效。我国杂交稻的种植面积在1990~2002年一直稳定在2.2亿~2.6亿亩，平均亩产400公斤以上，最高亩产可达1000公斤。[①]

绿色革命的高潮中，墨西哥国际小麦玉米中心开发的是"农林10号"中的小麦矮秆基因 Rht1、Rht2，菲律宾国际水稻研究所开发的"低脚乌尖"中的水稻矮秆基因 Sd1，而我国利用的是从"赤小麦"中发现的小麦矮秆基因 Rht8、Rht9 和从"矮脚南特"中发现的水稻矮秆基因以及从野生稻中发现的"野败"型不育基因。但是，这些都是在以后的研究中才确认的，而且在育种的整个过程中没有改变作物的自然性状，只使用杂交的方法让它们表现出来，达到育种目标。

5.1.2 绿色革命对农业生产的巨大推动作用

绿色革命是人类首次主动以杂交技术开发作物品种资源的有益基因作为主导技术，辅助石化革命的发展，来增加粮食产量，以期满足日益增长的人口的巨大需求。增加耕地、双季种植和推广良种是绿色革命的三大法宝。[②] 但世界谷物收获面积1951年为5.78亿公顷（86.75亿亩），1994年为7.17亿公顷（107.57亿亩），年均增长0.5%，可见播

[①] 资料来源：农业部种植业司。

[②] Saby Granguly，"From the Bengal Famine to the Green Revolution"，http：//www. Indiaonestop. com/Greenrevolution. htm.

种面积的增加对粮食总产增长的作用是有限的，导致世界粮食总产增加的主要因素是单产的提高，这主要得益于绿色革命的根本——杂交良种的繁育和推广。

从 20 世纪 60 年代初期起，在国际农业咨询组织的支持下，先后在不同国家及地区建立的 18 个国际农业研究和实验机构所从事的科研及推广活动是绿色革命的重要内容。其中影响较大的是在菲律宾建立的国际水稻研究所（1964 年）和在墨西哥建立的国际玉米小麦种子改良中心（1966 年）。这些研究机构在较短的时间内，通过国际合作，成功地培育出一批主要粮食作物的优良品种，并迅速在许多发展中国家推广，使这些国家的土地生产率从 60 年代到 90 年代有了大幅度的提高。

多种高产小麦和水稻品种的栽培，标志着杂交育种理论和各种农业措施在作物改良中的应用达到了一个顶点，并对农业生产产生了深远的影响。以小麦、水稻等作物矮秆基因、杂种优势利用为主体的绿色革命，结合以机械化、施肥和灌溉等技术为主的农业石化革命的发展完善，极大地提高了世界农业发展水平，提高了世界粮食的产量，其中新品种在全球粮食单产提高中的贡献大于 25%，美国等发达国家达 40%，我国大于 30%，杂交种通常比常规种增产大于 15%（曾亚文，2001）。

世界上杂交玉米、杂交高粱和杂交稻每年增产粮食 8000 万吨。近 20 年，杂交玉米占我国玉米面积的 90%，杂交水稻占 50%，杂交油菜占 30%，利用杂种优势已为我国增产粮食 8 亿吨以上（曾亚文，2001）。我国稻谷每公顷产量由 1961 年的 2.25 吨提高到 1990 年的近 6.0 吨，1991～2000 年总产量处于 1.87 亿吨的大平台上，每公顷不低于 6 吨。我国 1982～1991 年 10 年间农业产量每年增长 8%，使我国成为世界上最大的粮食生产国。由于这项令人瞩目的成就，1983～1990 年任我国农业部部长的何康先生 1986 年在美国马里兰大学帕克学院被授予名誉博士学位，1993 年被授予"粮食奖"。

总的来说，11 个推广杂交水稻的国家水稻亩产量由 20 世纪 70 年

代初的 135 千克提高到 80 年代末的 221 千克。① 墨西哥 1960 ~ 1963 年
矮秆小麦占种植面积的 95%，粮食总产（近 200 万吨）比 1944 年提高
5 倍，其中墨西哥育成矮秆高产小麦品种推广的 30 年间，小麦产量提
高了 394%（杨景厚，2003）。印度 1966 年从墨西哥引进高产小麦品种，
并配合灌溉和施肥等技术的改进和投入，到 1980 年，其粮食总产量从
7235 万吨增至 15237 万吨，由粮食进口国变为出口国，其中印度小麦
总产量从 1967 年的 1139 万吨增加到 1981 年的 3650 万吨，这 15 年间的
增长足以为 1.84 亿的新增人口每人每天提供 375 克的小麦。② 阿根廷、
孟加拉国、巴基斯坦和土耳其等国小麦产量的增长也令人瞩目。另外，
种子质量的提高和农业技术的改良使苏丹、加纳、坦桑尼亚、赞比亚等
国的玉米、高粱和谷子产量也提高了大约 300% ~ 400%。③ 1995 年发展
中国家 1 亿公顷小麦中 60% 种植了与矮秆改良有关的小麦品种（曾亚
文，2001），这还不包括这些国家自己改良的杂交品种。通过推行良种
作物，加上化肥、农药、灌溉及改良农机具等措施，促使农作物得到不
同程度的增产，一定程度上缓和了世界粮食紧张的状况，改变了一些缺
粮国家大量依靠进口的局面。

　　绿色革命在发达国家也起着重要作用。例如，1951 ~ 1994 年，世
界谷物单产从 1170 公斤/公顷增加到 2830 公斤/公顷，增长 1.42 倍，
年均增长 2.08%。但是，谷物总产增长最快的国家却依次是法国
（3.29%）、美国（2.90%）、中国（2.89%），而不是一般认为的墨西
哥（2.87%）、印度（2.63%）和阿根廷（2.43%）。而谷物单产绝对
数的排序是法国、日本、美国和中国，印度、阿根廷和墨西哥则排名非
常靠后。从区域看，西欧国家谷物种植面积不大，但单产普遍很高；其
他区域除个别国家外，单产都较低。这些说明绿色革命也需要发展良好
的石化革命的配合，才能充分发挥绿色革命的潜力。④

　　但是，绿色革命的实际效果在各个国家还是有很大差异的。以
FAO 所做的实证统计为例，东亚国家与南亚国家虽然都受惠于绿色革

---

①②③　Samuel S. M. Sun：《从绿色革命到基因革命》，http：//www. agrionline. net. cn。
　④　资料来源：1995 年 FAO《生产年鉴》、《贸易年鉴》和《粮食及农业状况》。

命之农业技术，但对于解决饥饿与营养不良问题却有不同程度的成果。根据亚洲生产力组织（Asian Productivity Organization）1992 年的统计，东亚国家每人每天摄取的热量已在 20 年间从 2050 卡增加到 2670 卡，这使该地区营养不良人口比例从 41% 降低到 16%，就绝对数字来看则是从 4.68 亿人减少到 2.62 亿人；相对的，南亚国家在相同期间则是每人每天摄取热量从 2060 卡增加为 2300 卡，营养不足人数之比例则从 33% 降低为 22%，但人数绝对值却因为总人口数大幅增加而从 2.33 亿人增加到 2.5 亿人。由此可见，人口增加迅速已经相当程度上抵消了新农业技术为南亚国家带来的成果。

除了上述好处以外，绿色革命还推动了石化革命的进一步发展。在绿色革命之前美国的玉米田中有各式各样的品种，由于品种不同，不仅植株高度不同，玉米穗生长部位也不同，因此不利于机械化收割。所以根据 1938 年的统计，全美国只有 15% 的玉米田是机械化收成的。[①] 然而，由于玉米杂交种植株性状一致，植株形状、高度以及结穗位置都容易获得控制，因此大大有利于农业机械化的发展。不仅如此，由于农业部门快速地以机械自动化取代人力，必须同时仰赖农业化学产品处理包括害虫、杂草等问题，从而推动了石化农业的发展。

5.1.3　绿色革命的消极影响

绿色革命给农业可持续发展带来的消极影响主要表现在以下六个方面。

1. 绿色革命的产生和发展造成种质资源的严重流失

绿色革命的杂交品种具有高产、水肥适应性好等众多优点，在世界范围内广泛推广种植，大规模替代原有种植品种，这样做产生的一个负效应就是造成种质资源的严重流失。1992 年新品种作物已经覆盖了全

---

① United States Department of Agriculture, *Technology On The Farm*：*Special report by an interbureau committee and the Bureau of Agricultural Economics*，Washington，DC：USDA，1940：14。

世界 1/2 的麦地和稻田。美国 1/3 的大草原只种植一种小麦。在曾经种植过 3 万种作物的地区，不久将有 3/4 的面积只种植 10 种稻谷（王莹莹、周鸿，2001）。再随着农场主为了追求最高的效益和产量，总是喜欢把力量花在收益最高的品种上，还会丧失越来越多的植物品种。第二次世界大战以后，希腊、意大利和塞浦路斯的所有本地小麦高产品种基本上被淘汰了。在南非，大多数本地高粱品种在推广高产的克萨克杂交种后，也几乎绝迹。在阿尔及利亚和突尼斯，那些较古老的禾谷类品种正在被美国的栽培种所取代。在埃及的撒哈拉沙漠边缘绿洲，随着外来种子的引入，土生土长的植物种类随之消失。美国在过去 100 年间，玉米品种丧失了 91%，西红柿品种丧失 81%；1904～1994 年，美国的 7098 个苹果品种中有 86% 彻底消失了；韩国 1985 年一些农场种植的 14 种作物的品种，到 1993 年已有 74% 被替代；马来西亚、菲律宾和泰国等国的地方稻谷、玉米，非洲的地方硬质小麦，拉丁美洲的不少地方种植作物品种（如玉米、菜豆、苋菜、西瓜、番茄等）也正在被新品种替代或丧失（王莹莹、周鸿等，2001）。这种破坏是永久不可恢复的，一个物种一旦消失就不会再有。比起旱灾、水灾等自然因素造成的品种单一化引起的品种衰亡更令人触目惊心。

2. 绿色革命使农业生产条件恶化

随着作物种质资源的替代或丧失，随之而产生是遗传多样性的减少，使以后的育种工作变得更加困难。同样单一种植模式还容易导致病虫等自然灾害的频发而造成农业损失。1970 年爆发的玉米叶枯萎病使美国的玉米产量下降了 15%，就是一个有力的例证。[①] 人们为了保障农业生产，就会加大农药的使用剂量，造成的后果就是生态环境的进一步恶化。

3. 加剧了环境污染和水资源的紧张局面

地球有 70% 的表面被水覆盖，但仅有 2.5% 是淡水且大多数淡水分

---

① Samuel S. M. Sun：《从绿色革命到基因革命》，http：//www.agrionline.net.cn。

布在地球南北极地冰盖上，实际上地球仅有 1% 的淡水主要来自湖泊、河流、水库以及地下层，可被经济开发为人类直接利用，这意味着地球表面仅有 0.007% 的淡水可被人类利用（张正斌、徐萍，2000）。而新品种的增产效果是建立在良好的水肥基础上的。由于绿色革命的杂交品种对水肥条件变化的反应更敏感，因此，它们比传统作物需要更多的化肥和灌溉。例如，印度 1950 年全国总灌溉面积为 2085 万公顷，到 1989 年增至 4304 万公顷，占耕地总面积的比重也由 15.8% 上升到 25.5%。在新增的灌溉面积中，绿色革命开展前的 16 年占 25%，而此后的 23 年却占了 75%；化肥施用量大幅度上升，1950 年每公顷耕地平均仅施用 0.25 千克，1990 年则达到 68.7 千克（陈木，1986）。加之一些发展中国家的灌溉设施和管理方式非常落后造成农业用水的浪费，加剧了世界用水紧张的状况。同时，由于大量的化肥和农药的投入，尤其是在发展中国家利用率比较低的情况下，环境污染更加严重。而这些优良品种对一些干旱、半干旱又没有良好灌溉条件地区的农业生产却基本没有什么帮助。

4. 由于需要较大投资，绿色革命加大了农业生产成本

不论是农业机械的购买，或是必备的杀虫剂、除草剂、肥料等，甚至是每年必须更新一次的杂交种子，都需要比以往的农业生产模式投入更多的资金，这使一些规模较小的农户和条件较差的国家无力享受绿色革命的成果。拿种子来说，原来种子大多可以通过农民自己繁育而产生下一代，继续供种植使用，即只要农民自行留下所收获的部分种子，则可不必再向种子公司买新种子。杂交种作物问世以后，其所具有的高产量及子代基因分离现象使农民必须每年向种子公司购买新种子。20 世纪 60 年代以后，各国逐渐采行了育种者权利制度（plant breeder's rights），即赋予植物育种者特定权利内容，可享有繁殖、销售该繁殖材料的权利，但是农民自行留种以及研究者享受免责条款。此种情形在 1985 年美国司法实务首次承认植物发明可申请专利权开始，出现了历史性的转折。企业可以对种子拥有专利权，不仅在权利范围上不受前述

免责权的限制，而且可以对育种方法取得专利，因此引发种子公司更大的资本力量进入，但对农民来说，购买种子就成为进行农业生产必需的成本。另外，一些穷国也由于买不起大量化肥和农药，基本没有享受到绿色革命的成果。比如非洲，由于交通运输困难，那里的化肥是世界市场价格的 5 倍，每公顷土地只施用 12 公斤化肥，大大低于一般为 40 公斤的水平，对杂交种子发挥增产优势影响巨大（杨景厚，2003）。

5. 绿色革命造成种植结构的改变，影响了人们的生活

以印度为例，绿色革命的后果就是农业生产的发展与实际需求的严重脱节。例如，在 1967～1984 年度各种农作物的需求和实际年增长率分别是：小麦 3.09% 和 5.77% 、水稻 2.75% 和 2.27% ，豆类 3.38% 和 0.35% 、油料作物 3.51% 和 1.53%。[①] 可以看出，小麦生产在绿色革命中是过剩的，大米是不足的，而豆类作物和油料作物则严重不足。结果造成绿色革命以来印度农村中下层民众身体素质有下降趋势；同时，政府也不得不花费大量外汇从国外进口短缺作物以满足国内需要。

6. 拉大了地区间的差异，形成农业生产的不稳定因素

仍以印度为例，虽然高产品种播种面积从 1966/1967 年度的 189 万公顷增加到了 1988/1989 年度的 6257 万公顷，但这个数字也仅占总耕地面积的 35.5% ，所以，绿色革命的另一个问题就是各邦之间发展的不平衡。据统计，1967～1984 年度全印度粮食生产为年均增长 2.5% ，各邦中年增长率超过 3% 的有旁遮普（4.0%）、古吉拉特（3.6%）、安德拉（3.2%）、哈里亚纳（3.1%）和北方邦（3.1%）；年增长率低于 1.5% 的有奥里萨（1.4%）、喀拉拉（1.3%）、比哈尔（1.2%）、泰米尔纳杜（1.0%）和阿萨姆（0.8%）。旁遮普、哈里亚纳和北方邦的西部地区是绿色革命的心脏地带，增长水平最高，古吉拉特邦的西部和安德拉邦的南部地区近年来也发展较快。另外，马哈拉施特拉邦的发展速

---

① R – Themeraja kshi，"Agricultural Growth, Rural Development and Employment Generation"，*Economic and Political Weekly*，1989（3）：A – 7.

度也较快（1969~1984 年年增长率达 5.59%，为各邦之冠），但年度之间波动较大，而且它的高速度很大程度上是由于这个邦的起点较低。[①]印度东部地区的发展速度最低，绿色革命的影响不大（孙培钧等，1990）。这些客观上降低了印度农业生产的稳定性和平衡性，一旦有大的自然灾害发生在农业绿色革命发展较好的地区，将会造成全国性的灾难。

5.2 绿色革命在我国的发展

我国有良好的传统农业基础，但由于农业技术发展思想的差异和以后很长一段时间的社会动荡，在美国相关绿色革命理论和技术传入我国以前，基本没有很大的进展。中华人民共和国成立后，绿色革命伴随着石化革命快速发展起来，在农业绿色革命方面不仅在发展中国家中处于领先地位，就是与大多数发达国家相比也不落后。本节着重从 1949 年中华人民共和国成立前、后两个阶段研究我国绿色革命的发展情况。

5.2.1 1949 年以前我国绿色革命的发展

明朝的八股取士、清朝的"文字狱"极大地禁锢了知识分子的思想，在当时一切科学技术的萌生都被视为奇技淫巧，对改善老百姓的生活没有什么帮助。农业的传统理论也只停留在抽象的思考上，如用"气""五行""阴阳"等的消长解释农作物的生长发育。而此时欧洲伴随着科技的进步，在农业上的科学研究已经有了比较大的进步。R. 胡克（R. Hook）在 1665 年（康熙四年）用自制的显微镜发现了细胞；1694 年（康熙二十三年），R. 卡梅拉休斯（R. Camerasius）指出蓖麻、玉米不结实的原因是雌蕊的"胚珠"（ovules）没有得到花药提供的花

---

① G. S. Bhalla, "Some Issues in Agricultural Development in India – An Overview", in Uma Kapila ed., *Indian Economy Since Independence*, Vol. 2.

粉；接着，J. 克尔罗伊特（J. Koelreuter）通过人工授粉试验证明了植物要依靠昆虫或风力传送花粉而进行授精，他还进行了一些人工杂交试验，指出亲缘相近的植物容易杂交，亲缘远的植物不容易杂交；格鲁（Grew）则在 1671 年发表的论文中指出，植物花粉如同动物的精子，植物发散大量花粉就像动物排出大量的精子一样。这些先驱工作对孟德尔进一步进行豌豆杂交试验并得出遗传分离规律也是非常有帮助的。而同时期我国只能从明朝马一龙的《农说》（传统理论的代表作）中看到"稻花必在日中始放，雨久则闭其窍而不花"这一描述实际生产经验的语句，而在其他的农书中像这样的语句还没有。由于缺少必要的生物学知识，我国传统农业一直到 20 世纪中叶基本上没有发展（游修龄，1993）。

总的来说，我国近代的农作物品种改良开始于 19 世纪末，到 1949 年大约有五六十年的时间，经历了清王朝、北洋政府和南京国民政府三个历史时期。当时我国正处于内忧外患、民不聊生的政治、经济危机之中，作为绿色革命核心的作物育种事业与其他各项科技事业一样深受军阀混战、政局动乱、经济拮据及机构变迁的影响。特别是 1937～1945 年日本侵华期间，我国的农业生产遭到了空前的破坏。因为即使育成了一些新的品种，也无法在较大范围内推广和普及，有些仅仅停留在实验室或科研人员的试验田里，良种的培育推广效果非常不尽如人意，使农业科技的发展处于一个极其困难的局面之下。以水稻良种推广为例，1940 年，湖南、广西、贵州、四川等 8 省推广水稻良种 82 万亩，而 8 省当时水稻栽种的总面积约为 2 亿亩，良种推广面积只占水稻栽种总面积的 0.4%。再以小麦良种推广为例，四川、陕西等 8 省小麦良种的推广面积为 60.7 万亩，只占当时 8 省小麦栽种总面积的 0.55%；即使是当时小麦良种推广最多的四川省，其小麦良种推广面积为 30.5 万亩，也只占该省小麦栽种总面积的 1.61%（潘简良等，1947 年）。但是，就在这样的艰苦条件下，我国的绿色革命还是有了一定的发展。在这期间，我国绿色革命的发展大致经历了三个发展阶段（白鹤文等，1996）。美国先进的作物育种技术的传入在各个阶段都发挥了重要作用。

（1）第一个阶段开始于 19 世纪末 20 世纪初，属于创始阶段。

1915 年北洋政府聘请美国专家约翰逊（H. H. Johnson）为顾问指导棉花改良工作。1919 年美国棉作专家柯克（O. F. Cook）受金陵大学（以下简称"金大"）之聘来华指导试验，确定"脱字棉"和"爱字棉"为最适宜我国引种的两个美棉品种。金大农科于 1920 年成立棉作改良部，在美籍教授郭仁风（J. B. Griffing）主持下，驯化"脱字棉"和"爱字棉"等，并选取单铃，育成"百万华棉"，于 20 年代中期开始推广。当时王善铨、孙恩麟等教授留美回国，在东南大学农学院开展棉花育种，根据中国实际情况，制定棉花选育程序以及试验上的各种制度，以后又逐年改进，至 1923 年渐具规模（沈志忠，2003）。

最先开展小麦近代育种研究的是金陵大学。1899 年，江苏扬州地区引进了美国小麦良种，并将其与本地麦种作对比试验（曹幸穗，1987；芮思娄，1928）。1914 年夏，金陵大学美籍教授芮思娄在南京附近农田中取得小麦单穗，经过 7 年选育成功，于 1923 年定名为"金大 26 号"，1924 年开始推广，这是近代科学育种方法在中国的最早应用。"金大 26 号"是中国作物改良史上首先获得成功的小麦品种，产量超过农家品种 7%，具有早熟、不易染病、分蘖力强的优点。20 年代中后期，金陵大学推广的还有"9 号小麦"和"双恩小麦"两种，前者是从江苏武进农田中采得的单穗育成的（芮思娄，1928）。

总的来说，初始时期的育种工作无论在方法上还是在手段上都是十分粗放和简陋的。"金大 26 号"育种试验数据记录零乱且没有统一格式，显示了其科研起步阶段的粗糙；直到 1920 年才开始注意建立制度，到 1924 年数据记录才较完备，试验才走上科学轨道。这也是 20 世纪最初的 20 年间，中国未见有用近代科学方法育成的新品种问世的主要原因（沈志忠，2003）。

（2）第二个阶段开始于 20 世纪 20 年代，属于奠基阶段。

经过 10 多年的发展，我国运用近代科学育种方面的工作开始逐渐有了一定的基础。芮思娄教授培育的小麦金大 26 号经推广非常受农民欢迎，这给予了他极大的信心，于是寻求与康乃尔大学合作进行作物改良研究，几经努力终于在 1925 年形成一个由国际教育基金会资助、康乃尔大学和金陵大学执行的研究计划。经过前后 6 年的努力，该计划取得了很好的效果。在人才方面，培养和训练了许多农业人才，促进了我国一批作物育种专家的成长；在育种方面，育成推广了许多高产量的小麦、大麦、高粱、水稻、玉米、大豆、棉花、小米品种。这个过程还使中国作物育种方法近代化、标准化并推行到全国（H. H. Love et al.，1964；黄俊杰，1983）。

进行水稻品种的改良工作始于 1920 年前后，由南京高等师范学校农科首创，广东农业专门学校继起，金陵大学农学院也于此时在育种方面取得了一定的成绩。在稻作育种方法上，当时主要采用了纯系育种和杂交育种（沈志忠，2003）。金陵大学于 1924 年开始水稻育种工作。1927 年秋天，金大农学院在通济门外水田中选得优良稻穗，从事分离纯系，举行单行试验，1930 年起进行比较试验，1933 年起在乌江实验推广区农场进行区域试验，育成丰产抗螟耐旱的"金大 1386 号"中籼早熟品种，30 年代得到推广（孙义伟，1987）。

最先开展小麦近代育种研究的是金陵大学，随后是南京高等师范学校农科（后改称东南大学农科、中央大学农学院）。20 世纪 20 年代，金陵大学一方面自己选育，另一方面还陆续与燕京大学、山西铭贤学校等教会学校的农场，以及教会办的开封、南宿州、济南、定县等地农场合作，育成 10 多个小麦良种（蔡旭，1945）。1929 年，中央大学农艺系成立作物改良委员会，统一育种方法，统筹育种栽培试验计划，监督所属农场场务，指导试验，开展学术研究，与国内各大学合作试验，与国内外学术机关交换种子，育成了多个小麦品种，其中比较著名的有"中大南宿州""中大美国玉皮""南大 2419""矮立多"等（蔡旭，1945；周拾禄，1948；周邦任等，1994）。

在玉米育种方面则是中央大学农学院开展工作比较早。1925 年，中央大学农学院赵连芳、金善宝等开始玉米杂交育种工作。金善宝著有《近代玉米育种法》，根据实践经验详细介绍玉米杂交育种理论和技术。

（3）第三个阶段开始于 20 世纪 30 年代，属于发展阶段。

我国的作物育种在这个阶段呈现出进一步发展的趋势，表现为育种技术日趋进步、育种人才日渐增多、技术力量日渐雄厚。一方面，一些在欧美等国攻读农学的留学人员陆续回国，他们带回了近代的育种理论和技术，制定严格的育种程序和试验制度，使近代育种工作走上科学轨道；另一方面，美国等国外育种学家来我国讲学或直接担任顾问，指导我国的育种试验，对于我国科学育种方法的产生和发展也起到了重要作用。特别是 19 世纪 30 年代中央农业实验所、全国稻麦改进所的成立，成为联络各地力量开展大规模稻作育种的指挥机关，改变了我国作物育种界分散、零乱的状况，使中国的作物育种事业得到很大的统一和协调（白鹤文等，1996）。

1925 年，康奈尔大学农科博士沈宗瀚从南京城外农田选得单穗，经过多年培育，于 1934 年育成著名的"金大 2905 号"小麦，亩产量达到 230 斤，较"金大 26 号"高 24.9%，较农家品种高 31.9%，成熟比"金大 26 号"早 5 天，茎秆直立，不易倒伏，无锈病，抗黑穗病较强，颗粒肥大，色泽鲜明，出粉率、蛋白质含量高，适合于做挂面，受到江苏、安徽农民的欢迎。它是我国以纯系法育成的第一个优秀小麦品种，推广极为普遍，1934～1937 年推广面积达 130 多万亩，是我国当时粮食作物中推广面积最大的一个改良品种（蔡旭，1945），1949 年以后在苏、皖、川、陕、鄂等地仍有种植。此外，沈宗瀚还主持育成"金大 4197 号"小麦，1942 年以后继续进行选种及杂交育种工作，育成抗病力强、高产不倒的"金大 4318、4372 号"杂交品种；与齐鲁大学农专科合作育成"济南 195 号"，曾经在胶济路、津浦路和鲁西鲁南推广（蔡旭，1945）。此外，金善宝及其助手在抗战前十年间，在苏、皖、浙、鄂四省中采选穗 44000 多株，征集国内小麦品种 2100 多种，国外小麦品种 1000 余种，并对 1800 多种小麦多年进行分区点播，加以观察对比，对其分类、品质有了深切认识。1934 年，他编著了《实用小麦论》《中国小麦区域》，具有重要的科学价值和指导作用。

在水稻杂交育种方面，去雄是一项关键技术。美国育种学家海斯

(H. K. Hayes) 在《作物育种学》一书中记述了中央大学农学院赵连芳提出的一种优于以前任何方法的去雄技术。赵连芳提议，去雄应在早晨日出之前或傍晚时进行，才能避免在阳光下去雄而散发花粉，影响去雄效果。1939～1940 年，潘简良等撰文介绍了一种新的水稻去雄技术——温汤去雄法，这一技术是美国乔登（Jodon）在 1934～1938 年试验成功的，自此以后，这一方法一直是水稻杂交中的常用去雄技术，沿用到 20 世纪 80 年代（孙义伟，1987）。

1937 年抗战期间，中央农业实验所、农业技术推广机关及许多农业院校相继迁往西南。1939 年夏天，金陵大学农学院在川中、川西 40 个县采集大量单穗，抽选优良纯系。此外还进行抗胡麻斑病、杂交育种、X 光辐射育种、水稻生理与遗传等试验（周拾禄，1948）。

1928～1933 年，康奈尔大学硕士、北平大学农学院沈寿铨进行玉米杂交育种工作，选育出"杂 206"和"杂 236"。"杂 206"亩产 217.0 公斤，比当地品种增产 33.9%；"杂 236"亩产 222.5 公斤，比当地品种增产 47.0%（周邦任等，1994）。1930 年，美国玉米专家魏更斯（R. G. Wiggans）在燕京大学农艺系开办杂交玉米育种训练班。1935 年，卢伟民在金大农学院移交的材料基础上，将 258 个玉米杂交种进行比较试验，育成"金大燕京 206、236 号"品种，产量比对照种高出 43%～53%，并在北京郊区示范试种。1930 年，山西铭贤学院农科主任穆懿尔（R. T. Moyer）和霍席卿等从美国中西部引进金皇后、银皇后等 12 个优良玉米马齿品种，经过 5 年的品种比较试验，表明金皇后的丰产特性超过当时黄河流域各地所栽培的各个玉米品种，乃于 1936 年开始在山西示范推广，以后传播到全国许多地方。1941 年西北农学院王绶等从美国引进 50 多个玉米品种并育成 7 个自交系，选出武功白玉米和综交白玉米，1942～1946 年扩大育种 3390 亩，比当地品种增产 20%～30%（佟屏亚，1991）。在以后的半个世纪里，这些品种对促进我国玉米生产发展和作为杂交育种材料均起到了重要作用（沈志忠，2003）。

面对传统农业的窘况，"复兴农村"成为当时人们关注的重要话题，以留学归来的农业科技工作者邹树文、邹秉文、沈宗瀚、钱天鹤、谢家声等为代表的"农业派"，从技术创新的角度来看农业发展，认为农村改进的根本问题是提高农业生产力的问题，因此，改良作物品种、提高农业技术水准是改良农村的最优策略（朱嗣德，1980；沈宗瀚，1984；黄俊杰，1983）。

中国农民贫穷，工业底子薄弱，如要普遍制造和使用肥料、农药是不现实的（卢茨，1988）。中国当时面临着粮食危机与广大农民的生活困境，科学家的第一选择是增加粮食产量与提高农民的经济实力，而小麦和棉花作为当时我国最重要的粮食作物和经济作物，自然成为我国绿色革命基地金大农学院科学家们关注的焦点。因此，沈宗瀚（1984）认为，改进中国农业的程序，首先应该增加农业生产，而增加生产以改良品种入手最易。农民栽培改良品种，无须多用资金、肥料及劳工，而得产量的增加，在经济上言，纯为收益。农民得到这样实惠后，自易接受其他新法。政府与社会亦可由此而重视农业改良。在此期间改良培育的新品种，小麦方面主要有金大 2905 号、金大 26 号、金大开封 124 号、金大南宿州 61 号、金大南宿州 1419 号、金大燕京白芒标准小麦、金大径阳蓝芒麦、铭贤 169 号、定县 72 号、徐州 1438 号、徐州 1405 号及济南 1195 号等；水稻方面有金大 1386 号、金大南宿州 373 号、金大开封 48 号等；高粱有金大开封 2612 号、金大南宿州 2624 号、定县 32 号等；大麦有金大 99 号、金大开封 313 号等；玉米有金大燕京 206、燕京 236 号、铭贤金皇后、武功白玉米和综交白玉米等。此外，还有改良柑橘品种江津甜橙 26 号等品种，以及改良蔬菜品种。这些优良品种以小麦金大 2905 号最为有名，是当时中国以纯系选种方法育成的最优越的第一个新品种，被誉为"抗战前的中国绿色革命"。1933 年夏天开始推广，沈宗瀚（1984）曾写道："此品种在南京镇江芜湖及临淮关一带极受农民欢迎，至二十六年已广为种植。尤堪惊喜者，民国三十五年夏我们自四川回到南京，看到此麦种植面积远多于战前，此由农民战时自动推广，莫谓农民无知识，不懂好坏也。"1958 年有报告表明，此麦仍是江苏、安徽、四川、陕西、湖北等省大力推广的品种（沈宗瀚，1979）。

5.2.2 1949 年以后我国绿色革命的发展

我国在以推广良种为主要内容的绿色革命中，实际上比国际水稻所和国际玉米小麦中心开展得更早，而且规模更大、成效更显著。自 20 世纪 80 年代以来，我国又分别育成水稻、小麦、玉米、棉花和大豆等新品种 230 多个，[①] 并且均得到大面积的推广应用，取得了巨大的经济和社会效益。我国是世界上最大的水稻生产和消费国，而水稻又是我国最重要的粮食作物。2001 年，水稻种植面积 2860 万公顷，占世界稻作面积的 1/5；年产稻米 1.85 亿吨，占世界稻米总产量的 1/3。稻谷年均总产居世界第一，平均单产是世界平均水平的 1.6 倍。[②] 而且，1949 年以后我国绿色革命在所有作物的发展中，杂交稻的培育和推广是最具代表性的，因此，本部分就以杂交稻的发展情况为代表，来研究 1949 年以后绿色革命在我国的发展。

20 世纪 50 年代，黄耀祥研究员开创的水稻人工杂交"矮秆多穗育种"工程，在将高秆水稻改变为矮秆水稻、克服水稻的易倒伏性、提高水稻的耐肥能力的基础上，通过水稻品种间部分杂种优势即强分蘖多穗性状等基因重组的纯合利用，改变水稻的群体结构，大幅度增加穗数来增加单位面积上的总谷粒数，从而实现了水稻的第一次大幅度增产。他于 50 年代后期育成的第一个人工杂交矮秆高产良种"广场矮"，比一般高秆品种每亩增产 50~100 公斤，高的可增产 150~200 公斤。这个良种的出现，比国际水稻研究所在 1966 年才育成的被誉为"奇迹稻"的矮秆高产良种 IR8 还早七年，从而引起了国际育种科学界的广泛重视（胡宗荣等，2004）。

1956 年，广东省农民育种家洪群英和洪春利就利用株高仅 75 厘米的品种，培育出中国第一个大面积推广的矮秆早籼良种"矮脚南特"。

---

① 《21 世纪农业科技与农业可持续发展》，http：//www. eedu. org. cn/news/Print. asp？ ArticleID = 1792，2004 年 12 月 4 日。

② 资料来源：《2002 年农业报告》。

20 世纪 60 年代初矮秆、抗倒伏、高产等系列品种的育成，标志着中国进入水稻矮化育种新纪元，这些高产矮秆抗倒品种的大面积推广，使水稻的收获指数从 30% 上升到 50% 左右，导致了亚洲国家水稻的"绿色革命"（Yuan L. P.，1996）。

1964 年开始在南方稻区推广籼稻矮秆化，此后随着"珍珠矮""二九矮""广陆矮""广二矮"，以及后来的"双桂""丛芦"等一大批水稻矮秆高产良种等一系列矮秆品种的相继育成和推广，1965 年南方稻区基本上实现籼稻矮秆化，促使每亩产量由 200～250 公斤提高到 300～350 公斤。[①] 这是中国水稻育种上的一大突破，同时也发动了绿色革命的高潮。

20 世纪 70 年代，在我国首先发生的以继续增加单位面积上的总谷粒数来实现增产的"半矮秆穗粒兼顾育种"，使杂交水稻的选育和推广又取得了划时代的巨大成就。1973 年，实现了三系配套。所谓三系是：（1）雄性不育系。雌蕊发育正常，而雄蕊的花粉退化或败育，不能自花授粉结实。（2）保持系。雄蕊发育正常，将其花粉授予雄性不育系的雌蕊，不仅可结成对种子，而且播种后仍可获得雄性不育植株。（3）恢复系。雄蕊花粉授予不育系的雌蕊，所产生的种子播种后，长成的植株又恢复了可育性。1975 年基本上建立了种子生产体系，在袁隆平院士的领导下，已经解决了原有杂交水稻选育周期长、制种程序复杂、种子成本高的问题，使我国杂交水稻进入了一个新的阶段。20 世纪 70 年代大面积推广了"南优""汕优""威优""四优"四大组合。由于杂交水稻根系发达、长势旺盛、光合作用强、叶面积系数大，一般增产 50 公斤上下，从而促使全国水稻平均亩产由 232 公斤增至 328 公斤（闵绍楷等，1996）。直到 20 世纪 90 年代初，我国仍是世界上唯一大面积生产杂交水稻的国家。

20 世纪 80 年代中期，我国就开始了水稻超高产育种理论和方法的

[①] 《21 世纪农业科技与农业可持续发展》，http：//www. eedu. org. cn/news/Print. asp？ArticleID=1792，2014 年 12 月 4 日；《中国绿色革命的重大飞跃》，http：//www. sun. tzc. edu. cn/2004-9/200494225021. htm。

研究。20 世纪 90 年代，以光（温）敏雄性核不育基因为核心的二系杂交水稻获得突破并开始大面积推广（闵绍楷等，1996）。1996 年正式组织全国育种单位实施超级水稻研究计划，采用常规稻、三系杂交稻、两系杂交稻等多种途径并举，合作培育超高产品种（组合）。目标单产是 2005 年突破 12 吨/公顷，2015 年突破 13.5 吨/公顷。经过几年努力已取得一定进展（袁隆平，2003）。

沈阳农业大学杨守仁提出了增加生物产量、优化产量结构、理想株型与杂种优势相结合的育种思想，主张选育直立穗型，目前已成功育成单产 11 ~ 12 吨/公顷的常规粳型超高产品种"沈农 265"和"沈农 606"。袁隆平（2003）也提出形态改良与提高杂种优势水平相结合的技术路线，并提出超级稻株型特征：高冠层，上三叶长、直、窄、凹、厚，矮穗层，中大穗。经合作选配，江苏省农科院邹江石与袁隆平育成了超高产、米质优的两系稻新组合"两优培九"，1999 年在江苏、湖南共有 13 个 6.67 公顷示范片和 1 个 66.7 公顷示范片，2000 年有 16 个 6.67 公顷示范片和 4 个 66.7 公顷示范片，平均产量超过 10.5 吨/公顷。广东省农科院黄耀祥提出半矮秆丛生早长超高产株型，育成"特青""双青""胜优 2 号""胜泰""胜桂"，其产量潜力均达到 12 ~ 13 吨/公顷水平。以谢华安为代表的福建省育种家提出，采用形态生理改良与提高杂种优势水平相结合的技术路线，培育三系超级杂交稻。形态生理指标是：分蘖力中等，偏大穗，冠层叶片直立，茎秆粗壮坚韧；光温钝感，基本营养生长期长；中后期干物质积累强，生物产量高。已陆续育成一批接近目标的新组合，其中"特优 175""Ⅱ优明 86"2001 年在云南省永胜县涛源乡种植，曾突破世界单产纪录（王志敏，2004）。

20 世纪 50 年代以来，世界水稻育种发生了两次大的突破。第一次是 50 年代开始的"矮秆多穗育种"（即"矮化育种"，下同）；第二次是 70 年代开始的"半矮秆穗粒兼顾育种"（含杂种 F1 代优势利用——"杂交稻育种"和杂种非 F1 代优势重组的纯合利用——"理想株型育种"）。这两次水稻育种突破都首先发生在我国，而这两次突破使水稻育种发生了根本性的变化，也使我国及世界的水稻生产发生了两次大的飞跃，对于满足不断增长的人类对粮食的需要起到了关键性的作用。

总的来说，我国自 1983 年以来，通过实施国家科技攻关计划，团结协作，又育成了常规水稻新品种 62 个，推广近亿亩；杂交水稻新组合 33 个，较好地解决了早、中熟配套问题；小麦新品种 42 个，推广近 8000 万亩；玉米抗病新杂交种 43 个，推广效益显著；[①] 棉花新品种 45 个，使纤维品质、丰产性、抗病性明显提高；大豆新品种 42 个，累计推广 2400 万亩，早熟品种的育成和应用使大豆栽培区向北推进 100 多公里。[②] 总之，我国的绿色革命不仅处于世界领先地位，而且形成了自己的特点，实行良种与良法相结合、现代科学技术与精耕细作相结合，并正在向高产与优质高效相结合的方向发展。

5.3　我国绿色革命快速发展的因素分析

在 1949 年以前我国农业科技底子比较薄、绿色革命发展较差的情况下，经过 50 多年的努力，我国绿色革命已经有了非常大的发展，从 20 世纪 70 年代起几乎与世界科技和经济都发达的国家保持同步，甚至在一些领域还处于世界领先地位。究其原因，宏观环境和绿色革命本身的特点起到了非常大的作用。

5.3.1　宏观动因

自 1949 年以来，绿色革命基本保持相对比较稳定的发展。从宏观

---

① 《"紧凑型"玉米开创了单季作物产量过吨的新纪元》，www. cdseed. com/zztech/detail. asp? ID =1534，2004 年 12 月 4 日。

② 《中国绿色革命的重大飞跃》，http：//www. sun. tzc. edu. cn/2004 - 9/200494225021. htm，2004 年 12 月 3 日。

层面分析，促进绿色革命发展的原因主要有以下五个方面。

1. 持续的人口增长压力，推动我国绿色革命前进

1949 年以后，随着医疗卫生水平得到很大改善，人口死亡率迅速下降，人口数量急剧增长，人口总量从中华人民共和国成立初期的 5 亿多人增加到 20 世纪 70 年代中期的 9 亿多人。虽然在 70 年代实行了计划生育，使人口出生率呈现断层式的剧降，但由于巨大的人口基数和人口增长规律，到 2003 年底我国的人口总数已经接近 13 亿。为了满足大量增加人口的粮食需求，在土地资源没有较大变动的情况下，推动能相对比较快增加粮食产量的绿色革命发展，成为我国农业发展的优先选择。

2. 日益改善的国家宏观农业政策环境，推动我国绿色革命进程

1949 ~ 1952 年的土地改革及后来的合作化，实现了农户分散经营制度向高度集体化的统一经营制度的转变；1978 ~ 1983 年实行包产到户，初步建立了以家庭联产承包为主的责任制和统分结合的双层经营体制；1984 ~ 1993 年延长土地承包期 15 年，不断巩固和完善以家庭联产承包为主的责任制；1997 ~ 1999 年落实 "30 年不变" 的延包政策，确定以家庭承包经营为基础的统分结合的双层经营体制为我国的一项基本经营制度；还有与这些政策相适应的农产品流通体制改革和土地适度规模经营等，农村土地制度和农业经营制度改革极大地推动了我国绿色革命的进程。

3. 农业科技推广体系日益完善，促进了我国绿色革命的发展

我国的农业科技推广体系是在传统计划经济体制下发展起来的，其运行机制都是按照计划模式建立起来的，选择什么项目推广、推广范围多大，主要表现为政府行为不能完全适应市场化发展要求，但在杂交水稻等绿色革命重大成果的推广种植方面切实起到了非常大的作用。政府、农业科研单位、农协、企业等推广主体间有效的协调和沟通日益加

强，加强了农户应用科技的积极性与主动性。适应市场经济要求，多层次、多元化的推广体系日益建立起来。以政府农技推广部门为主体，农业科研、教育，农协组织，公司或企业共同参与的农技推广体系已经形成，并初具规模，各地已经有意识的因地制宜，选择不同的推广模式或多种模式，实行政府行为、科技行为与农民行为相结合，科学研究、技术推广与生产需求相结合。国家制定了相应政策，从制度上保障农业科技推广的正常运行。农业科技推广体系的日益完善，促进了我国绿色革命的发展。

4. 国际间农业技术交流的加强，加速了我国绿色革命的发展

我国与国际的农业技术交流在改革开放以后大大加强，加速了我国绿色革命的发展。多年来，我国与国际水稻所在种质交换、品种改良、病虫害综合防治、土壤营养管理、稻区环境监测、人员培训等方面进行了卓有成效的合作，硕果累累；我国通过合作项目向国际水稻研究所的种质库和科学家提供了 3399 份栽培稻和 30 份野生稻，与此同时，国际水稻研究所向我国赠送了 9421 份栽培稻和 1574 份野生稻。种质资源的交换不仅增加了双方种质库的贮藏量，极大地丰富了遗传资源的多样性和可利用性，而且有力推动了我国和其他产稻国家的绿色革命进程。我国利用国际水稻研究所提供的 IR 系列品种、品系和其他种质，直接命名推广了 21 个品种，利用其作为亲本间接育成了 160 余个品种，累计种植面积 1300 万公顷，增产稻谷超过 300 万吨。国际水稻研究所的 IR26、IR30、IR50 等 IR 系列品种（品系）已成为我国杂交水稻最重要的强恢复系和强恢复亲本。含有 IR 血统的杂交稻年种植面积超过 1.9 亿亩，约占中国稻作总面积的 40%。[①] 自 20 世纪 70 年代末，我国与国际玉米小麦改良中心（CIMMYT）进行合作研究，内容包括交换小麦种质资源、穿梭育种、在 CIMMYT 总部和中国举办各种培训，成果也非常丰富。我国为 CIMMYT 提供了 1000 多份小麦种质，包括品种、高代

---

① 资料来源：http://www.agric138.com.cn/subhome/19 - 4/4 - 3/organ/01 国际组织/02 国际水稻研究所/index.htm。

品系及重要的赤霉病抗原。用我国材料为亲本育成的许多高代品系已经进入 CIMMYT 国际圃并引入其他国家。我国从 CIMMYT 获得了 1 万多份小麦资源。我国也用 CIMMYT 资源育成了 160 多个高产、抗叶锈和秆锈的优良品种，据统计，CIMMYT 种质在我国直接利用和间接作为亲本育成品种的年播种面积约为 500 万~700 万公顷。CIMMYT 还通过其他渠道提高我国特别是西南地区如四川、云南、贵州和广西的玉米生产水平。CIMMYT 提供了一大批群体和自交系，它们在西南地区适应性好，且对当地主要病害矮花叶病毒病、纹枯病和双霉病表现出较好的抗性。中国科学家还用 CIMMYT 的非温带资源进行种质扩增。CIMMYT 向我国提供了适应亚热带地区优良杂交种的亲本，支持了优质蛋白玉米（QPM）工作。

5. 我国幅员辽阔，有绿色革命发展需要的丰富的种质资源

我国幅员辽阔，生态环境复杂，农业历史悠久，作物种质资源十分丰富，是世界作物多样性中心之一。据初步统计，世界上栽培植物有 1200 余种，我国就有 600 余种，其中有 300 余种是起源于我国或种植历史在 2000 年以上的。我国不仅作物种类多，而且每种作物的品种和类型多。如我国稻的地方品种就有近 5 万个，这些品种包括籼和粳两个亚种，每个亚种都有水稻、陆稻，米质黏和糯，米色白和紫，栽种期有早、中、晚季又各有早、中、晚熟品种。在谷粒形态和大小、颖毛和颖色、穗颈长短、植株高度等形态特征上也是多种多样的。我国的各种作物都有抗病、抗逆、早熟、丰产或优质的品种；我国还是禾谷类作物籽粒糯性基因的起源中心，不仅稻、粟、黍、高粱等古老作物都有糯性品种，就连引入中国仅 500 年的玉米也产生了糯性品种——蜡质种（黏玉米），它起源于我国云南；我国还是引起绿色革命高潮的禾谷类作物矮秆基因的起源地之一：小麦的矮秆基因 Rht3（大拇指矮）和 Rht10（矮变 1 号）起源于我国，在国际稻（IR 系统）选育中起到了重要作用的水稻半矮秆基因 Sd1（低脚乌尖、矮子粘、广场矮等）也原产于我国。我国是植物雄性不育基因的产地之一：海南岛普通野生稻（oryza rafipogon）的细胞质雄性不育基因被成功地应用于杂交稻的选育，现我国杂交稻的种植面积占水稻面积的一半左右，增产显著。小麦的核不育基因 Ta1，应用于轮回选择，育成了一批小麦优异种质。我国还是一些植物广交配基因的产地，带有 kr1、kr2 基因的小麦品种"中国春"早已成为世界各国小麦远缘杂交中不可缺少的亲本。我国经整理编目的种质资源已有 160 种作物，共 36 万份，入国家种质库长期保存的有 31.8 万余份，入圃保存的有 3.7 万份，它们分属 78 科、256 属、810 个种（不含花卉和药用植物）。[①] 总之，我国栽培植物遗传资源变异十分丰富，这为我国的绿色革命提供了强大的材料来源，是我国绿色革命快速发展的基础。

5.3.2 绿色革命本身的特点

1. 绿色革命的突出特点是提高土地生产率，它适应了我国土地资源的禀赋状况

由于我国土地资源稀缺，提高土地生产率增加粮食总产成为农业的首选方案和战略。单产的提高是多种因素交互作用的结果，但与水、肥、土和管理等因素相比，种子是增产的内因，没有种子的改良，其他因素则无用武之地。据联合国粮农组织的统计分析，在单产提高中品种因素所占的份额为 30%～35%，远高于其他单项因素，居第一位，[②] 在我国基本情况也差不多。这就是种子技术在我国受到重视的根本原因。

2. 绿色革命的投资效益特别明显

资金短缺是发展中国家经济发展的普遍障碍（我国也不例外），因此这些国家不宜发展资金密集型技术。种子技术是中性技术，对资金要求较低，而且投资回报率较高。根据北京大学林毅夫（1995）的测算，

---

① 刘旭、董玉琛：《世纪之交中国作物种质资源保护与持续利用的回顾和展望》，http：//icgr. caas. net. cn/paper/世纪之交中国作物种质资源保护与持续利用 . html。

② 《京郊的种子革命》，载于《北京日报》1993 年 9 月 3 日。

大约有 1/3 的育种科研投资预期收益率为 10000%，即每元投资可获得 100 元左右的回报；另外还有 1/3 的育种投资的预期收益率在 1000%～10000%。育种投资的预期收益率如此之高，使育种技术成为我国发展农业生产的主要支撑技术之一。

3. 绿色革命的联带效应强

一般而言，良种的推广需要一系列配套措施，如加强农田基本建设、发展和完善农业服务体系、改善水利设施建设、提高化肥施用量、变革耕作制度、改进工具及培养农技人才、推动管理进步、加快人们对农业科学技术观念的更新等。无疑，这对改变我国传统农业落后状况乃至提高整个国民经济的实力都是十分有利的。这些都为我国选择绿色革命提供了依据。

另外，绿色革命没有明显的进入门槛。同国际上 20 世纪六七十年代经历的绿色革命类似，我国农业科技革命之所以能暂时"跨越"农民文化科技素质低和农民合作经济组织发展不完善——无法提供良好的社会化服务两个障碍，是因为绿色革命的主要内容是研究开发成功了一大批水稻、小麦、玉米等作物的半矮秆（谷秆比高且抗倒伏）、耐高密植和高肥水的高产品种（杂交种）。与此同时，国家的化肥、农药、灌溉水等的生产供应能力有了很大提高，即便在文化科技素质低以及缺乏合作经济组织和技术推广组织的社会化服务的情况下，多数农民也能顺利买到并使用上述生产资料，从而获得了农业科技革命成果的好处，顶多是未能发挥全部增产潜力而已。

5.4 绿色革命对我国农业发展的积极推动①

我国主要依靠本国农业科研完成大部分作物的杂交育种，尤其在杂

---

① 本节数据如无特殊说明均来自历年《中国统计年鉴》和《中国农业统计年鉴》。

交水稻方面更是处于世界领先地位。我国绿色革命的快速发展也推动世界绿色革命达到了高潮。绿色革命对我国的粮食生产具有非常大的推动作用，特别是 1978～1996 年，推动粮食总产跃升四个台阶（上升 0.5 亿吨为一个台阶），即从总产 3 亿吨上升到总产 5 亿吨，期间粮食播种面积从 12059 万公顷下降到 11255 万公顷，下降了 6.7%，单产则从 2527.5 公斤/公顷增加到 4485 公斤/公顷，增长 77.4%，出现了明显的产量腾飞。在产量腾飞期，高产育种和高产高效栽培技术均发挥了重要的增产作用，但与之相配合的石化革命也同样起着重要作用。为了清楚地了解绿色革命和石化革命对我国粮食生产的推动作用，下面对绿色革命和石化革命所涉及的内容用灰色关联法进行分析，然后根据我国绿色革命的特点，选取比较有代表性的杂交水稻对水稻总产的影响来剖析绿色革命对农业生产的积极作用。

5.4.1 关于绿色革命和石化革命的灰色关联分析

1. 灰色关联分析方法简介

灰色关联分析是通过因素之间时间序列的相对变化进行计算和比较，研究和预测经济系统的动态过程。计算步骤如下所示。

第一步：确定主行为因子和相关行为因子。

第二步：对原始数据进行初值化变换。

$$x_i = \frac{x_i(t)}{x_i(0)} \quad (i = 1,2,\cdots,m; t = 1,2,\cdots,n)$$

第三步：求主行为因子数列 $x_0(t)$ 与相关行为因子 $x_i(t)$ 的绝对差。

$$\Delta_i(t) = |x_0(t) - x_i(t)| \quad (i = 1,2,\cdots,m)$$

并确定两级最小差与两级最大差：

$$\Delta min = \min_i \min_t |x_0(t) - x_i(t)|, \ \Delta max = \max_i \max_t |x_0(t) - x_i(t)|$$

第四步：计算关联系数。

$$\varepsilon_i(t) = \frac{\Delta min + \rho \times \Delta max}{\Delta_i(t) + \rho \times \Delta max} \quad (0 < \rho < 1)$$

第五步：求关联度。

$$r_i = \frac{1}{n}\sum_{t=1}^{n}\varepsilon_i(t)$$

2. 关于绿色革命和石化革命对粮食生产影响的灰色关联分析

根据上面的建模机理，对粮食单产与亩均物质费用（石化革命和绿色革命的主要内容）和用工数量及粮食单产与种籽秧苗费、农家肥费、化肥费、农药费、畜力费、机械作业费和排灌费分别进行关联分析，结果如表5－1、表5－2所示。

表5－1　　　　　　　粮食单产与投入要素的关联分析

时间	三种粮食平均		稻谷		玉米		小麦		大豆	
	物质费用	用工数量	物质费用	用工数量	物质费用	用工数量	物质费用	用工数量	物质费用	用工数量
1980~1990年	0.8136	0.5824	0.8164	0.6009	0.8411	0.5831	0.7901	0.5632	0.7531	0.5437
1991~2003年	0.8349	0.4369	0.8069	0.4486	0.8462	0.4402	0.8578	0.4447	0.7478	0.4332
1980~2003年	0.8781	0.5998	0.8623	0.6083	0.8905	0.6056	0.8884	0.6043	0.8221	0.5947

资料来源：《全国农产品成本收益资料汇编》。

表5－2　　　　　粮食单产与各投入物质费用的关联分析

品种	时间	种籽秧苗费（K1）	农家肥费（K2）	化肥费（K3）	农药费（K4）	畜力费（K5）	机械作业费（K6）	排灌费（K7）	农膜费（K8）
三种粮食平均	1980~1990年	0.8983	0.6853	0.8845	0.8420	0.9043	0.8026	0.9202	0.4536
	关联序：$r_7 > r_5 > r_1 > r_3 > r_4 > r_6 > r_2 > r_8$								
	1991~1998年	0.7519	0.6646	0.7271	0.6793	0.6922	0.6656	0.6697	0.5788
	关联序：$r_1 > r_3 > r_5 > r_4 > r_7 > r_6 > r_2 > r_8$								
	1999~2003年	0.6428	0.7375	0.7123	0.8483	0.7166	0.6124	0.6958	0.7208
	关联序：$r_4 > r_2 > r_8 > r_5 > r_3 > r_7 > r_1 > r_6$								
	1980~2003年	0.9082	0.7004	0.8823	0.8085	0.8044	0.6853	0.7414	0.6808
	关联序：$r_1 > r_3 > r_4 > r_5 > r_7 > r_2 > r_6 > r_8$								

续表

品种	时间	种籽秧苗费（K1）	农家肥费（K2）	化肥费（K3）	农药费（K4）	畜力费（K5）	机械作业费（K6）	排灌费（K7）	农膜费（K8）
稻谷	1980~1990年	0.8494	0.6620	0.9022	0.8694	0.9426	0.8280	0.9236	0.4658
	关联序：$r_5 > r_7 > r_3 > r_4 > r_1 > r_6 > r_2 > r_8$								
	1991~1998年	0.6793	0.6428	0.7302	0.6122	0.5945	0.6901	0.6263	0.6234
	关联序：$r_3 > r_6 > r_1 > r_2 > r_7 > r_8 > r_4 > r_5$								
	1999~2003年	0.5516	0.6317	0.6952	0.7910	0.6749	0.6708	0.6570	0.5781
	关联序：$r_4 > r_3 > r_5 > r_6 > r_7 > r_2 > r_8 > r_1$								
	1980~2003年	0.8549	0.6322	0.8856	0.7938	0.8075	0.6373	0.7419	0.6244
	关联序：$r_3 > r_1 > r_5 > r_4 > r_7 > r_6 > r_2 > r_8$								
玉米	1980~1990年	0.8462	0.6920	0.8729	0.8118	0.8378	0.7695	0.9053	0.4593
	关联序：$r_7 > r_3 > r_1 > r_5 > r_4 > r_6 > r_2 > r_8$								
	1991~1998年	0.8706	0.7785	0.8179	0.7929	0.8209	0.7725	0.6991	0.6512
	关联序：$r_1 > r_5 > r_3 > r_4 > r_2 > r_6 > r_7 > r_8$								
	1999~2003年	0.5861	0.6353	0.5646	0.7054	0.5510	0.6529	0.4894	0.6059
	关联序：$r_4 > r_6 > r_2 > r_8 > r_1 > r_3 > r_5 > r_7$								
	1980~2003年	0.8378	0.7030	0.8484	0.6956	0.7767	0.6990	0.6856	0.6510
	关联序：$r_3 > r_1 > r_5 > r_2 > r_6 > r_4 > r_7 > r_8$								
小麦	1980~1990年	0.9242	0.7511	0.8743	0.7889	0.8990	0.7970	0.8873	0.4800
	关联序：$r_1 > r_5 > r_7 > r_3 > r_6 > r_4 > r_2 > r_8$								
	1991~1998年	0.9118	0.8434	0.9172	0.8765	0.8196	0.8503	0.9069	0.6031
	关联序：$r_3 > r_1 > r_7 > r_4 > r_6 > r_2 > r_5 > r_8$								
	1999~2003年	0.9441	0.8284	0.9154	0.9234	0.7743	0.7910	0.8173	0.5437
	关联序：$r_1 > r_4 > r_3 > r_2 > r_7 > r_6 > r_5 > r_8$								
	1980~2003年	0.9310	0.7904	0.9092	0.8433	0.7991	0.7627	0.7928	0.6520
	关联序：$r_1 > r_3 > r_4 > r_5 > r_7 > r_2 > r_6 > r_8$								
大豆	1980~1990年	0.7896	0.5481	0.6623	0.6563	0.7808	0.6170	0.6856	
	关联序：$r_1 > r_5 > r_7 > r_3 > r_4 > r_6 > r_2$								
	1991~1998年	0.9021	0.8234	0.9236	0.8548	0.8986	0.8317	0.6028	0.4726
	关联序：$r_3 > r_1 > r_5 > r_4 > r_6 > r_2 > r_7 > r_8$								
	1999~2003年	0.7781	0.6968	0.8701	0.8338	0.7483	0.7987	0.8653	0.4115
	关联序：$r_3 > r_7 > r_4 > r_6 > r_1 > r_5 > r_2 > r_8$								
	1980~2003年	0.9020	0.7771	0.8868	0.7845	0.8622	0.7263	0.6875	0.5972
	关联序：$r_1 > r_3 > r_5 > r_4 > r_2 > r_6 > r_7 > r_8$								

资料来源：《全国农产品成本收益资料汇编》。

从表 5 - 1 可看出，农业投资对粮食单产的影响大大超过劳动投入的影响。从 1980 ~ 1990 年和 1991 ~ 2003 年的数据变化来看，农业投资的影响逐渐增强，而劳动投入的影响逐渐下降。1991 ~ 2003 年用工数量对粮食亩产的关联度只有 0.4369，小于 0.5，说明劳动投入对粮食单产的增长影响不显著。其中，物质费用对小麦的影响关联上升较大，而对稻谷、玉米和大豆的影响关联变化较小。而用工数量无论从整体还是分品种来看，都远小于物质费用的影响程度，且均呈下降趋势，表明劳动投入对粮食单产的影响越来越小。

从表 5 - 2 可见，总体上，种籽秧苗费、化肥费和农药费与粮食单产的关联度最大，排在了前三位，而且分阶段来看，关联度均处于上升趋势。由此可见，良种推广与化肥、农药的施用对粮食单产的提高起到了不可替代的重要作用。在粮食播种面积增加潜力不大的情况下，作物品种的改良、优良品种的大面积推广对粮食的增产作用将是最有潜力的。尽管增加粮食单产可以通过采取多种措施来改善作物生长环境，但所有这些措施都必须通过作物的内在机理来实现，因此，良种将是促进粮食增产的最有效因素，今后粮食生产中更要注重推广粮食作物优良品种。另外，畜力、排灌、农家肥、机械、农膜分别按顺序排列，均达到 0.5 以上，对粮食单产也起到非常重要的作用。农药通过减少粮食损失提高粮食单产，而现代农业仍然离不开畜力的支持。水资源是农业的命脉，水利灌溉是粮食能否稳定增长的重要基础条件，要进一步提高粮食单产，应该持续开展农田水利建设，搞好现有水利工程的更新改造，合理开发利用水资源，提高灌溉能力，扩大灌溉面积。

分品种来看，1980 ~ 2003 年，稻谷各投入要素的关联度由大到小依次为化肥、种籽、畜力、农药、排灌、机械、农家肥、农膜。玉米各投入要素的关联度由大到小依次为化肥、种籽、畜力、农家肥、机械、农药、排灌、农膜。小麦的关联度由大到小依次为种籽秧苗、化肥、农药、畜力、排灌、农家肥、机械、农膜。大豆的关联度由大到小依次为种籽秧苗、化肥、畜力、农药、农家肥、机械、排灌、农膜。可见，稻谷、玉米、小麦和大豆均与种籽、化肥的关联度最大，其中，稻谷、玉米与化肥的关联度更大，而小麦、大豆与种籽秧苗费的关联度最大。这进一步说明了化肥、良种等农业科技投入品对粮食单产提高的影响，加强粮食科研、促进粮食生产的科技进步是提高粮食单产的必由之路。

另外，考虑到物价变化对化肥、农药等物质投入的不同影响，本书进一步从对我国粮食单产影响较大的每公顷农机动力、有效灌溉面积比重、每公顷化肥用量、每公顷农药用量、每公顷农用塑料薄膜使用量及成灾面积等 6 个因素进行灰色关联分析，并按 1983～1990 年、1991～1998 年、1999～2002 年等三个时间段，进行各因素与粮食作物单产的灰色关联分析，结果如表 5－3 所示。

表 5－3　　　　　　1983～2002 年不同阶段粮食单产与

各影响因素的关联分析

时间	粮食单产与各因素的关联系数					
	农业机械总动力（x_1）	灌溉面积（x_2）	化肥施用量（纯量）（x_3）	农药使用量（x_4）	成灾面积（x_5）	农用塑料薄膜（x_6）
1983～1990年	0.7075	0.9421	0.7853	0.4924	0.7165	0.4615
关联序：$r_2 > r_3 > r_5 > r_1 > r_4 > r_6$						
1991～1998年	0.7508	0.9077	0.7212	0.5691	0.7043	0.6532
关联序：$r_2 > r_1 > r_3 > r_5 > r_6 > r_4$						
1999～2002年	0.5892	0.7049	0.6906	0.5798	0.5759	0.7814
关联序：$r_6 > r_2 > r_3 > r_1 > r_4 > r_5$						
1983～2002年	0.6371	0.9454	0.6606	0.5749	0.7579	0.7585
关联序：$r_2 > r_6 > r_5 > r_1 > r_3 > r_4$						

注：计算中，考虑到粮食作物占农作物中总播种面积在 70% 左右，因此，农业机械总动力、灌溉面积、成灾面积与农用塑料薄膜使用量均据此进行了调整；化肥、农药根据农业部信息司的估计分别按 70% 和 50% 进行了调整。

资料来源：《中国农业发展报告 2003》及农业部网站。

由表 5－3 所列关联度的大小可见，改革开放以来，有效灌溉面积、化肥用量、农机动力、农药用量、农用塑料薄膜及灾害因素等与粮食单产关联系数均在 0.5 以上，说明各生产要素对增加我国粮食单产都发挥了重要的作用，但在不同的阶段对单产影响的大小是有所不同的。

分阶段来看，1998 年以前，灌溉对增加粮食单产的影响最大，化肥、农机的影响也要大于农药和农用塑料薄膜，灾害对粮食单产的影响也较大。1999 年以来，农用塑料薄膜的影响加大，排在了第一位，而灌溉、化肥和农机的影响仍然较大，分别排在了第二、第三和第四位，农药和灾害的影响相对于其他几个因素来说则要小一些。从不同阶段各因素关联度大小的变化趋势看，随着时间的推移，农用塑料薄膜的影响有逐渐上升的趋势，由第一阶段的第六位、第二阶段的第五位上升到第三阶段的第一位。灾害的影响逐渐减弱，第一、第二和第三阶段分别排在第三、第四和第六位。灌溉、化肥的影响虽略有下降，但仍然起了较大作用，而农机的影响呈现了一种先上升后又下降的过程。

从总体看，1983 ~ 2002 年，各因素对单产增长的贡献由大到小依次是：灌溉、农膜、灾害、农机、化肥、农药。从表 5 - 3 也可以看出，尽管各因素在不同阶段对单产提高的作用大小不同，同一阶段各因素的贡献也有主次之分，但各种因素关联度的大小随时间的推移差距在逐渐缩小，各种因素间对提高单产的作用将逐渐趋于平衡。这说明，未来粮食单产要有大的突破，除需继续协调各增产因素的关系外，还必须运用综合技术、系统工程的理论，建立各增产要素间的新平衡，绝不能强调单项增产技术的重要性。

5.4.2　杂交水稻技术对我国农业发展的积极作用

水稻是我国最重要的粮食作物，种植面积约占粮食作物总面积的 30%，产量却占粮食总产的 40%。稻米是我国 50% 以上人口的主粮。在我国人口年增加约 1500 万人、耕地不断减少的形势下，要保证粮食自给自足就必须大力提高水稻单产。在提高水稻单产的诸措施中，选育和推广良种最为经济有效。

我国在 20 世纪 50 年代后期利用矮秆基因率先育成高产抗倒品种，形成了一次绿色革命的高潮；70 年代初，又在世界上首次将杂交籼稻三系配套成功。这两次重大突破，使我国水稻平均单产在 70 年代中期和 80 年代中期先后跃上亩产 250 公斤和 300 公斤的台阶。其后，随着主要是良种更新和推广应用，到 90 年代初，我国水稻以播种面积计，单产又进一步提高到接近 400 公斤的水平，从而进入了世界先进行列。2002 年由中国水稻研究所育成的三系法超级杂交稻组合协优 9308、由江苏农科院与湖南杂交水稻研究中心协作育成的两系法超级杂交稻组合两优培九和由沈阳农业大学育成的直立穗型超级粳稻沈农 265 等，已连续 3 年在百亩和千亩示范片上亩产超过 700 公斤。中国水稻研究所的研究人员在总结浙江省新昌、乐清两地百亩示范片获得成功的基础上，2004 年实施千亩片技术集成示范，开展超级稻生产技术培训，送科技下乡，发放技术资料，深入田间技术指导等，使超级稻生产技术深受稻农欢迎，实现了水稻大面积持续高产。由于种植杂交水稻带来的水稻增产的详细情况见表 5 - 4，其中由于种植杂交稻引起我国水稻单产的增加可以从图 5 - 1 明显看出。

表 5 - 4　　　　　　　我国水稻种植结构及产量状况

年份	杂交水稻			全国水稻			普通水稻		
	总产（万吨）	面积（万亩）	亩产（公斤）	总产（万吨）	面积（万亩）	亩产（公斤）	总产（万吨）	面积（万亩）	亩产（公斤）
1976	65	207	314						
1977	904	3195	282.9						
1978	2014	6393	315						
1979	2325	7451	312	14375	50809	282.9	12050	43358	277.9
1980	2464	7183	343	13991	50818	275.3	11527	43635	264.2
1981	2721	7676	354.5	14396	49942.1	288.3	11675	42266	276.2
1982	3294	8425	391	16124	49606.5	325	12830	41182	311.5
1983	4308	10124	425.5	16887	49705.5	339.7	12579	39582	317.8
1984	5681	13267	428.2	17826	49767	358.2	12145	36500	332.7
1985	5610	12918	434.3	16857	48105	350.4	11247	35187	319.6
1986	6262	14343	436.6	17222	48399	355.8	10960	34056	321.8
1987	7208	16457	438	17426	48289.5	360.9	10218	31833	321

续表

年份	杂交水稻			全国水稻			普通水稻		
	总产（万吨）	面积（万亩）	亩产（公斤）	总产（万吨）	面积（万亩）	亩产（公斤）	总产（万吨）	面积（万亩）	亩产（公斤）
1988	8871	19995	443.7	16911	47981.2	352.5	8040	27986	287.3
1989	8916	19991	446	18013	49050.6	367.2	9097	29060	313
1990	10912	24971	437	18933	49596.7	381.7	8021	24626	325.7
1991	10902	26462	412	18381	48885	376	7479	22423	333.5
1992	11125	24833	448	18622	48135.3	386.9	7497	23302	321.7
1993	9900	23131	428	17770	45532.5	390.3	7870	22402	351.3
1994	10101	23327	433	17593	45256.5	388.7	7492	21930	341.6
1995	11117	24474	454.2	18523	46116	401.7	7406	21642	342.2
1996		23500		19510	47110.5	414.1		23611	
1997	12298	26562	463	20074	47647.5	421.3	7776	21086	368.8
1998		25908		19871	46820.7	424.4		20913	
1999	11650	25000	466	19849	46925.2	423	8199	21925	374
2000	10820	21948	493	18791	44942.6	418.1	7971	22995	346.6
2001	11343	23731	478	17758	43218.6	410.9	6415	19488	329.2
2002	11849	23007	515	17454	42302	412.6	5605	19295	290.5

资料来源：农业部种植业司。

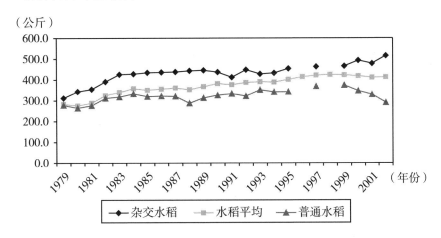

图 5-1　1979～2002 年我国水稻单产变动情况

自 1998 年以来，超级稻在我国长江流域稻区和东北稻区示范推广面积逐年扩大。截至 2003 年底，已累计种植 1.12 亿亩，大面积亩产达 600 公斤，亩均增产 55～60 公斤，累计增产稻谷 65 亿公斤左右。特别是 2004 年《中共中央国务院关于促进农民增加收入若干政策的意见》的发布，极大地提高了农民种粮的积极性，2004 年超级稻种植面积已达 4800 万亩，比 2003 年增加 800 万亩。[①]

此外，我国的小麦杂交育种也是成绩斐然。例如，1949 年以来，北京地区先后育成了数十个小麦新品种，实现了六次大规模的品种更换，全市小麦单产平均水平由 20 世纪 50 年代初期的 645 公斤/公顷提高到 90 年代末的 5736 公斤/公顷，每次品种更换产量平均提高 1018.5 公斤/公顷，平均增产幅度达 55.6%，其中也包括生产条件改善、肥水管理水平提高等因素的作用，但是品种本身的增产作用还是非常重要的（孟凡华等，2000）。

5.5 绿色革命对我国农业可持续发展的消极作用

我国绿色革命的发展，主要是在具有有利土壤和农业气候条件的地区实施大面积种植耐水肥的杂交作物并配合大量投入水肥。尽管在某些情况下出现了如前所述的对环境的破坏，但这些效益在中期阶段还会继续保持下去，同时使生产向更加持续发展的道路转移，但还有一些消极影响则不同，它们对我国的农业可持续发展造成了很大的威胁，主要包括以下五个方面。

5.5.1 遗传多样性丧失，并导致病虫害频发

由于大面积的推广杂交品种，造成作物品种单一，从而造成遗传的

---

① 《超级稻引领新的"绿色革命"》，载于《农民日报》2004 年 9 月 30 日。

多样性丧失，并导致病虫害频发。例如，小麦条锈病，1949 年以来经历了四次明显的变化。第一次是 1955～1956 年，从碧码 1 号、农大 183 等品种大面积种植开始，条锈 1 号小种大量发展，引起病害严重流行。第二次是 1960～1962 年玉皮、甘肃 96 号等品种大量种植，条锈 8 号和 10 号小种大量发生，引起病害严重流行。第三次是 1962 年以后，南大 2419 品种占了全国播种面积近一半，由于条锈 13 号、16 号小种上升，造成全国流行。第四次是从 1969 年前后开始的，由于阿勃、北京 8 号等品种大量种植，条锈 17 号、18 号、19 号小种上升，病害再度严重。2005 年，19 号、21 号小种流行，使一些地区"泰山"号品种受害严重。肥水条件改善、种植密度增高，给一些有害生物发生发展创造了条件。例如，小麦全蚀病，20 世纪 70 年代初在我国山东、辽宁渤海湾麦区发生。1977 年山东黄县新嘉宁 2.46 万亩小麦发生全蚀病，占麦田面积的 81.3%，损失小麦 250 万公斤，平均每亩减产小麦 107 公斤。[①] 近些年，这方面表现更加突出。例如，我国广西杂交稻种植面积虽然有所减少，但仍占种植水稻面积的 80% 左右，而且杂交稻的组合结构变化不大。由于品种抗性退化和本身的抗性较弱，对病虫的发生较为有利。感病品种的种植和恶劣气候的影响是导致稻穗瘟严重流行的主要原因。特优 559、汕优 559、汕优 63、汕优桂 99、汕优 77、汕优 4480、杂交稻Ⅱ优 77、特优 63 – 1、特优 838、特优 524、特优 181 及部分常规稻、优质稻及糯谷等均是稻瘟病的感病品种，其中特优 559、汕优 559 为高感品种，发病尤为严重。1999 年，凤山县 559 系列杂交中稻发生穗颈瘟 5000 多亩，几乎颗粒无收、全军覆灭。2002 年，玉林市 2 万亩特优 559，发病轻的病穗率有 20%～30%，一般 40%～50%，不少田块在 80% 以上，失收的田块绝大部分是该组合；特优 63 组合抗性减退，在偏施氮肥的田块或历史性发病区均有发病，病穗率高的也有 80%～90%，有失收现象。[②] 但是，根据现有的农业病

---

① 《有害生物的综合治理》，http：//www. agrionline. net. cn/zhuanti/hanquny/hqny/youhaisw. htm，2002 年 12 月 19 日。

② 广西壮族自治区植保总站：《广西近年水稻主要病虫发生趋势及防治策略》，http：//www. ylzb. cn/htdocs/XXLR1. ASP？ID = 5232，2002 年 10 月 20 日。

虫害防治技术，人们通常又会采用化学防治，这样不但会造成环境污染，还会造成农业病虫进化产生抗药性，使以后的农业生产变得更艰难。

5.5.2 杂交品种退化周期短，对育种工作形成很大压力

杂交育种培育出一个新品种通常需要七八年至十来年的时间，新品种不同于农家品种，推广以后在生产上的应用时间一般也只有十来年，以后会慢慢失去高产的优势，让位给后来居上的新品种。

5.5.3 由于杂交品种的替代，造成大量品种资源流失

20 世纪 50 年代，各级农业科学研究机构正在形成，一时拿不出科学培育的新品种来，当时采取的措施是调查、收集、整理农家传统品种，进行农家品种的比较试验，从中选择出优良高产的品种，进行大力推广，淘汰当地原有的低产农家品种，这项工作取得显著的成效，一些高产的农家品种得到迅速推广，粮食获得明显的增产。但农家品种数以万计，被淘汰的品种中不少其他优良性状如抗病、耐旱、耐瘠、优质等基因也随之遭到汰除。而当我国众多高产杂交品种育成之后，加剧了这种流失。

5.5.4 加大了农民和地区农业的生产风险

对气候变化和病虫害有很大抵抗力的传统混作和间作方法一般不再受到鼓励，并代之以不太稳定的单一作物种植和行植。对短期家庭粮食安全和较脆弱环境的持续性来说，这一转变在有些情况下是不可取的，在另外一些情况下甚至是有害的。

5.5.5 单一种植影响人们对野生生物资源开发的关注

当今世界，一方面是生物圈中丰富的生物多样性，另一方面是人

对生物多样性认识的肤浅和贫乏。历史的变迁和人对生物圈的干扰破坏已导致了物种的巨大丧失，某些尚未被人类利用的物种资源也随之丧失了，就是对认识到的物种也不能引起足够重视并好好加以保护。例如，我国 1978~1982 年进行的野生稻全国普查发现，我国 300 多个县、1000 多个点分布着野生稻，然而，这 1000 多个点到现在已经消失了 70% 以上；现在残存的野生稻面积也大大缩小。再如，广西壮族自治区贵县麻柳塘曾经存在 432 亩野生稻，由于当地盖化肥厂，已经完全消失了。后来在贵县又发现了一个十里长塘，野生稻面积 1300 多亩，现在塘中间已经修了一条大公路。修路、建厂、种植栽培稻是野生稻面积大量缩减的主要原因。广西也是我国野生水稻种类最多的地区之一，总计有上千种，在 20 世纪 80 年代初期，科技人员曾在广西的十几个点上找到总计上百亩的野生水稻，一些种群还成片生长着。而 1992 年，当他们为录制野生水稻的电视片再去寻找时，有些点上竟连一株也没有了。贵州的科技人员带着野生水稻标本下去寻找，农民们说，这种水稻过去有，现在见不到了。据专家们估计，仅广西百色地区，野生水稻种类就由原来的 500 多个减少到现在的不到100 个，全国 2000 多个野生水稻种群中，已有一半消失（王莹莹等，2001）。中国科学院院士洪德元曾经警告说，如果任由这种状况发展下去，中国野生稻将在 15 年后消失。

另外，绿色革命的消极影响还包括：除了通过灌溉可克服缺水问题的地区外，相对忽视了生产条件比较恶劣的干旱和半干旱地区农业生产的实际技术需要，在抗旱和抗盐碱育种方面还做得很不够；以往的杂交育种工作主要以经济作物或一些主要主食作物为主，往往忽视了如谷子、块根、块茎和大部分豆科作物等粮食作物的育种工作；育种的目标集中于最大限度地提高单产而不是稳定单产，而稳定单产才是许多农民首要关心的问题。在某些情况下，如对高粱和玉米，育种者为提高单产，盲目挑选生长期长的品种，这就使作物生长期的长短受雨量和气候制约地区的农民要冒更多的歉收风险。

5.6 绿色革命在以后农业可持续发展方面的制约

绿色革命结合石化革命极大地促进了农业的快速发展，但它们各自都存在着很大的制约。笔者在农业可持续发展框架下就绿色革命的发展规律提出几点自己的看法。

5.6.1 不能利用现有农业资源长时间持续发展

由于绿色革命的作用，在过去 40 年间，世界粮食产量增加了 3 倍，不但养活了世界快速增长的人口（现在同样多的土地上养活的人口是过去的 2 倍），还使人们的生活水平略有提高。但是，今后我们要这样做恐怕就困难得多，因为 20 世纪 60 年代绿色革命发生时，人均拥有的土地和水资源要比现在多很多，而且当时的起点非常低，更有增长的潜力。据 FAO 的统计资料，自 80 年代初以来，全球粮食年产量一直以 1.3% 的速度增长，恰好满足预期的需求。但 1.3% 仅为 70 年代粮食产量增幅之半，今后增幅有逐步下降的可能。与此同时，世界农田生产率（单位面积产量）的增幅也一直在下滑。1967 ~ 1982 年世界农田生产率的增幅为 2.2%，1982 ~ 1994 年为 1.5%。美国农业部的资料反映，美国玉米每公顷平均产量从 1967 年的 5 吨提高到 1997 年的 8 吨，好年景曾达到过 20 吨左右，但这个纪录再也未被打破过。美国的小麦和水稻也有类似的情况。因此，常规农业已难有进一步发展的余地（杨景厚，2003）。

5.6.2 不能再持续大幅地提高品种的产量

杂交技术的特点决定绿色革命不能再持续大幅地提高品种的产量。尽管某些种的植物可以通过种间和属间杂交产生杂交后代，但许多不同属间甚至不同种间的植物由于相互之间性的不亲和，其相互之间的杂交

十分困难。大多数情况下的不亲和性是由遗传决定的，并为花粉—柱头
识别过程所调控。这种识别过程可以防止遗传不相关的种之间发生杂
交，对保持不同种属各自的特性具有关键的作用和重要意义。否则，植
物不同的科、属、种之间的差别就将消失。但是，从育种角度看，这种
不亲合性排除了在那些不同的或无亲缘关系的种间通过杂交进行基因交
换的可能，也限制了人们扩大某种植物基因多样性的能力。有时甚至在
相似的种也存在自交或杂交不亲和的可能。杂交育种技术主要依靠育种
家的经验在田间对育种对象作表型性状的选择，只能利用有限的种内杂
种优势。我国的水稻产量曾出现徘徊不前的局面，究其原因，在很大程
度上是由于前两次育种突破均为亚种内品种间杂交育种，亚种内的种质
资源和育种潜力均得到了较充分的利用和挖掘，亚种内育种产生新突破
的难度已经较大。就经济系数的变化来看，也已从过去高秆品种的 0.3
左右提高到现在的半矮秆穗粒兼顾型高产品种（组合）的 0.50 ~ 0.55
左右，已经接近顶限，在生物学产量变化不大的情况下，水稻产量就自
然进入了徘徊期（洪国藩，1999；Zhuang J. X. et al.，1997）。同时，
水稻品种的遗传多样性低的缺点也表现出来。事实上，籼粳间的杂种
优势较大，有利于杂交育种，但籼粳杂交后代不亲和以及 F1 代株高
超亲等问题困扰着水稻育种的前进，成为水稻育种中的"瓶颈"问题
（Butany W. T. et al.，1959；顾铭洪等，1979；卢永根等，1979）。

5.6.3　投入因素制约绿色革命的发展

绿色革命发展必须有相应环境配合，例如，购买肥料、农药，以及
建设完整的水利灌溉系统等。这些相关条件对于贫穷与建设落后的许多
非洲国家而言是无法获得的，因此，这些农业技术也就成了可望而不可
即的技术。

5.6.4　生物特性限制了绿色革命的进一步发展

矮化作物最终要妨碍叶片对阳光的吸收，影响光合作用，而作物的

一切生物产量都是来自光合作用，因此，在一定意义上说，矮化增产的模式已经受到了很大限制。

5.6.5 技术、资源特点的制约

常规杂交手段不仅见效慢、周期长，而且预见性差、准确率低，更加困难的是，尽管野生种质遗传基础丰富，并带有许多优异基因，但往往具有连锁的不利基因，并且外源基因导入和表达均有很大难度，造成育种速度赶不上品种需要更新的速度，制约了农业的发展（刘旭，1999）。

5.7 本章小结

第一，对杂交小麦、玉米和水稻的产生和发展对绿色革命的产生、发展及其对农业的影响做全面分析，以求对绿色革命有一个全面的理解，并简要分析绿色革命对世界农业生产的积极作用和消极作用。相对绿色革命的成就，绿色革命的消极影响是发展过程中认识不足或政策配合不当出现的问题，可以用调整政策和发展的方法来解决。

第二，绿色革命在我国的发展分两个阶段。1949年以前，我国绿色革命的发展主要依靠技术传入。在美国相关绿色革命的理论和技术传入我国以前，我国绿色革命的发展基本没有很大的进展，直到中华人民共和国成立前美国先进的作物育种技术的传入还发挥着重要作用，但由于社会背景问题技术推广效果比较差。1949年以后，我国绿色革命的发展主要依靠自主研发。我国的杂交育种发展得非常好，尤其在杂交水稻育种方面一直处于世界先进水平。技术推广方面也有了长足的进展，能使育种成果快速运用到生产中。

第三，从宏观和绿色革命自身的特点分析我国绿色革命快速发展的原因。从宏观层面分析，促进绿色革命发展的原因主要有以下五个方

面：持续的人口增长压力，推动我国绿色革命前进；日益改善的国家宏观农业政策环境，推动我国绿色革命进程；农业科技推广体系日益完善，促进了我国绿色革命的发展；国际间农业技术交流的加强，加速了我国绿色革命发展；我国幅员辽阔，有绿色革命发展需要的丰富的种质资源。绿色革命本身的特点：绿色革命的突出特点是提高土地生产率，它适应我国土地资源的禀赋状况；绿色革命的投资效益特别明显；绿色革命的联带效应强；绿色革命没有明显的进入门槛，即使文化水平不高的农民也极易采用此项技术。这些因素推动了我国绿色革命的快速发展。

第四，用灰色关联法分析绿色革命和石化革命对农业发展的巨大推动作用。然后，根据我国绿色革命的特点，选取比较有代表性的杂交水稻技术发展对水稻总产的影响来剖析绿色革命对农业生产的积极作用。

第五，分析绿色革命对我国农业可持续发展的消极作用，包括：遗传多样性丧失，并导致病虫害频发；杂交品种退化周期短，对育种工作形成很大压力；由于杂交品种的替代，造成大量品种资源流失；加大了农民和地区农业的生产风险；单一种植影响人们对野生生物资源开发的关注。另外，绿色革命的消极影响还包括：除了通过灌溉可克服缺水问题的地区外，相对忽视了生产条件比较恶劣的干旱和半干旱地区农业生产的实际技术需要。现实中我国已经采取了建立种质资源库、加快生物防治研究和分子辅助育种等技术手段来解决绿色革命带来的消极影响，同时在政策上也开始有了一定的倾斜，来减小绿色革命的消极影响，充分利用它的生产潜力。

第六，绿色革命在以后农业可持续发展方面的制约主要表现在：不能利用现有农业资源长时间持续发展；不能再持续大幅地提高品种的产量；投入因素制约绿色革命的发展；生物特性限制了绿色革命的进一步发展；技术、资源特点的制约。绿色革命在一定程度上突破了洲际引种和石化革命的制约，这也就预示，要想突破绿色革命的制约需要发展新的农业科学技术。

第 *6* 章

推动基因革命促进我国农业可持续发展

    20 世纪中后期，依靠绿色革命的不断发展和石化革命的完善，世界农业获得较快发展，粮食产量大幅上升。在养育大量新增人口的同时，世界整体人口的生活水平也有了一定的上升。但是，绿色革命的常规育种技术存在着很大的局限性——主要依靠育种家的经验在田间对育种对象作表型性状的选择和只能利用有限的种内杂种优势，不论从品种的更新时间间隔上，还是增产潜力方面都已不能满足农业发展的新需要，而石化革命在增产潜力方面更是有限。据联合国粮食及农业组织 2003 年 11 月发表的《2003 年度世界粮食安全评估报告》显示，世界总体粮食安全形势不但没有改善，相反，还有了进一步恶化的危险。在 20 世纪 90 年代上半叶，遭受长期饥饿的人数减少了 3700 万。但 1995 ~ 1997 年以来，饥饿人数增加了 1800 万。1999 ~ 2001 年期间，全世界有 8.42 亿人食物不足，其中有 7.98 亿人在发展中国家，3400 万人在转型国家，1100 万人在发达国家。[①] 2000 年以来，粮食产量低于消费量的情况连年出现，2002 年供应缺口更高达 9600 万吨。[②] 2003 年度世界粮食储备降至 30 年来最低水平，这对世界粮食安全构成了潜在的威胁。联合国粮农组织 2002 年发表的题为 "世界农业：面向 2015/2030 年" 的报告中指出：今后 30 年中，世界人口的年均增长率将为 1.1%，到

    [①②] 《总干事在粮农组织大会第三十二届会议上的讲话》，http：//www. fao. org/docrep/meeting/007/J1032c. htm。

2030 年，世界人口将从目前的 60 亿人增长至 83 亿人，世界粮食产量必须在目前约 19 亿吨的基础上再增长 10 亿吨，才能满足人类不断增长的需求。因此，粮农组织的总干事在粮农组织大会第三十二届会议上呼吁各国应尽快采取措施控制人口增长，加快农业科技创新，保护和改善农业生态环境，进一步提高农业生产效率。

基因革命作为农业进一步发展的技术手段，是基于分子生物学理论基础之上的生物技术和遗传工程在农业领域的具体运用。它可以对生物的遗传信息作实验室操作；可以在动物、植物、微生物，即所有物种间作基因转移和重组，因而极大地扩展了生物种质资源和杂种优势的利用；可以作遗传改良工程设计，植物杂交精确度的提高使植物的产量和存活力都变得更具有可预见性。基因革命经过发展，技术成熟以后能够迅速、有效地提高动、植物的数量和质量，这将比用传统方式识别和交配良种大大节省了时间。同时，基因革命不但能在育种方面展示提高粮食生产水平的巨大潜力，也对石化农业带来的环境、能源等问题的解决提供了新的发展思路。本章在对我国农业科技革命新的发展阶段——基因革命的发生、发展做比较详尽分析的基础上，提出加快我国新的农业科技革命的对策建议。

6.1 世界和我国农业新科技革命——基因革命的发展

在世界农业发展遇到"瓶颈"时，农业生产技术的更加完善可能在短期内一定程度上缓解由人口增加带来的对农业的压力。但是，随着世界水、土资源相对人口的日益紧张，它们不能提供未来解决问题的方法。解决问题的方法依然要靠农业技术上的新突破。现代分子生物学的快速发展，特别是基因组学的诞生、发展为我们完成农业生产能力跨越式增长提供了可能，新的农业科技革命——基因革命已经在一些国家初露端倪。不但美国等发达国家在农业基因技术的应用上有了一定的发展，我国的农业基因革命也逐渐走入了世界的前列。

6.1.1 基因革命理论与技术的发展

1. 基因革命的三大理论基础

20 世纪 40~60 年代，分子生物学上的三大科学发现为农业基因革命奠定了理论基础。一是 40 年代艾弗里等（Avery et al.,）通过肺炎球菌的转化试验证明了生物的遗传物质是 DNA，而且证明了通过 DNA 可以把一个细菌的性状转移给另一个细菌。这一发现被誉为现代生物科学的开端，也是农业基因革命的理论先导。二是 50 年代沃森和克里克（Watson & Crick）发现了 DNA 分子的双螺旋结构及 DNA 半保留复制机理。三是 60 年代关于遗传信息中心法则的确立，即生物体中遗传信息是按 DNA→RNA→蛋白质的方向进行传递的。艾弗里等关于 DNA 是遗传物质的发现和遗传信息中心法则的阐述，表明决定生物体具有不同性状的关键物质——蛋白质分子的产生是由生物体中所含有的 DNA 所决定的，因此，可以通过对 DNA 分子的改造改变生物的性状。根据 DNA 半保留复制的机理，对 DNA 分子的改造可以通过 DNA 的复制进行传递。因此，上述三大科学发现为农业基因革命的诞生奠定了理论基础。

2. 基因革命的三大技术基础

20 世纪 40~60 年代的三大科学发现，虽然从理论上确立了农业基因革命的可能性，但在进行农业基因革命技术推进时，科学家还面临着三个基本技术问题：一是如何从生物体庞大的双链 DNA 分子中将所需要的基因片段切割下来；二是如何将所切割下来的 DNA 片段进行繁殖扩增；三是如何将所获得的基因片段重新连接到一个新的 DNA 相应的位置上。70 年代，由史密斯、霍拉纳和科恩（Smith、Khorana & Cohen）等人发现的核酸限制性内切酶、DNA 连接酶和可以作为农业基因工程载体的细菌质粒的发现，从技术操作层面上解决了上述三个问题，因而被认为是使农业基因革命从理论走向实践的三大关键性的技术发明。

20世纪70年代绿色植物的遗传研究明显带着分子技术发展的痕迹。人们不断研究、发展和改进各种与 mRNA 和 DNA 的分离、克隆、序列分析、细胞培养和转化，以及从转化细胞进行植株再生等方面相关的技术和方法。尽管远远落后于迅速发展的微生物分子生物学和动物分子生物学，但到70年代末植物分子生物技术已发展到可以使科学家对植物细胞进行转基因尝试和培育出转基因植物，首例转基因植物于80年代初获得成功。1983年法国豆的菜豆蛋白基因被转移到向日葵细胞和烟草植株中；1984年，通过农杆菌介导的方法又有几种携带外来基因的转基因植物问世；1986年将萤火虫体内荧光蛋白基因成功地转入烟草曾引起新闻界的广泛关注（孔宪铎，2004）。

3. 基因技术的应用方法

基因技术在农业生产中的应用主要包括功能基因的鉴定、功能基因的刻录、基因的插入、基因的删除等。但是，基因技术的前两项运用也主要是为后两项服务的。因为特异基因的插入和删除都会影响到表达，从而在农业生产中直接运用到育种等目的。基因插入就是利用载体将某段修饰基因送入作物细胞，并让此修饰基因插入作物细胞的 DNA 中并形成高效表达，使作物具有某种特性，为农业生产直接服务。例如，目前有两类主要的基因用于生产抗虫植物。第一种方法利用苏芸金杆菌（Bt）中一个编码昆虫毒性蛋白的基因（Gill et al.，1992）；第二种方法利用一个编码蛋白酶抑制因子的基因，从食物消化的角度限制害虫的生长（Boulter et al.，1992）。这两类基因已被转入多种农作物中，包括 Bt 棉花和 Bt 玉米，事实证明这是抗虫害能力高效的转基因植物（Brunke & Meeusen，1991；Gatehouse et al.，1991）。基因删除则是利用分子生物学和转基因技术可以删除转基因植物的一个基因的产物，即它的 mRNA 或蛋白减少以至完全消失，从而获得希望得到的作物生产性能或特性。这种剔除过程需要使用反义技术来完成。例如，为了改变番茄的成熟期，反义技术用于抑制参与成熟过程的激素——乙烯的合成，其结果是转基因番茄的成熟期延长了，其货架寿命也增加了（Hamilton et al.，1990；Oeller et al.，1991）。为了改变番茄的软化情况，可以用反义技术抑制多聚半乳糖醛酸酶，它在果实软化过程中起降解细胞壁的作用。对该酶的抑制产生了一种可以比普通番茄在茎蔓上保持更长时间不软化的番茄（Sheehy et al.，1998）。基因革命的技术具体可运用到以下六个方面的农业生产实践中：

第一，抗逆农作物品种改良。随着可耕地不断减少，农作物必须在不太适合种植的环境下生存，为了维持相当的农业生产力，就必须通过农作物品种改良来增加它对环境的适应性。

第二，抗除草剂农作物品种改良。杂草与栽培作物竞争营养，显著地降低了作物产量。因此，历年来一些以机械化为主要耕作方式的国家一直用除草剂来对付杂草。1966～1991年，美国农业部门的除草剂使用量增加超过4倍，总计花费10亿美元。但是，很多除草剂无法分辨作物及杂草，因此，在除草剂使用的时间和用量上都要很小心，增加了种植的复杂度。因而推出了抗除草剂作物。

第三，抗虫农作物品种改良。土壤性细菌Bt（bacillus thuringiensis）许多年来都被当作生物杀虫剂使用。Bt为一种革兰氏阳性菌，当生长或营养条件差时，会在孢子囊中形成内孢子，而细胞内产生晶体状内涵物的副孢子，一旦遭昆虫幼虫吞食，结晶蛋白质会对昆虫造成毒害，此毒素只毒害特定的害虫。现有转基因作物如Bt玉米或棉花，就是将此种细菌植入作物细胞中，使作物直接产生自体的ICP蛋白质。除了以Bt基因制造抗虫作物外，也有其他抗虫性的选择。例如，植物蛋白质分解酵素（protease）抑制剂已被证明是有效的杀虫剂，当此杀虫剂被昆虫幼虫摄食后，会抑制消化酵素，造成饥饿，目前已有实验将此酵素之抑制基因成功地转移到烟草中（Barnum，2000）。

第四，抗病毒农作物品种改造。许多植物由于病毒性病害，每年造成极大的损失。一般情况下人们以喷洒农药来解决，但有时效果并不好。专家已经改造出许多种抗病毒的转基因作物。

第五，分子标记辅助育种。在大量的杂交材料中，运用基因定位技术找出特异基因，为常规育种节时省力。

第六，在大量的种质资源中测出功能基因并对它进行克隆，为育种和保持生物多样性做准备。

6.1.2 基因革命在农业生产实践中的发展

1. 应用基因技术的发展

1983 年，科学家通过基因工程手段首次获得了转基因植物，1986年在美国和法国首次进入大田试验，[①] 在 1983 年以后不到 20 年的时间里，全世界有近 50 个国家开展了转基因植物田间实验，涉及 60 多种植物（张东操，2002）。1994 年，美国首先批准了延熟转基因番茄的商品化生产，随后，转基因作物的商业化种植面积和经济效益迅速扩大，全球转基因作物的种植面积发展迅猛（樊龙江，2001）。到 2000 年底，全世界转基因作物的田间试验已达 3 万多例。[②] 转基因技术取得了举世瞩目的成就。

2. 转基因作物商品化种植的发展

（1）总体发展情况。

从表 6 - 1 可以看出，在 1996 ~ 2004 年的 9 年时间里，全球转基因作物面积增长接近 48 倍，从 1996 年的 170 万公顷增长到 2004 年的8100 万公顷。种植转基因作物的国家数量也逐年增加，1996 年为 6 个，1998 年为 9 个，2001 年为 13 个，而 2003 年增加到了 18 个。种植转基因作物的国家中 7 个为工业化国家（美国、加拿大、澳大利亚、德国、西班牙、罗马尼亚、保加利亚），11 个为发展中国家（阿根廷、中国、南非、墨西哥、印度尼西亚、巴西、印度、乌拉圭、哥伦比亚、洪都拉斯、菲律宾）。转基因作物主要种植在美国、阿根廷、加拿大、中国、

---

①② 刘旭：《农业生物技术与生物安全的现状及对策》，http：// lcgz. caas. net. cn/paper，2001 年 9 月 28 日。

巴西和南非（ISAAA，2004）。在全球转基因作物种植面积中，美国占63%，阿根廷占21%，加拿大占6%，中国和巴西各占4%，南非占1%。2003年，这些国家的转基因作物种植面积占全球种植总面积的99%。[①] 2004年，三个最大的转基因作物产地是美国（59%）、阿根廷（20%）和加拿大（6%），其他种植转基因作物的国家依次是巴西（6%）、中国（5%）、巴拉圭（2%）、南非（1%）、乌拉圭（<1%）、澳大利亚（<1%）、罗马尼亚（<1%）、墨西哥（<1%）和西班牙（<1%）。[②]

表6－1　　　　　　　1996～2004年全球转基因作物面积

年份	公顷数（百万公顷）	面积（百万亩）
1996	1.7	22.5
1997	11.0	165.0
1998	27.8	417.0
1999	39.9	598.5
2000	44.2	663.0
2001	52.6	789.0
2002	58.7	880.5
2003	66.7	1000.5
2004	81.0	1215.0

资料来源：（1）2000年以前数据来源于James C.，"Global Review of Commercialized Transgenic Crops"，ISAAA Brief，1999，12. ISAAA：Ithaca．NY。

（2）2001年数据来源于景梅芳：《世界转基因作物种植状况及安全问题》，载于《中国饲料》2001年第10卷第20期。

（3）2002年数据来源于中华人民共和国商务部，http：//www.monsanto.com.cn/mediacenter/domestic/domestic034/domestic034_11.htm，2003年9月28日。

（4）2003年、2004年数据来自ISAAA Briefs No.32－2004：Executive Summary，http：//www.isaaa.org/kc/bin/ESummary/index.htm。

[①②] ISAAA Global Status of Commercialized Biotech/GM Crops：2004，http：// www.isaaa.org/kc/CBTNews/press_release/briefs32/ESummary/ES_Briefs32_country.htm.

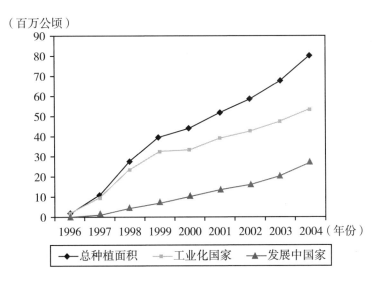

图 6 - 1 1996~2004 年全球转基因作物种植面积及结构

资料来源：Clive James（2004）。

（2）种植地域结构变动。

从图 6 - 1 可以看出，尽管工业化国家转基因作物的播种面积仍然显著高于发展中国家，但 2003 年发展中国家的转基因农作物播种面积增幅更为显著。巴拉圭、墨西哥、西班牙和菲律宾在 2004 年都加入了转基因作物超级大国的行列，这意味着它们的转基因作物播种面积超过了 5 万公顷。这些国家占到全球转基因作物种植国数目增幅的 40%，切实反映出采用转基因作物的国家越来越多，参与性也更加平稳。

（3）种植品种结构情况。

商品化种植的转基因作物主要有大豆、玉米、棉花和油菜。2004 年转基因大豆种植面积最多，达到 4840 万公顷，占全球转基因作物种植面积的 60%，均为转基因抗除草剂大豆；转基因玉米位列第二，共 1930 万公顷（23%）；转基因棉花位列第三，共 900 万公顷（11%）；而转基因油菜只有 430 万公顷（6%）。①

---

① ISAAA Global Status of Commercialized Biotech/GM Crops：2004，http：//www. isaaa. org/kc/CBTNews/press_release/briefs32/ESummary/ES_Briefs32_country. htm.

（4）转基因作物的性状分布。

1996～2000 年，抗除草剂一直是转基因作物主要的性状，其次是抗虫。从表 6－2 中可以看出，2000 年全球抗除草剂作物大豆、玉米、棉花的种植面积占全球转基因作物总面积（4420 万公顷）的 74%；抗虫性状的转基因作物（全球共 830 万公顷）占全球转基因作物面积的 19%；抗虫兼抗除草剂的作物占全球转基因作物总面积的 7%。值得注意的是，1999～2000 年，抗除草剂转基因作物和抗除草剂兼抗虫的转基因作物的种植面积都有所增加，分别从 1999 年的 2810 万公顷和 290 万公顷增加到 2000 年的 3270 万公顷和 320 万公顷；而抗病转基因作物种植面积有所减少，从 1999 年的 890 万公顷减少到 2000 年的 820 万公顷。全球转基因作物市场上多抗性状转基因作物面积增长的趋势将会持续下去（Clive James et al.，2001）。

表 6－2　　　　　　　　2000 年世界主要不同抗性的转基因作物

抗性	作物	占总种植面积的百分比（%）
抗除草剂	大豆	25.859
抗虫	玉米（Bt）	6.815
抗除草剂	油菜	2.86
抗除草剂	玉米	2.15
抗除草剂	棉花	2.15
抗除草剂兼抗虫	棉花	1.74
抗虫	棉花（Bt）	1.53
抗除草剂兼抗虫	玉米	1.43

资料来源：Clive James（2000）。

6.1.3　我国农业基因革命的发展

我国自 20 世纪 70 年代末到 80 年代初，开始引入基因工程技术和单克隆抗体技术，由此开始了我国现代生物技术的研究开发工作。1986 年，我国开始实施国家高技术发展计划，即"863"计划。在这一计划中，生物技术被列为首要领域。而此时，我国的基因工程还处于质粒载体构建和外源基因表达为主的实验室研究阶段。在 1985～1986 年度，我国除了几种单克隆抗体诊断试剂和植物组培快繁脱毒种苗等少数、少量现代生物技术产品上市外，现代生物技术产业几乎还是零。经过 15 年的发展，我国在基因产业这一领域，已经从最初的实验室研究阶段进入了商品化产品生产阶段，并且由最初的跟踪仿制逐步开始了自主创新（周永春等，2001）。

1997 年，我国申请基因专利 55 个；1998 年 68 个；截至 1999 年 8 月，申请了 73 个（范颖川，2001）；截至 1999 年 12 月，农业部共受理 6 批农业生物基因工程体及其产品安全性评价申请 260 项，批准 205 项，其中批准商品化生产 33 项、环境释放 74 项、中间试验 98 项。提出申请的国内科研教学单位 36 家，外国公司 2 家（朱祯等，2000）。我国已批准了 6 个转基因植物商业化，有华中农业大学申请的西红柿，北京大学的抗病毒西红柿、抗病毒的甜椒、改变颜色的花卉，中国农科院的抗虫棉花，中国农业大学的抗虫玉米等（范颖川，2001）。其中，我国的抗虫棉花发展得较好。

我国是世界上第二个有转基因抗虫棉花自主知识产权的国家，已有 12 个抗虫棉品种通过审定，2002 年种植面积占棉花总种植面积的 40%，累计推广面积达 2000 万亩，减少农药用量达 30%，增加皮棉 1 亿公斤，创造经济效益 50 亿元人民币。[①]

2004 年我国转基因抗虫棉种植面积达 4656 万亩，而国产转基因抗虫棉种植面积达到 70% 左右，全国种植转基因抗虫棉的省份有 11 个。其中，河北、山东、河南、安徽 4 省实现了 100% 的种植，据中国农业科学院棉花研究所有关负责人介绍，我国目前已经建成高效、工厂化的棉花转基因技术体系，培育成功的转基因棉花新品种已达 8 个，年产转基因棉花 6000 株以上。此外，转基因抗虫棉亩产比普通棉花高出 15% 以上，直接增加了农民收入。2004 年，国产转基因抗虫棉种植面积累

---

① 张戬：《转基因农业：争议中不断发展》，http：//www.nmsti.com/news/show.php? id = 2366，2004 年 11 月 30 日。

计达到 7000 多万亩，平均每亩增收 140～160 元，全国的转基因棉花为农民带来的效益加起来接近 100 亿元（喻树迅等，2004）。

总体来看，我国农业基因革命的发展与美国等先进国家相比还是非常落后的，尤其是在科技成果转化环节，转基因的产业化发展非常缓慢（刘旭，2001）。

6.2 基因革命对农业发展的影响分析

任何新的技术应用都会产生积极影响和消极效应，不能对它全面肯定，也不应一概否定。在应用技术之前要进行风险分析，仔细分析利弊得失，在运用技术的过程中，尽可能地增加它的有利影响，减小它的消极效应。

6.2.1 基因革命与传统杂交育种方式相比具有更大优势

农业基因革命的主要内容之一就是利用转基因技术来进行育种。转基因技术是指用农杆菌、基因枪、电激、花粉管通道等技术将外源重组 DNA 导入植物基因组中。转基因作物打开了生物间的天然屏障，可以将不同物种间的基因进行前所未有的新组合，因而受到部分学者的质疑。通过比较，可以发现转基因技术与传统育种方法有以下几个不同点。

1. 基因革命转移范围更大

传统育种方法通过植物种内或近缘种间的杂交将优良性状组合到一起，从而创造产量更高或品质更佳的新品种。而现代转基因技术不受亲缘关系的限制，可以导入 1 个或几个基因，基因交流的范围无限扩大，可将细菌、病毒、动物、远缘植物中的基因甚至人工合成的基因导入植物，因此，转基因植物的基因来源更广泛，这是常规有性杂交所不可比拟的（朱守一，1999；樊龙江等，2001；侯文胜等，2001）。

2. 基因革命转移效率更高

传统杂交的另一个特点是非目的基因随着目的基因一同被交换到作物品种中。有时，伴随着 1 个或几个控制重要性状的基因，会有 1/4 或 1/2 染色体甚至整条供体作物染色体一起转入，这就意味着，1000～4000 个基因会被从供体作物品种中转入受体作物品种中（朱守一，1999；樊龙江等，2001）。而转基因技术往往是将一个或少数几个功能清楚的基因导入目标作物，不仅改良植物的目的性状明确，而且选择导入手段有效，使引发植物产生定向变异和进行定向选择成为可能，从而提高了育种效率（侯文胜等，2001）。

3. 基因革命利用途径更广

自 20 世纪 20 年代以来，传统育种方法已经从栽培作物及近缘种中育成了高产、抗病、抗虫和其他理想性状的品种。运用这些方法进行遗传改良，极大地推动了农业生产的发展。近十几年来，作物育种家开始采用先进的遗传技术，在有性杂交障碍的作物间进行杂交育种。种间和属间的原生质融合、体外基因转移技术、体细胞克隆选择、单倍体加倍、多倍体诱导及在人工培养基上进行胚挽救、物理或化学诱变等技术，都被育种家用来培养新品种。尽管如此，传统育种很大程度上仍然依赖于有性杂交，而且一个作物品种的育成和推广往往需要 15 年甚至更长的时间。另外，传统育种无论成功与否都会造成上万种不可控基因的重组。这种重组既可能产生理想的性状，也会产生不想得到的性状。而且，由于杂交育种受种间、属间的限制，育种家们不能把各种不同来源的遗传材料组合成想要的性状，这严重限制了传统方式遗传改良作物的能力。与杂交不同，转基因技术能把特殊、已知的基因从供体生物导入目标作物中，而且可以通过改良植物的某些关键性状（抗病、抗虫、抗除草剂），使原推广品种在很大程度上得到提高，可以大大缩短育种年限，加快育种进程。

6.2.2　基因革命在农业生产中的积极作用

基因工程技术在农业上已经产生或即将产生根本性的影响。正面来看，基因革命无疑带给人类很多好处和方便：借着重组基因（transgenic）技术，可以改造农作物的质量和产量，如防旱、防害虫、解决粮荒等。具体来讲，可以在以下方面发挥作用。

1. 有效控制病虫及杂草危害

杂草和病虫害是影响农作物高产的主要原因之一，全世界每年用于除杂草和杀虫的农药总额在 200 亿美元以上（张屹等，2000）。长期施用农药使害虫对多种常用的化学杀虫剂产生抗性，而且对环境造成极大的危害。滴滴涕就是一个典型的例子。研究表明，连南极的企鹅体内都发现有滴滴涕残留，可见化学杀虫剂很容易沿食物链扩散，从而在大范围内破坏整个生态系统（樊龙江等，2001；张屹等，2000；罗伯特·梅，1999）。而抗性转基因作物给农业带来的好处是显而易见的：（1）它是一种无环境污染的防治策略，可显著减轻农业对化学农药的依赖，有利于可持续农业系统的建立。（2）具有时间上的连续性和空间上的整体性，即可控制任何时间内，在植物任何部位（如叶下表面、根等农药难以作用的部位）发生的病、虫害。（3）治虫防病成本降低（樊龙江等，2001）。以抗虫转基因 Bt 棉为例，它含有来自土壤的苏云金杆菌（Bt）基因，作物自身可产生 Bt 毒素以保证整株植物免受某些鳞翅目昆虫的危害，提高棉花产量，而且可以不用或少用化学杀虫剂从而节省了费用，减少了农药对棉农及天敌的毒害，从而保护了环境。我国到 2002 年转基因抗虫棉种植面积占棉花总种植面积的 40%，累计推广面积达 2000 万亩，减少农药用量达 30%，增加皮棉 1 亿公斤，创造经济效益 50 亿元人民币。① 植物病毒是造成多种作物减产的重要病原，利

---

① 张戡：《转基因农业：争议中不断发展》，http：//www.nmsti.com/news/show.php?id = 2366，2004 年 11 月 30 日。

用转基因技术将有关病毒外表的蛋白质转移到培养的植物细胞中，就可使植物具有较强的抗病毒能力（樊龙江等，2001）。

2. 提高耐环境胁迫能力

土壤盐碱、酸化，以及气候异常和干旱等环境压力，极大地限制了作物种植范围，大大降低了农作物产量。随着对植物基因组的深入了解和农业生物技术的介入，将获得调节植物水分状态使植物耐旱和耐盐碱的基因，并利用这些基因培育耐旱、耐盐碱农作物品种，将有助于扩大作物的种植范围，使世界范围内农业低产出和地力条件差的地区取得作物增产。例如，研究者们已经获得经遗传修饰的抗盐拟南芥，理论上说，将来可能获得一大批耐盐碱的转基因植物。这样，农民们就可以用盐水或水质不良的水来灌溉农田了（景梅芳，2001）。

3. 减少污染

（1）利用基因工程技术可减少农药使用量。

农作物在生长过程中容易受到致病菌及害虫的影响，因此，在作物种植过程中往往需要使用大量的农药控制病虫害，这是造成食物中农药残留及环境污染的主要原因。如何减少农药的使用量是农业生产中的一项关键技术。采用繁衍害虫天敌、诱杀或生物防治的方法虽然可以部分替代合成农药，但最直接有效的方法是利用基因工程技术使作物获得抗病、虫的能力。采用基因工程技术将各种抗病、虫基因转移到包括棉花、大豆、玉米、水稻等多种重要农作物中，利用转基因植物自身的能力抵抗外界病、虫的危害，从而达到减少农药使用的目的。转基因作物在全球的迅速推广，使世界农药市场从90亿美元萎缩至60亿美元，农作物产量则增加了5%~10%，农药对环境的污染明显减轻（曹鸣庆等，2001）。

（2）利用基因工程技术可减少化肥使用量。

科学工作者正在对固氮酶及固氮酶基因进行深入研究，并利用DNA重组技术对固氮酶基因进行修饰改造，一方面提高固氮菌的固氮能力，另一方面扩大能与固氮菌共生的作物种类。随着基因工程技术的进展和对固氮菌分子生物学机理研究的不断深入，将会有越来越多的农作物通过固氮菌的作用直接利用空气中的氮气，从而减少化学肥料的使用量，进而减少由于化肥大量施用带来的环境污染（徐茂军，2002）。

（3）改善品质，减少作为原材料在加工过程中产生的污染。

转基因作物作为一种理想的生物化工厂，能提供加工行业中适合的原材料，减少化工行业所造成的污染。例如，美国孟山都公司利用基因工程，将蓝色色素基因导入棉花植株，通过此基因在植株体内的表达，培育出不需要染色就具有天然蓝色的棉花纤维或棉绒，如此就将排除加工过程中漂染原料对环境的污染、减少生产工序和降低加工成本（张屺等，2000）。

4. 增加经济效益

转基因技术还可以提高农作物的产量，在相同投入的情况下产生更高的收益；同时还可以使农作物具有抗病虫、固氮等特性，使农业生产中减少了农药和化肥的投入，在减少污染的同时也降低了成本。以美国为例，1997 年美国种植抗虫转基因棉花 100 多万公顷，平均增产 7%，每公顷抗虫棉可增加净收益 83 美元，直接经济效益近 1 亿美元（刘旭，2001）。

5. 加快育种速度

同时，基因技术也使开发农作物新品种的时间大为缩短。利用传统的育种方法，需要七八年时间才能培育出一个新的植物品种，而基因技术使研究人员可以将任何一种基因注入一种植物中，从而培育出一种全新的农作物品种，时间则缩短一半（国际经贸消息，1999）。

6. 大幅提高农作物产量

转基因技术提高农作物产量的途径主要有三条：一是利用转基因技术实施农作物的远缘杂交，充分发挥农作物的杂种优势；二是发现高产基因、高效水肥利用基因转入农作物体内，来实现提高产量的目的；三是利用基因技术改变农作物的光合作用效率，提高产量。

7. 代替紧缺的石化原料和能源

用转基因技术研究生产可降解的生物塑料和各种化工原料，以代替从石油中提取的传统方式。同时，利用转基因技术生产可以替代日益紧缺的化石能源。

6.2.3 基因革命可能产生的消极影响

前文分析了基因革命可能带来的积极影响，接下来分析基因革命可能带来的消极影响，主要包括对环境、人体和经济的影响三个方面。

1. 对环境安全造成的威胁

（1）转基因作物本身可能变为杂草。

一部分栽培植物，如一些高粱属的植物，在一定环境下本身就是杂草，而在某些条件下它又可作为作物，这类作物导入新基因后会使其亲本植物或其野生种具有更强的生存能力，有可能本身成为适应性较强的杂草（钱迎倩等，1998）。又如甘蔗、马铃薯、油菜和燕麦等作物，它们本身就有与其亲缘很近的杂草性近缘种，因某些遗传上的改变就可能使作物成为杂草（刘长岭，2000）。有试验证明，在作物轮作种植区域或地块，如果下茬是抗除草剂转基因作物，且该作物和原先作物均对除草剂有相同抗性的话，那么抗除草剂转基因作物就会在下一茬作物中变为杂草（姚红杰等，2001）。

（2）转基因作物还可能使其野生近缘种变为杂草。

当这些转基因作物通过基因扩散逐渐在野生种群中适应后，就使作物的野生近缘种具有了获得选择优势的潜在可能性。如果这样的事情发生了，这些转基因作物的野生近缘种就有可能变成杂草。如果获得选择优势的野生近缘种本身就是杂草，那么就会为控制该杂草增加很大的困难。另外，如果抗除草剂的基因扩散到可交配的杂草上，就有可能会使杂草获得该除草剂抗性，特别是在同一地区推广具有不同除草剂抗性的作物时，更应考虑其可能的风险性。若这些除草剂抗性基因都转到同一杂草上，则会使所有的除草剂都失效，成为难以控制的超级杂草（魏伟等，1999；Falk B. W.，1994）。

（3）非目标效应。

某些转基因作物具有杀虫的性能或者作为生物反应器来生产药物，这类转基因作物可能会对自然界的其他生物产生一定效果，这就称为"非目标效应"。转基因往往具有一定的广谱性，如目前用的 Bt 基因。因此，插入作物的杀虫或杀真菌的基因也可能对非目标生物起作用，从而杀死有益的昆虫和细菌。又如，带有抗真菌的转基因作物，其遗传分解时可以消化掉菌根的细胞壁，使个体自然死亡，从而减少土壤中菌根的种群，造成土壤中的凋落物不能被分解，营养流被中断，整个生态系统的功能被阻滞（钱迎倩等，1998）。

（4）产生新的病毒或新的疾病。

转外壳蛋白（CP）基因的抗病毒作物，当有其他病毒入侵时，入侵蛋白的核酸可能会被转基因作物表达的外壳蛋白所包装，从而改变病毒的寄主范围。1994 年，美国密歇根州立大学科学家把花椰菜花叶病毒外壳蛋白的基因插入豇豆，得到抗病毒的豇豆。当他们把缺少外壳蛋白的病毒再接种到转基因豇豆上时，发现 125 株豇豆中有 4 株又染上了花叶病。由此，他们认为插入转基因作物中的病毒可能与再接种病毒的遗传物质结合而形成新的病毒（罗伯特·梅，1999）。

（5）对生物多样性造成影响。

为了满足日益增长的粮食与食品需求，许多国家农业已转向单一化的优质高产品种发展，这在客观上淘汰了大量具有一定优良遗传性状的农家品种及其他遗传资源，造成遗传多样性不可挽回的损失。如果处理不当，转基因作物的大量使用有可能进一步加剧品种的单一化，使作物的遗传统一性增加，基因库缩小。另外，随着转基因作物中的插入基因扩散到传统作物上，传统作物的染色体被各种各样的插入基因所充斥，我们将无法保留这些传统作物的原有性状，这种情况也同样可能在一些作物的野生种和野生近缘种中发生。而遗传多样性的消失，最终意味着遗传储备的减少，农业将处于进一步的脆弱状态（沈孝宙，2001）。

2. 对人体健康的影响

（1）食品毒性。

由于目前人们对基因的活动方式了解还不够透彻，没有十足的把握控制基因调整后的结果，突然的改变可能会导致一些有毒物体的产生。此外，转基因作物在达到某些人想达到的效果的同时，也可能增加食品中原有的微量毒素。苏格兰 Rowett 研究院的普兹泰（Putsai）博士曾声称培育了带 Lectin 基因的改良马铃薯，而 Lectin 基因会破坏偷吃马铃薯的耗子的肝脏和免疫系统。就此，Putsai 博士和国际社会科学研究院的其他成员得出结论，认为改良基因食品具有不可预测性，不安全（Nordee J.，1996）。

（2）食品过敏性。

作物引入基因后，会带上新的遗传密码而产生一种新的蛋白质，某些蛋白质会引起过敏症，因此转基因食物可能会引发某些人的过敏反应。诺蒂（Nordee，1996）认为转基因大豆对人体是过敏的。因巴西果的蛋白质含有对人和动物营养最主要的一种氨基酸即蛋氨酸，这种蛋白质加到大豆中去是为了改良其营养组成，可是一部分人对巴西果敏感，与人体血清有反应（Nordee J.，1996）。

（3）病原体药物抗性。

在食品转基因过程中，如果使用了具有抵抗临床治疗抗生素的基因，这种食品被食用后就有可能在人体内将抗药性基因传给致病的细菌，从而使人体产生抗药性。汽巴—嘉基公司（Ciba – Geigy）曾研制出一种用抗生素基因作标识基因的改良玉米，并向英国新食品和工艺顾问委员会提出申请。但是，和这一基因相连的"启动子"是来自细菌的，也就是说，这种基因可能在动物或人体的肠胃中存在，然后和肠胃里的细菌交换遗传物质。结果这种玉米商业化的请求未获批准，原因是可能加强对抗生素的抗药性。相反，英国获准使用的一种番茄酱也含有一种抗生物素标识基因，但它的启动子来自植物，这意味着它不会转移到动物或人的身上，也不会转移到动物或人的肠胃细菌里。即便如此，这种抗生素并不用于人类，只在兽医领域有限的使用（罗伯特·梅，1999）。

（4）有益成分遭破坏问题。

有研究发现，外来基因会以一种人们还不甚了解的方式破坏食物中的有益成分（杨昌举，2000）。

3. 对经济的影响

把转基因技术应用于农业生产可以大幅度地提高劳动生产率，不仅能够享受比较利益优势，而且由于转基因技术具有独特的垄断性，从事转基因技术开发的公司，一方面可以利用知识产权和专利保护法寻求垄断保护；另一方面还可以应用"终止基因"（指使种子失去萌发能力，而不能像常规作物种子那样能够留种连续种植的生物技术）和"化学催化"（指使种子必须经过化学处理后，方能正常发育和生长的生物技术）方法保持技术垄断地位，以享有长时间的垄断优势。

另外，一些发达国家利用先进的技术，采用非法手段盗取发展中国家种质资源，分离基因申请专利，使原产国失去巨大的经济利益。例如，美国的 Monsanto 公司分离了泰国香米的独特基因并申请了专利，迫使泰国的农民面临放弃世代种植香米的境地（季义流，2003）。由于种质资源的流失，我国的大豆也极有可能面临与泰国香米一样的困境。

6.2.4 转基因作物的现实技术风险分析

1. 需要澄清的几个事件

（1）普兹泰事件。

苏格兰 Rowett 研究所的阿帕德·普兹泰（Arpad Pusztai）博士用转

雪花莲凝集素（GNA）基因的马铃薯喂大鼠，1998年秋在电视上宣布大鼠食用后引起器官生长异常，体重和器官重量减轻，破坏免疫系统。此事引起国际轰动。英国皇家学会组织同行评审，1999年做出普兹泰的试验有6条缺陷的结论，普兹泰被Rowett研究院解雇（Nordee J.，1996；贾士荣，1999；帕·平斯拉普·安德森等，2001）。

（2）普雷克西普斑蝶事件。

1999年5月康乃尔大学一个研究组报道，普雷克西普斑蝶食用Bt玉米花粉后死亡，引起对Bt作物是否会破坏生态环境的争论。这并不意外，因为Bt玉米中的杀虫晶体蛋白Cry IA是特异地毒杀鳞翅目害虫的，斑蝶属鳞翅目昆虫，自然会受到Bt蛋白的影响。事实上《科学》（*Science*）和《自然》（*Nature*）拒发斑蝶文章，审稿人认为这并不反映田间的情况，最后才在《自然》上以简讯的形式报道。而且，在实验室里受试斑蝶除了吃Bt玉米花粉之外别无选择，进食处于非正常状态。但是，在野外状态下，它主要以乳草属植物为食，Bt玉米花粉对它的生存根本就构不成威胁。但斑蝶事件却曾成为《纽约时报》《华尔街杂志》《今日美国》等报刊的头版消息，并在普通民众中产生了一定的影响（Nordee J.，1996；贾士荣，1999；帕·平斯拉普·安德森等，2001）。

（3）病原体药物抗性问题。

技术发展已经可以允许用其他"标识基因系统而不必用抗生素基因"（罗伯特·梅，1999），随着这种做法越来越普遍，此类担忧也会越来越少。

2. 技术风险分析

人们普遍关注转基因作物是否会与相近物种发生杂交，与亲缘杂草发生基因渗入，导致杂草蔓延（Ellstrand N. C.，2001）。实际上，作物与杂草杂交的潜在性主要依赖于两者之间的杂交亲和性和亲缘关系。虽然作物育种通过作物与其亲源物种不断杂交，产生基因渗入使作物获得了大量优良性状，但是这种杂交方式在自然界中不会发生，这是由于种间隔离而不能产生正常胚或胚乳（Harlan J. R.，1976）。种间、属间杂交的发生需要通过胚胎或胚珠的培养等生物技术手段。如果种间或属间杂交真的在自然界中发生，那么之后的一系列过程及它们的后代还要受到其他许多因素的制约。基因从一个物种渗入另一个物种或从作物中渗入同种杂草中需要不断地进行回交，使等位基因从供体整合到受体当中。作物基因渗入杂草的关键在于杂交群体的适应性以及经过多代之后能否继续保持。这种适应性是所有相关因素共同作用的结果，其中任何一步达不到预想的结果都会阻碍基因渗入的完成。所以，由于转基因作物的基因渗入导致杂草蔓延的概率是很小的。

在考虑转基因作物和其他物种间的基因转移可能会造成的影响时，一个重要的问题就是转基因作物是否比非转基因作物更容易发生基因转移。影响物种间基因转移的本质很复杂，一般不会因为转入基因的表达而发生改变。然而，可以想象，如果转入的基因把植物的花色改变了，那么一定会影响虫媒的传粉工作；雄性不育避免了花粉竞争，为与外来花粉发生杂交提供了更大机会。对于大多数转基因性状来说，转基因作物转移外来基因的可能性并不比非转基因作物更大（张秀娟，2002）。

如果作物基因渗入了自然群体，需要考虑的一个重要问题就是基因来自转基因作物和来自非转基因作物有什么不同。考虑到转化基因转入杂草对生态的影响时，重要的是这个基因会赋予杂草什么表现性状，而不是基因来自转基因过程还是传统育种方式。如果抗病虫害或环境胁迫的基因渗入野草中，可能会提高野草在特殊环境中的适应性（Ellstrand N. C.，2001）。一段时间以来，作物培育者已推广了许多具有抗病虫害和环境胁迫基因的栽培种。转基因作物和非转基因作物的基因渗入杂草造成的影响是相同的。当由于作物与其野生种杂交产生难以控制的杂草时，它们的攻击性、侵占性来自一系列形态特性，是这些特性赋予了植物杂草属性以及与作物同步生长的性质，而不是抗性基因本身（de Wet J. et al.，1975）。

转基因抗除草剂作物的推广过程中，如果这种基因渗入野生物种中并且这种选择性除草剂继续用于新生的杂草，可能会发生提高杂草的适应性的情况。抗除草剂作物培育出来之后就有抗除草剂杂草的出现，而最初的抗除草剂作物是通过传统育种方式获得的（Conner A. J. et al.，1995）。农业部门已经很清楚地意识到这给杂草处理工作带来的问题。显然，如果抗除草剂作物与亲缘杂草杂交会使问题变得更加严峻。既然作物的除草剂抗性能通过转基因技术，也能通过非转基因技术获得，那么有待解决的是农业生产的策略问题，而不是把注意力集中在转基因作物上（Conner A. J. et al.，1995）。

另一个引起注意的问题是，作物与野生亲缘物种的杂交可能会导致野生种的灭绝，许多具有侵略性的物种，如盗种（Harlan J. R.，1992；Harlan J. R. et al.，1963），可能会通过反复杂交使基因渗入并完全同化地方稀有品种，导致物种灭绝。小麦就是同化了几个羊草物种的种质而形成的。通过杂交方式导致的物种灭绝，并不决定于相对适应性，而仅在于杂交方式。在这一点上，转基因作物所造成的影响与非转基因作物实质上是相同的。

越来越多的证据表明，与传统的农业生产相比，转基因技术能使农产品产量更高、质量更好、成本更低，有利于实现农业的可持续发展（James C.，2002）。把转基因作物作为一个高度影响环境的因素加以反对，并不是明智之举。在对转基因作物进行评价时，不带有任何先入为主的观念几乎是不可能的。而媒体宣传的极端化很能解释为什么转基因作物遇到了公众的抵触（Gaskell G. et al.，1999；PABE，2001）。相比转基因作物的危险性来说，其优点却得到较少的重视。因为，它很大程度上依赖于主观的意愿，而且容易受到极端论调的影响。如果能多强调一下培育转基因作物的主要目标，并且与传统育种方法已达到的目标和不能达到的目标作一下比较，也许能缓和一下议论的极端化。由基因工程得到的品种与长期以来使用传统育种方法所形成的品种没有本质区别（Dale P. J.，1993）。转基因作物已经成为农业生产的一个重要组成部分。栽种转基因作物对环境、生态带来的危险与传统育种方法得到的新品种是相同的（Conner A. J.，1997）。对于转基因作物所带来的一些尚未解决的问题，应该在科学发展的基础上加以解决。

6.3 我国加速发展基因革命的必然性和可行性分析①

引起农业科技革命核心技术的供给能力和需求水平直接制约着我国农业科技革命的发展。如果有供给能力，没有一定的需求，那么这项技术不会迅速发展；同样，如果只有很大的需求却没有供给能力，这项技术也不会很快推广产生应有的效益。本节就通过供需两个方面来分析我国加速发展基因革命的必然性和可行性。

6.3.1 加速发展基因革命的必然性

作物增产、农民增收和粮食安全是我国经济和社会发展的重要基础。改革开放以来，我国农业生产取得了巨大成就，成功地解决了我国人民的温饱问题，但随着人口的增长、投入的增加和环境资源的短缺，我国农业生产中的一些限制因素进一步加剧，农业的发展又面临新的严峻挑战。

1. 水资源紧张不断加剧

水资源的短缺已经超过土地，成为制约我国农业发展、粮食增收的第一要素。我国人均占有的水资源量只有 2300 立方米，仅为世界人均水平的 1/4，是全球的贫水国家之一。预计到 21 世纪中叶，我国人口将增加到 15 亿人，人均占有的水资源量还将下降到 1750 立方米。要保证农业的稳定发展，农业用水的缺口将越来越大。如果按 1 立方米水生产 0.85 公斤粮食的水平测算，到 21 世纪中叶，因粮食增产而需新增的农业用水就将超过 1000 亿立方米（梁瑞驹，2002）。

---

① 本节数据如无特殊说明，均来源于历年《中国统计年鉴》《中国农业统计年鉴》。

2. 土地资源日趋紧张

据国土资源部和农业部统计，我国耕地面积 1996 年为 19.51 亿亩，到 2003 年减少到 18.51 亿亩（邓宗兵、王炬，2001），7 年间净减少 1 亿亩，而且减少的土地多为村旁和接近城市条件比较好的土地。我国北方及沿海地区盐碱地面积很大，南方热带、亚热带普遍为酸性土壤。这些不良环境对作物的种植和产量潜力的发挥有很大的限制作用。而就粮食来说，1998 年中国粮食作物种植达到 20 世纪 80 年代峰值 11378.7 万公顷，到 2002 年已减为 10389.1 万公顷，减幅达 8.7%。在农村耕地总量减少、人均耕地面积下降的同时，农户总数却在增长。1978 年，中国农村人均耕地面积为 1.54 亩，户均耕地面积 8.59 亩；到了 2003 年末，人均耕地面积降为 1.43 亩，户均耕地面积锐减为 5.44 亩，下降了 37%。若到 2030 年，人口达到预测的 16 亿高峰时，我国的耕地因建设占用、生态退耕、灾害损毁等因素，将减少到 18 亿亩左右，人均耕地将不足 1.2 亩，届时人—地矛盾将更加尖锐。而我国的主要粮食产区，由于灌溉过程中的盐渍化，土地生产能力正在逐步丧失，大量土地减产。

3. 能源危机日益显现

我国人均煤炭可采储量仅为 100 吨，相当于世界平均值的 1/2，人均石油可采储量也只有 2.8 吨，仅为世界平均值的 11%。而且我国能源资源分布很不均衡，已证实的煤炭储量将近 80% 集中在华北和西北地区，石油探明储量的 85% 集中在长江以北东部地区（王俊峰，2000）。能源资源地理分布的这种不均衡性，在运输设施十分薄弱的条件下，给能源的开发和利用带来很大的困难。而随着农业石化革命的进展，我国农业将需要更多的能源供给。这样，我国的能源危机将逐渐地显现出来。

4. 农业污染问题严重

我国主要作物的病虫危害逐年加重，每年喷施的大量农药既加重了农民负担，使农民增产不增收，又严重破坏了人类赖以生存的生态环境，还造成了食物中的大量农药残留，危害人类健康。同时，我国大部分地区作物生产的施肥量已经超过了土地的承受能力，而化肥当季利用率低于40%（邓宗兵、王炬，2001），大量施肥除加重农民负担外，土壤退化、江河湖海的富营养化已对农业和环境可持续发展构成严重威胁。

5. 保护我国种质资源和贸易利益的需要

作物品种更替迅速的情况下，旧品种若没有妥善保存，其中的基因就可能永远流失。1981年开始我国对农作物的栽培品种、地方品种、野生种、近缘种等进行收集保存，并取得了很大的成效。1999年我国已收集编目的种质有36万份，选育材料4.3万份，国外引进材料6.7万份，其余25万份为中国的地方品种、稀有种及野生近缘植物，但还有小作物、水生蔬菜、热带作物、牧草、调味、香料、花卉和药用植物有待进一步收集，估计还可以收集地方品种和野生种及野生近缘植物15万份左右，估计中国种质资源的总量实际上约在40万份左右（不包含选育和国外引进材料）（刘旭，1999）。

同时，基因技术的研究利用离不开种质资源。一些基因资源缺乏的国家垂涎于我国特有的、具有重要研究利用价值的稀有或濒危动植物品种的基因资源，千方百计想搞到手，对我国基因资源构成严重的威胁，而且已造成相当程度基因资源的流失，为我国基因技术的发展提出了现实的迫切要求。

另外，打破国际贸易中发达国家依靠转基因技术具有的独特贸易优势，要求我国必须加快基因革命进程。在欧洲，出于抵制美国转基因农产品商业扩张的目的，各国政府和许多私人公司已明确表示不允许含转基因成分的农产品上市。以欧盟和美国为代表的关于转基因农产品国际贸易是否加贴标签的争执，有着潜在的经济利益背景。也就是说，欧盟和美国在转基因农产品问题上的激烈争执，不仅由于它们对转基因农产品的安全性有着观念上的差异，更由于它们在这个问题上有经济利益之争。同样，我国除了利用 WTO 赋予的贸易权利外，加快本国的基因革命进程才是解决问题的根本途径。

6.3.2 加速发展基因革命的可行性

1. 我国有丰富的基因资源

作物基因资源即作物种质资源，是控制作物性状的基因载体，是作物育种及其相关学科的生命物质基础。因此，作物种质资源的丰裕程度是基因革命的物质基础。

据初步统计，世界上栽培植物有 1200 余种，中国就有 600 余种，其中有 300 余种是起源于中国或种植历史在 2000 年以上。我国经整理编目的种质资源已有 160 种作物，共 36 万份，入国家种质库长期保存的有 31.8 万余份，入圃保存的有 3.7 万份，它们分属 78 科、256 属、810 个种（不含花卉和药用植物）。已收集编目的 36 万份种质中，选育材料 4.3 万份，国外引进材料 6.7 万份；其余 25 万份为中国的地方品种、稀有种及野生近缘植物，约占收集材料总数的 70%。还有小作物、水生蔬菜、热带作物、牧草、调味、香料、花卉和药用植物有待进一步收集，估计还可以收集地方品种和野生种及野生近缘植物 15 万份左右，估计我国种质资源的总量实际上约在 40 万份左右（不包含选育和国外引进材料）。我国已对入国家种质库长期保存的 31.8 万份种质资源全部进行了农艺性状鉴定，部分进行了品质、抗逆和抗病虫鉴定，从中已初步筛选出 2 万余份综合性状较好或具有某一特优性状的种质资源。这些优异材料，部分已提供给生物技术、育种利用，有些还在高寒地区、盐碱地区、干旱地区和矿山复垦区直接推广利用，有些还向世界各国提供，都已初见成效（刘旭，1999）。

2. 巨大的利益驱动

转基因作物的商品化带来了巨大的经济效益。据国际农业生物技术应用服务组织（ISAAA）的估算，转基因作物的销售额 1995 年时仅为

8400万美元；1996年增长了4倍，达到了3.47亿美元；1999年达到29亿~31亿美元，比1998年的23亿美元增长了近1/3（樊龙江等，2001；James C.，1999）。随着转基因农作物的大规模推广，经济效益将会成倍增长，同时，将会有更多的转基因作物新品种源源不断地推向市场（范云六，1999）。

3. 我国已具有一定基础

目前全世界转基因作物的种植主要集中在四个国家，其中美国与阿根廷两个国家占了90%，还有加拿大与我国。这四个国家加在一起占了99%。在作物方面主要集中于四种作物，其中，大豆与玉米占了80%，加上棉花、油菜加在一起达到99%。当然，商业化生产已经有几十种转基因植物，比较大的有小麦、水稻等，这些都还有待于环境释放，还没有正式批准，但作为转基因品种，都是已经成功了的（王琴芳等，2001）。我国已培养了141种转基因植物，其中65种已获准进行环境释放，其中，我国自行研制的转基因抗虫棉种植面积累计达13万公顷。抗虫棉的育成特别是双价抗虫棉的育成，标志着我国转基因植物研究进入世界先进行列（Huang，J. et al.，2002；杨崇良等，2000）。

4. 巨大的财力支持

作为发展中国家的代表，我国正逐渐加大在转基因技术上的投资。1999年耗资1.12亿美元，印度和巴西耗资约为1500万美元。与之相比，美国的投资约为20亿~30亿美元（Huang，J. et al.，2002）。我国的"863计划"对促进植物基因工程的发展起了关键性作用。目前，从技术力量和仪器装备情况看，已具备了跟踪世界先进水平的实力（贾士荣，2002）。

5. 认识上和工作中的重视

我国作为一个农业大国，生物技术及产业的发展得到政府、科技界和产业界的普遍重视。国家科委1983年设立了中国生物工程开发中心，农业部、卫生部、国家医药管理局、中国科学院等部门都设立了相应的生物技术领导小组或生物技术专业委员会，许多省（区、市）也设立了协调机构，并将生物技术与产业选定为本地区科技和经济优先发展的重要领域予以重点支持（杨崇良等，2000）。

6. 技术门槛低

基因革命虽然在科研和育种中的难度非常大，但在农业生产中的技术很容易掌握。技术采用者可以像利用绿色革命一样利用基因革命技术，基因革命技术对劳动的要求甚至更低。

可以预见，21世纪将是基因革命大发展的时代，也是基因革命技术全面武装农业的时代。必须抓住这一契机，快速推进我国基因革命进程，促进我国农业的持续发展。

6.4 我国基因革命进程中存在的主要问题及对策措施

6.4.1 我国基因革命进程中存在的主要问题

从前面对我国基因革命发展状况的研究可以发现，总体上我国基因革命发展是良好的，但在一些方面也存在着一些问题，阻碍着新农业革命进程的快速推动。

1. 法律、法规中存在缺陷和漏洞

我国国家科学技术委员会于1993年12月颁布了《基因工程安全管理办法》。据此，我国农业部1996年7月制定和颁布了《农业生物基因工程安全管理实施办法》（以下简称《实施办法》）。随着国内理论界和普通公众对转基因生物安全问题认识的不断深入，我国于2001年颁布《农业转基因生物安全管理条例》。随后，2002年1月农业部又发布了与之配套的《标识管理办法》和《进口管理办法》，要求无论是国内生

产的还是从国外进口的转基因生物产品，凡是被列入目录的都必须进行标识。未标识和不按规定标识的，不得进口和销售。《进口管理办法》也规定，没有国务院农业行政主管部门颁发的农业转基因生物安全证书，不得进口农业转基因生物。这些法规条例较好地适应了我国现实情况，对我国转基因作物的研发和产业化的健康发展起到了很大的促进作用。

但是，这些法规条例也存在着明显的缺陷和漏洞。根据《农业转基因生物安全管理条例》的规定，如果未列入目录的转基因产品可不标识，但规则目录中只有5类17种农产品被要求标识，这显然与《消费者权益保护法》《产品质量法》规定的履行告知义务相冲突；《农业转基因生物安全管理条例》中第4条规定，卫生部负责转基因食品卫生安全的监督管理权，而第7章又没有赋予卫生行政主管部门执法、处罚权。而且，即使是国务院各部门颁布的规章，也互相矛盾。像农业部和卫生部分别出台的法规，多头管理实际上使涉及法规者无所适从。最后，农业部颁布的规章本身又有漏洞。《农业转基因生物标识管理办法》第5条第二项规定，转基因直接加工产品应标注为"转基因加工品（制成品）"，对于转基因间接加工产品如何标注却未作规定。而在实践中，直接加工产品和间接加工产品很难界定，从而使规章流于形式。《农业转基因生物进口安全管理办法》规定自2002年3月20日开始执行；《转基因食品卫生管理办法》规定自2001年7月1日开始执行。这两个办法的实施都被推迟，令法律的权威性大打折扣。而且截至2004年，我国有关转基因食品的法律性文件都不属于人大颁布的基本法律，而仅是国务院颁布的行政规章及各部委颁布的部门规章，其法律地位较低。

2. 行政管理方面的问题

我国农业生物技术发展进程涉及农业部、科技部、卫生部、商务部、环保局、专利局等众多管理部门，而国家又缺乏有效的管理机制对各部门进行协调管理，这种局面也大大影响了管理效率。由于这个问题牵涉国务院多个部门、众多的研究机构、大量的消费者和广大农民，因此急需建立一个能够统一协调、迅速决策的管理体制。

同时，中试和环境释放环节管理极其混乱。薛达元曾在 2002 年和 2003 年分别 4 次去河北省和安徽省，实地考察了那里的棉田，发现转基因棉花品种管理混乱。虽然国务院已颁布《农业转基因生物安全管理条例》，农业部发布了《农业转基因生物安全评价管理办法》，对转基因生物的环境释放和商业化生产做出严格规定，但是，这些法规在地方上未能得到严格实施。由于种子公司和研究单位推广各自的转基因抗虫棉，使各地的抗虫棉种子来源五花八门、错综复杂。在安徽无为县，抗虫棉种子的来源有 50~100 个，共种植包括美国孟山都公司和国产的转基因抗虫棉品种约 30 多个，甚至一个村就有 10 多个转基因抗虫棉品种，有些品种连名字都没有，是研究单位委托种植，根本没有通过国家的安全评估。[①]

我国的食品安全管理体系对转基因食品的管理也存在着巨大的缺陷。转基因食品的公众权利起码涉及三个——安全权、知情权、选择权。2002 年 3 月 20 日，我国《转基因生物标识管理办法》等法规正式施行，使我国公众像欧洲等地的消费者一样，在法律上享有对转基因食品的知情权。但是，2002 年 4~6 月，《中国青年报》记者从北京市场上随机购买 12 种食品，送至权威机构检测，结果发现，多种食品含有转基因成分，却没有依法进行标识。2002 年底，国际绿色和平组织香港办事处也对中国内地的多种食品进行了抽检，也发现不少没有标识的转基因食品。消息公布，引发了轰动一时的"雀巢转基因事件"。而转基因食品在安全权的管理方面也可能存在漏洞。在"国家农业转基因生物安全委员会组成名单"中，由 58 人组成的评估委员会中有近 30 位生物技术专家，其中不少就参与或领导着转基因作物的研究，[②] 连最起码的回避制度都没有做到，使人对安全评估的结

---

① 薛达元：《转基因水稻商业化 中国科学家到底有无私利》，http：//www.cast.net.cn/expert/exp-text.asp?id=1593，2005 年 4 月 5 日。

② 文晔：《转基因大米明年摆上中国餐桌？》，载于《中国新闻周刊》2004 年 11 月 17 日。

果产生怀疑。

3. 技术上还存在差距

从整体水平看，我国在转基因作物研究技术方面的进展与国际上基本同步，在发展中国家居领先地位。但与国际先进水平相比，差距仍然很大。我国农业植物基因工程的现状是仿效多、创新少，主要表现在拥有自主知识产权的基因很少。究其原因，主要是因为创新是建立在深厚的基础研究之上的，没有坚强的基础研究作后盾，便无从创新，势必导致后劲不足。我国在植物分子生物学和农业生物技术方面的基础研究比较薄弱，投入少，人才队伍较小，此外，转基因作物商品化生产在管理上的限制，也影响了科研人员的研发积极性以及企业参与和投入的积极性（贾士荣，2002）。

4. 种质资源保护、利用方面还存在问题

相对而言，美、英等发达国家由于在生物基因资源的研究、开发方面起步早，水平高，政府重视，已形成了一套比较完善的资源保护、管理和利用的法律体系。我国由于种种原因措施力度不够或者根本就未能采取有效措施，自身丰富的生物基因资源正在不断流失。另外，也有一些生物基因资源贫瘠的国家，采用各种方式和多种途径搜集、窃取我国的基因资源，造成我国特有基因资源的流失。

在对种质资源的保护形式上，也存在一定问题。我国种质资源库的建设可以说是非常好，但是对种质资源的原境保存做得不太好，例如，现实中我国的大片野生稻逐渐在原生地消失。同时，也没能充分地利用我国广大自然环境和经济发展上的差异，在农民的实际生产中开展种质资源保护。

另外，我国关于基因资源的交流与合作，以及基因资源的研究与利用方面还有待加强。特别是在利用种质资源开展基因组学、生物信息学等基础研究，开发我国生物基因资源，分离克隆具有自主知识产权的、可供植物基因工程利用的新基因方面，还有很长的路要走。

5. 转基因作物的产业化问题

与全球转基因植物产业化规模迅速发展相比，特别是与美国、加拿大、阿根廷等国相比，我国转基因植物产业化进展缓慢。除少量作物品种在规定的范围内进行了商品化生产试点，其他大部分尚处于环境释放、中间试验阶段，绝大多数没有进入商品化生产。国际上与生物技术有关的知名大公司约 500 家，而我国的公司都是小公司，仍处于萌芽状态，竞争力较差（贾士荣，2002）。

6. 投入不足的问题

近年来，我国政府的科技投入较过去有了显著增加，为我国农业生物技术的迅速发展提供了有力保证，但与发达国家相比仍有很大差距，我国用于农业生物技术的研究经费甚至不及发达国家的一家跨国公司，而且投入渠道以国家为主，方式比较单一。

6.4.2 解决存在的主要问题的对策措施

1. 健全食品安全控制体系

我国在对实验室研究成果进入释放环节以后，到投入食品生产前的生物技术过程的监管做得都相对较好。但是，转基因作物一旦商品化，各项监管措施就都减弱了。在实际操作中可以借鉴荷兰的 IKB 体系对我国转基因食品的生产销售进行很好的监管。

（1）荷兰 IKB 体系简介。

第一，IKB 体系的原则。农场主和公司按自愿原则决定是否参加 IKB 项目。一旦签署 IKB 协议，他们必须遵守一系列规定，并且要求其随时能够证明已遵守了这些规定。一般还要进行定期检查，看这些参加者是否遵守了该体系的相关规定。IKB 体系的一个重要方面就是生产链中各环节的信息交流。一个良好的信息交流体系能够保证生产链中的任一环节都能追溯到任何动物、肉制品或者蛋类产品的原始信息。IKB 体系不断根据市场需求的变化做出调整，越来越多的农场主和公司参加到各种各样的 IKB 计划中，这使消费者更放心的高质量、安全食品的范围越来越大。

第二，参加 IKB 体系的条件。农场主和公司自愿决定是否参加 IKB 的计划，但一旦他们承诺参加，就必须保证遵守他们所签订的 IKB 协议中的规定。不同类型的动物，生产链条中的不同环节有不同的规定。但总的来说，这些规定比法定要求还要严格。为了保证遵守 IKB 规定，生产链中的每个环节都必须保持其在 IKB 管理体系中的各种记录。他们必须对其行为的几个方面进行检查并保留检查记录的结果。这种自我管理检查体系使每个环节都能为下一环节提供一定的质量保证，从而保证整个链条的产品质量。

第三，IKB 体系的信息交流。所有参加 IKB 计划的农场主和公司必须向生产链中下一环节提供动物或产品的专门信息。这些信息包括所有的相关记录，以保证日后能够查到源头。这些都提高了生产经营的效率。反过来，IKB 授权的屠宰场也要向农场主提供特定信息，使他们能优化其对农场的经营与管理。例如，屠宰猪的过程中发现的猪的所有缺陷和不足都将反馈给养猪场的场主。如果大部分猪都有肺病，则意味着该动物饲养场的气温控制系统需要调整。这种信息交流既能提高动物福利，又能提高农场主的经营效益。

第四，追根溯源。为了保证产品符合 IKB 的质量要求，追溯系统是 IKB 体系中的重点之一。IKB 的动物和产品必须在任何时候都要与无 IKB 保证的动物和产品分开。所有传送给下一环节的 IKB 动物或产品必须随带相关的 IKB 资料。IKB 体系的重要一点就是能够追溯到产品的上一环节。比如，可以说明提供给屠宰场的牛是哪个农场饲养出来的。这个环节中最重要的是法定鉴定注册系统。

第五，检查与制裁。所有 IKB 参加者都要进行特定检查并承担一定责任，例如，他们必须对所有引入的动物或产品的质量进行检查，看其是否符合 IKB 体系规定。此外，独立检查机构的代表也对参加者进行访查，例如，荷兰动物卫生局的检查员会访查养猪场的农场主。而且，整个 IKB 体系，包括检查过程和结果都要由农业部和科技部食品部门负责每年审核一次。因此，IKB 体系可以为消费者和购买者提供极高的质量保证。不遵守 IKB 规定的参加者将受到处罚和制裁，可能是警告、更频繁地进行检查或对其进行罚款，甚至被禁止参加计划。被阻止进一步参加 IKB 计划的农场或公司的动物或产品，禁止使用 IKB 的质量标志。

第六，IKB 规则的制定。IKB 的规则由畜牧、肉类产品委员会和禽蛋类产品委员会的管理机构的相关部门代表共同制定。每项规则都是在详细研究其后果和影响的基础上做出的。对计划中所涉及的每种动物，都要先建立相应的由相关部门代表组成的委员会。IKB 的规则是不断更新的，分为长期和短期调整计划。IKB 体系涵盖的内容及参加的农场主和公司的数量随时间的发展而不断变化。

（2）IKB 对我国转基因食品安全的启示与借鉴。

第一，统一管理，协调进行。我国涉及转基因食品安全监管职责的有工商、质监、卫生、农业、药监、商务等将近 10 个部门，这些部门必须反复协商、沟通，求得配合，才能将工作做好。而多头执法使很大一部分力量在相互依赖、推诿中消耗掉，不但大大增加了转基因食品安全的成本，而且延误转基因食品安全监管的时机，对转基因食品安全监管的力度也无形中削弱了许多。而 IKB 从生产、运输到加工和销售的统一管理则可以避免这种情况的发生，在实时监管转基因食品安全质量的同时，也可对转基因食品安全事故进行及时的处理和善后工作。我国应对转基因食品安全的监管部门进行进一步调整，促进各部门间的协调，形成统一联动的食品安全监管机制。

第二，信息管理，追根溯源。所有 IKB 体系的产品都可以追溯到它的源头，这可以大大提高人们的责任感和风险意识。若其提供的产品存在质量问题，不管在哪个环节被发现，最终还是会追溯到发生问题的这一环节，最终的损失还是要由其自身承担。IKB 体系的自我管理检查体系与信息交流体系使每个环节都能为下一环节提供一定的质量保证，从而保证整个链条的产品质量。我国在转基因食品安全管理中也应建立起相应的责任与风险机制，从而保证责任与权利、风险与利益的对等。

第三，品牌标志标准化管理。所有 IKB 的产品都将贴上相应的 PVE/IKB 标志，将 IKB 产品与其他产品区别开来，形成一种品牌效应。这种标准化的管理是规范成员生产行为、提高产品质量最为有效的手段之一。IKB 体系产品的生产过程和最终质量都具有一套科学的标准。从培育、生产至加工、销售都要符合 IKB 的统一管理标准，只有质量达标的产品才可以贴上 PVE/IKB 质量标志。因此，IKB 的质量标志具有良好的市场形象，是食品质量安全的潜台词。《转基因生物标识管理办法》等法规正式施行以后，发挥品牌管理对转基因农产品质量安全的提升作用就日显重要。因此，我国应建立相应的转基因农产品品牌管理制度，其中，建立农产品行业协会是可行的办法之一。例如，美国新奇士橙协会同 IKB 体系类似，只有符合协会规定质量标准的产品才允许贴上新奇士的标志。我国应尽快建立起相应的农业行业协会，充分发挥其在转基因农产品标准化中的积极作用，提高我国的转基因食品安全管理水平。

2. 强化体制，改善管理

首先，建立一个能够统一协调、迅速决策的管理体制。由于基因革命的问题牵涉国务院多个部门、众多研究机构、广大消费者，建议在国家层面上成立一个农业基因革命具权威性的领导班子，以推动它的发展和保证各方面的衔接。除担负管理责任之外，这个领导班子还应负责制定转基因作物研发与产业化的国家应对策略，制定国家农业生物技术整体发展的中长期规划，重点突出今后 10～15 年内，我国农业生物技术研究与产业发展需要解决的核心问题及其战略对策、优先发展领域、产业化及运行管理机制等重大问题。在技术层面可以考虑设立一个国家级管理委员会，在其领导下设立"重组 DNA 顾问委员会""遗传操作评价委员会""遗传工程审批委员会""研究和生产单位的生物技术委员会""生物技术安全协调委员会""县级生物技术委员会"等不同层次的生物技术安全委员会，以便保证法律、法规的具体实施。

其次，设立准入机制。制定基因工程准入法规的最终目的不是限制基因工程的发展，而是要促进基因工程进入健康有序的发展。这一基本宗旨在美国、德国、日本等国家的基因工程应用法规中已得到体现。基因研究准入制度应当坚持"公开、公正、公平"原则，用法律条文规定基因研究的范围。对涉及实验室研究、中试、环境释放、大田试验等都应该明确加以规定。基因研究的申报与批准制度可以仿照《基因工程安全管理办法》的有关规定。进行基因研究的审批权应当严格控制在国家规定的专门委员会手中，特别是要对进行基因研究的科学家的资格进行严格审查。规定研究人员不仅要有专业知识，更要具备高尚的道德情操。任何一项制度，没有完善的监督措施，其规定只能是一纸空文。基因研究也是如此，必须对基因研究进行不定期的检查，看是否违反基因准入制度，如果发现进行非法研究，应当立即进行行政处罚，造成严重后果的进行刑事处罚。

最后，要注意咨询团体的成员构成，使得到的意见和建议具有广泛的代表性，并注意操作过程的利益回避机制。

3. 加强对基因资源的保护、利用力度

在做好基因资源的调查、收集、保存等基础工作，建立世界级水平的国家基因资源库的同时，加强对种质资源的原生地保护，可以考虑设立一定数量和规模的植物园，并在一些地区推广农民的品种生产中的基因资源保存工作。

加强交流与合作，促进基因资源的研究与利用。建立生物基因资源交换机制，合法获取我国没有的生物基因资源。促进科研单位与世界的交流，争取在我国多建立国际性的中心或分部。在资源利用方面，可考虑加入一些有利的国际公约。

结合实际情况制定出利用遗传资源所衍生的知识产权的利益分享机制，吸引国外资金与技术，以促进基因资源研究的发展。既要加强对遗传资源的保护，又要强化知识产权保护；对于我国比较薄弱的技术领域，可通过提供遗传资源的方式吸引外资和获取有关技术，并要求获得

有关专利权的免费使用许可；对于有一定基础的技术领域，可提供遗传资源并与外国有关研究机构或公司合作开发，共享知识产权；对于有较强基础的技术领域，可单独开发独享知识产权；积极参与国际范围内的遗传资源开发利用与保护，并分享有关知识产权；积极参与世界贸易组织（WTO）等国际组织主持的涉及遗传资源利益分享问题的规范制定。

4. 集中力量，重点突破

从我国的科技与经济水平出发，根据我国生物基因资源的特性、技术专长及国家需要制订发展计划，加大投入，集中人力、物力，不失时机地组织全国跨行业、多学科的联合攻关，实施重点突破，使我国生物基因资源的研究和开发能在一些领域处于世界先进水平，避免低水平重复研究和"遍地开花"的做法。积极开展优良动植物品种的基因解析研究、基因重组的研究与开发，以及转基因植物的研究与开发。组建重点实验室，对现有的基因资源不仅从性状，而且要从基因标记水平上进行定性、定量的研究，为进一步利用其价值提供依据。

5. 多渠道、多途径加大投入

1998 年国务院批准立项的"国家转基因农作物研究和产业化专项"对推进我国的转基因农作物研发和产业化起到了很大的作用，转基因棉花已形成规模，水稻、玉米、油菜、番茄作物等转基因研究取得了重大进展。建议继续设立此种项目并加强支持。同时应考虑将上述专项变成中央财政支持下的长期稳定的重大科技专项投入，并在实施过程中对项目实行定期评估，对目标和内容及时更新，以保证我国农业生命科学的长期稳定发展。从多方面入手，继续加大投入。由于生物基因资源的研究与开发投资大、周期长，应制定相应的政策使企业积极参与研究和开发。

6. 从国家利益出发，积极而审慎地推进转基因技术的产业化

建议根据技术成熟的程度和国际竞争的形势，在权衡利弊得失的基

础上推进我国转基因作物的产业化。将转基因技术的产业化分为三类：一是我国有明显优势、有竞争能力的产品，对我国生态环境建设有利的转基因植物，要率先产业化；二是技术上虽有安全保障，但产业化会带来国外产品对国内市场的冲击，这样的技术暂不宜产业化，待我国技术有竞争力后再考虑产业化，如对国外转基因大豆、玉米和油菜等，要利用"转基因安全"这个高门槛，阻止国外产品进入我国市场；三是对我国要出口的产品只加强转基因技术的研究和技术储备，暂不考虑其产业化问题。

另外，产业化过程中要充分考虑到我国原起源作物的种质资源安全。《自然》2001 年曾经发表文章，讲述关于墨西哥玉米遭到转基因玉米污染的事件。墨西哥本身不种植转基因玉米，而且有法规规定不允许种植，但是它进口美国的转基因玉米用作饲料。结果可能是有些农民拿转基因玉米去种植，因此就污染了当地的玉米。墨西哥是玉米的原产地，如果玉米原产地的遗传多样性受到污染，本地的玉米遗传结构受到破坏，产生的污染问题是很严重的。这件事对我国也有启示和警示意义。我国进口转基因大豆，而我国是大豆的原产地，很有可能转基因大豆会与我国当地原产的大豆发生杂交，造成遗传污染。因此，国家对转基因大豆的种植和产业化要进行控制。水稻也同样面临着这个问题。

7. 加强立法

加强对基因资源保护的立法，防止我国生物基因资源的流失，保护研究与开发成果的知识产权。既要加强规范基因资源利用的法规，又要建立和完善投资及保护方面的法规。在原有安全法规基础上，加强对生物基因资源研究、开发和利用过程中的有关安全管理的立法，制定严格合理的技术安全标准，避免给人类健康和自然环境造成危害。同时，在立法过程中多请各方面的专家加强论证，减少立法当中的法律漏洞，并且在合适的时机把部门的重要法规交人大审议，形成国家意志。

8. 加强宣传和教育，正确引导舆论导向

要广泛加强生物技术常识方面的宣传教育工作，通过科普讲座、展

览、参观等形式及利用报纸、杂志、广播、电视等工具，广泛深入地对国民进行基因革命的社会、经济和自然生态方面的教育，使人们能正确地做出判断。

6.5 本章小结

第一，从基因革命的理论与技术的发展、基因革命在农业生产实践中的发展、我国农业基因革命的发展三个方面，证实世界和我国农业新科技革命——基因革命已经诞生并已经有了一定程度的发展。

第二，从基因革命与传统杂交育种方式比较、基因革命在农业生产中的积极作用、基因革命可能产生的消极影响、转基因作物的现实技术风险四方面，来仔细分析基因革命的利弊得失，以备在运用此项技术过程中，尽可能地增加它的有利影响，减小它的消极效应。

第三，从巨大的人口压力、水资源紧张形势不断加剧、土地资源日趋紧张、能源危机日益显现、农业污染问题严重、保护我国种质资源和贸易利益的需要等方面，提出加速发展基因革命的必然性。我国加速发展基因革命也具有现实基础：我国有丰富的基因资源，巨大的利益驱动基因革命的发展；我国已具有一定的发展基础，加上巨大的财力支持和认识上与工作中的重视，使基因革命加速发展成为可能；基因技术的应用门槛低，使农民极易接受等，有利于技术向现实中应用。

第四，针对法律、法规中存在的缺陷和漏洞，行政管理方面，技术差距方面，种质资源保护、利用方面，转基因作物的产业化，投入不足等我国基因革命进程中存在的主要问题，提出政策建议。

任何技术的应用都会有积极和消极方面的影响，我们不能因噎废食，也不能仓促冒进。制定农业发展战略时，要在清楚的利弊分析的基础上，事先采取强有力的措施，保障技术积极效用的发挥，并尽可能减小它的消极作用，在技术发展的基础上解决以前技术中出现的问题。

第7章

农业科技革命的一般演化规律、特点及驱动因素分析

科学技术是人们认识世界和改造世界的强大武器。科学技术的发展给自然界和人类社会打上了深深的印记。人类在自然界的地位的转变，都与科学技术革命紧密联系在一起。根据美国国家科技委员会统计和测算，当今世界上经济发达国家在 20 世纪初技术进步对经济增长的贡献率为 5%~20%，20 世纪 80 年代上升到 60%~80%，技术进步的贡献已明显超过资本和劳动力的贡献。美国国家科技委员会在其 1996 年的报告中提到："据估计，技术和知识的增加占了生产率增长总要素的 80% 左右"（Romer，1998）。

现代社会的一个显著特征就是以科学技术的发展和应用带动经济和社会的发展和进步，熊彼特的技术创新理论认为技术是一个经济增长的内生变量，而创新集群和技术演进的非周期因素是经济波动的主要因素（Schumnpeter，1990）。然而，以亚当·斯密、大卫·李嘉图为代表的古典经济增长理论家虽然注意到技术是促进经济增长的重要因素，并从劳动分工、资本形成及收入分配等角度阐述了技术进步在经济增长中的作用，但在他们的增长模型中，技术进步这一促进经济增长的重要因素往往被假定为不变，因而这一时期增长理论研究的重点在于静态均衡分析，并导致产生经济增长过程终将停滞于静态循环状态的悲观论观点。

李嘉图认为，技术进步主要来源于增进土地生产力、节省劳动的农业改良与在制造业部门中的机器运用。在李嘉图的分析中，着重考察了

劳动工具、劳动对象的变革以及农业改良和机器运用的后果，考察了技术进步与土地生产率及地租率、劳动生产率及工资率、资本效率、利润率及资本形成率等的相互关系（李嘉图，1962；胡乃武等，1990）。随后的主流经济学也一直把技术看成一个外生变量。传统的经济增长理论从新古典主义的视角出发，认为资本和劳动决定了经济增长，而科学技术一般不作为研究重点。直到20世纪八九十年代新经济增长理论产生后人们才认识到，从本质上看，要素增加、技术进步以及要素配置效率的提高都是经济增长的源泉，技术是经济增长的内生变量，从而奠定了对科学技术进步促进经济发展研究的理论基础。

由于农业自身发展的特殊性，农业科技发展的理论研究比一般经济学问题的研究，甚至一般科学技术的理论研究相对滞后。本章在借鉴前人对科学技术理论研究成果和前面各章对农业科技革命各阶段研究的基础上，对农业科技的一般演化规律进行分析，以期找出农业科技革命的一般特点和驱动因素，为我国制定新的农业发展战略提供有益参考。

7.1 农业科技革命的演化规律和特点

7.1.1 农业科技革命的一般演化规律

在古代，科技循着"生产→技术→科学"的轨迹发展，直到18、19世纪产业革命时期，蒸汽机发明和热力学理论产生的过程也是如此，先是由于纺织机械的革新提出对新型动力的迫切需求，从而推动了蒸汽机技术的不断改进和瓦特的发明，可是作为热机原理基本科学理论的热力学却迟后很久才出现，即在瓦特蒸汽机问世后70多年才出现能量守恒与转化定律，即热力学第一定律。热力学第二定律是19世纪70年代形成的，热力学第三定律则到20世纪初才由著名物理学家能斯特创立。与此相似，农业科技革命中洲际引种的发展也是人们出于好奇等非生产原因引发的，并由于生产的需要逐渐发展成农业生产中影响巨大的生产技术。但是，科学还不能清楚地解释，为什么洲际引种后作物引入国的该作物在农业生产中的发展比原产国要好得多，这还有待于进一步从科学的角度寻求答案。

然而，与上述传统模式不同的新发展模式却在 19 世纪出现了。19世纪，麦克斯韦的统一电磁场理论和电磁波的发现推动了电机、电话、电灯和无线电通信的发明，开创了全新的电力电气产业，迎来了电的时代。电磁学理论与电力技术革命代表的就是一种"科学→技术→生产"的发展新模式，即先有科学理论上的突破（电磁学理论），然后在技术上实现——发电机、电动机的发明，最后在生产上得到广泛应用，发展出电机行业和电力产业。而农业科技革命中的绿色革命的发展历程与此非常相似。达尔文的杂种优势理论和孟德尔的遗传学理论用于农业生产中指导杂交育种技术，使农业生产取得了突破性的跨越增长。

而石化革命则是在以上两种模式共同作用下产生的。农业机械化的发展遵循的是"生产→技术→科学"的发展轨迹，而化肥和农药的发展是在德国化学家李比希创立的植物元素营养学说和缪勒的有机合成理论的指导下快速发展起来的。同时，石化革命发展过程中的最后阶段，也是生产、技术和科学的相互促进交织在一起的。但总体来说，石化革命是以上两种发展模式平行推动的结果。

进入 20 世纪，现代科学技术革命演进为"科学技术化、技术科学化、科学技术一体化"，从而又形成了"科学←→技术←→生产"的综合发展模式。微电子和计算机、信息和通信、航天和航空、新材料和自控、生物技术、激光等现代化技术的发展日新月异，带动了传统产业一代接着一代地更新和新兴产业的不断涌现。在科学技术高度发展的今天，科学、技术和产业三者间既逐级推动，又相互促进。高功率加速器、哈勃望远镜、电子显微镜等用于观测研究的大型精密仪器装置，有力地支持了科学的研究和促进了新的发现；社会需求和经济竞争也成为现代科学和技术发展的强大驱动力。而基因革命就是农业科技革命在这种综合模式作用下的产物。

由"生产→技术→科学"的模式，到"科学→技术→生产"模式的出现，再到"科学←→技术←→生产"模式的形成，这一历史发展过程随着农业技术科学化和农业科学技术化的深刻变革，有力地推动了农业科技前所未有的巨变。农业科技在这种历史性的变革中，更加广泛、深入地相互作用、相互渗透、相互交叉，形成了综合化、系统化和整体化发展的农业科技。

回顾近500年农业科技和农业生产的发展历史，有两点很重要：一是科学、技术和生产三者是相互推动和相互促进的。农业科学是农业技术的"基本燃料"，农业技术是农业生产的"发动机"。二是农业发展总是处于渐进和积累的过程中。因某几项新的重大农业或涉及农业的科学发现而引发农业技术的突破和产业的革命，出现跳跃式的农业生产增长，如此一浪高过一浪地向前推进。量变与质变、渐进与跳跃是客观世界，也是农业科学、技术和产业发展的客观规律。农业科学技术革命本身就是质变和跨越，而不是一般意义上的技术进步，它对农业也是跨越性的推动。这种客观的发展不以人们意志为转移，重要的是人们去发现和认识这个过程本身和激发跨越的动因，善于抓住机遇，因势利导地实现跨越。

7.1.2　农业科技革命的特点

自然界中存在着两种类型的变化方式。一种是连续变化的，人们称之为量变，人们常用微分方程来描述这种连续变化的现象；而另一种变化方式是不连续的、突发的，人们把它称为质变，人们用拓扑结构方程来解释这种现象。而现实中变化的渐进、跨越则是分别针对量变与质变的，都是发展的一般规律。农业科技革命属于突发的和一定程度上农业技术的跨越变化，属于质变的范畴。考察以往发生的各次农业科技革命，我们可以发现农业科技革命具有以下特点。

1. 农业科技革命在农业科技指导理论和主要应用技术方面具有跨越性、阶段性的创新性和一定的取代性

在考虑某种农业科技系统或农业技术应用过程时，农业科技革命是从一种稳定状态到另一种稳定状态的跃进。所谓稳定，是指农业科技系统或某一项关键农业技术应用过程中某一状态的持续出现。稳态性不仅指事物不变，而且指事物有一定的抗干扰能力，或者说当干扰使事物偏离稳定状态时，事物能靠某种作用回到稳定。外界因素的变化和干扰可能使原有的农业科技系统偏离原来的状态，产生不稳定，从而使原来的系统发生变化。而干扰因素消除后系统又恢复原来的稳定状态，继续出现稳态。如果外界因素的变化和干扰持续存在，那么农业科技系统就会发生自身演化，把这种因素的变化和干扰纳入系统内部来适应，此时农业科技本身的理论和关键应用技术也会随之发生变化，使系统重新达到一种稳定状态，但此时的稳定是不同层次上的稳定。

同时，农业科学技术作为不同于劳动、资本的特殊农业生产要素，其对生产的作用和自身的变化规律也具有特殊性。假定当技术量的积累达到一定程度时，技术增长会产生突变。农业科技革命本身就是质变和跨越，而不是一般意义上的农业技术进步，它对农业是跨越性的推动。如图 7-1 所示，A 点和 B 点即为农业科技革命发生的起始点。例如，被广大发展中国家广泛称道的"绿色革命"就是一次意义深远的农业技术革命，即作为"绿色革命"核心的杂交育种技术明显地具有这种性质。杂交育种技术和以往传统的育种技术分属于不同的历史时代和科学技术系统，二者之间具有跳跃性或间断性关系。这次农业技术革命给传统的育种技术在农业生产上的应用画了句号，开创了杂交育种技术取代以往传统的育种技术的历史先河。

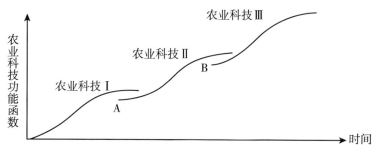

图 7-1 农业科技革命的变化特点

2. 农业科技革命产生的科技理论和关键技术对以后农业科学技术的发展具有奠基性作用，农业科技革命的功能具有叠加性

新农业科技革命产生的科学理论和关键技术是以原有的农业科学技术为基础的，同时又为下一次农业科技革命奠定了基础。如图 7 - 1 所示，农业科技 Ⅱ 是在农业科技 Ⅰ 基础上发展起来的，同时农业科技 Ⅱ 又是农业科技 Ⅲ 的发展基础。

以洲际引种为例。文献记载表明，中国在明代以前没有玉米和甘薯种植。20 世纪 60 年代，万国鼎先生根据明代嘉靖十年《广西通志》推断，玉米最早传到我国广西，时间是 1531 年。玉米在我国境内的传播可以分成两个时期：由明代中叶到明代后期是开始发展时期；到清代前期，全国各省州县多已有所种植，但此时尚未普及。玉米的大规模推广是在乾隆、嘉庆数十年间，这一时期由于人口迅速增长所造成的土地紧张和粮食问题加快了这种高产作物的推广传播。当然各地发展并不平衡，大致北方不如南方，南方主要又在山区。广大北方地区要到清朝末年和民国初年才有较大发展。但是，如今玉米已经是我国种植的三大粮食品种之一了。从玉米的引进和传播途径来看，玉米的早期栽培地和驯化地尽可能地与玉米的原产地环境相同，其中指导当时人们行为的理论很可能是传统农业种植理论——"风土论"，但是，在玉米推广种植的过程中打破了"风土论"对作物引种的限制，为以后农业引种打下了基础，同时，洲际引种也为中国农业生产提供了更多的农作物品种资源，为杂交育种技术提供了更丰富的选择（向安强，1995；游修龄，1989；罗尔纲，1956；万国鼎，1961；曹树基，1988）。

3. 农业科技革命对产生农业科技革命的核心理论和关键技术以外的科技有强大的冲激效应和带动作用

农业科技革命对与之相关的科学技术不产生冲激效应就不能称为农业科技革命。农业科技在某一领域率先实现科学研究或技术实践的重大突破以后，不断向深度和广度发展，使农业产生质的飞跃，出现革命性变化。20 世纪发生的以石化革命为核心的农业技术革命不仅影响了农业相邻技术，引发了与其相关的一系列农耕技术的深刻变革，还深刻影响了与之有关的工业和工业技术的发展，而且使科学技术内部研究重心发生转移。例如，由滴滴涕和其他合成有机农药带来的害虫防治技术革命，导致了化学工业的迅速发展和化学合成技术的进步，而且使昆虫学家将研究的重心从传统的生物防治转向化学防治。

4. 农业科技革命的发生和发展在时空展开上具有不平衡的特点

仔细观察历史中科学技术发展的规律，我们可以看到农业科学发展与技术进步存在明显的不平衡状态：从全球看，在农业石化革命后200多年的发展是不平衡的，有时十分缓慢，有时突飞猛进，这种不平衡在20世纪下半叶特别突出；而从每一个国家的历史看，发展也是不平衡的，一段时期十分迅速，另一段时期则异常低迷。这说明，无论是从整个世界角度，还是从一个国家角度，农业技术发展都是有周期的。影响周期的当然有农业技术进步本身的因素，但起决定性作用的是两个因素：一是出现重大的农业科学发现和技术突破；二是这种农业技术突破能推动农业生产率大幅度提高。因此，技术发展有两种形态：一种是一般时期的平衡进步的量变形态；另一种是技术与生产力突飞猛进的质变形态。对一个国家或地区的农业决策者来说，既要在平时善于驾驭技术不断进步，更要善于抓住这些重要的关键性时期，最大限度地推动农业技术突破和技术进步。历史经验告诉我们，能否抓住这些重要时期，集中精力推动技术发展，是影响一个国家或地区农业发展的关键。

总体来看，农业技术自身成长的过程普遍呈现出一种"S"形曲线模式，即农业技术的进步趋势总是经历着"平缓→加速→平缓"这样一个过程。从历史上看，在近代以前，农业技术重大发展多发生在中国、西亚和北非，然后波及其他国家。在近代之后，农业科技革命则较多地发生在欧美国家，然后波及其他国家。在世界范围内如此，在一个具体国度的不同地区，也是有一个或几个地区作为科技革命中心，而后向周围地区辐射传播的过程。这是在空间上的不平衡性。在时间上，绿色革命的高潮，欧美国家始于20世纪30~40年代，盛于50~60年代，而中国、印度、东亚、南美的一些发展中国家则始于50～60年代，盛于70～80年代，迄今仍没有完全结束其后发展时期。这主要受国家、地区的社会经济条件及教育因素的制约。

5. 农业科技革命在农业生产上的经济、社会、生态效应表现滞后

20世纪30～70年代，发达国家和部分发展中国家经历了以科技突破、农民素质提高和完善社会化服务体系为中心的农业科技革命。由于这次农业科技革命是以农业化学技术、农业机械技术和常规育种技术作为科技基础，对农药和化肥等外源性物质以及资金投入的依赖性极大，所以又被称为"石化农业"。"石化农业"基本上缓解了传统农业所解决不了的人口增长对食物要求的压力，还大大减轻了农业劳动的强度，但是，化肥和农药等高外源性物质投入造成了农业生产的高能耗、高污染，在20世纪80～90年代之后才逐渐引起了人们的注意。农业机械化生产造成森林锐减，引起严重的水土流失和沙漠化；农药和化肥等化学物质的大量使用使环境受到严重污染，生物圈的功能受到严重破坏；农业机械的大量使用加剧了温室效应，导致全球气温上升，气候异常，自然灾害愈发频繁，为害程度加剧，受灾面积扩大，还在客观上加剧了能源危机。现在农业环境保护越来越受到重视，为了适应资源、人口、生态环境良性循环、永续利用和农业可持续发展的需求，需要发展农业可持续技术，使农业、社会和自然界和谐地存在和发展。这一特征也为我国以后制定农业发展战略提供了有益的借鉴。例如，我们在发展基因革命时，首先要充分评估它的负面影响，制定减小其消极影响的对策措施，使我们在享受农业科技成果时，把消极影响控制在可持续发展的生态阈内。

6. 农业科技革命促使农业科学在学科分化、分工与更新的同时，走向新的综合与联合

现代农业科学技术与传统农业科学技术相比，具有智能化、物化、产业化、企业化和国际化等显著的特征。农业科技在农业科技革命的作

用下，逐渐形成自己完整体系的同时，自然科学与社会科学、技术科学与经济科学不断向农业科学渗透、交融，从而形成许多新的科学交叉点和生长点，拓宽了农业科技的领域，大大推动了农业科学技术的发展。而自然科学与社会科学、技术科学与经济科学的联系更为紧密，也使农业发展战略问题必将得到进一步完善，使人们在 21 世纪能够更好地掌握农业自然规律和经济规律，有力地促进农业发展战略决策、体制、机制和政策完善以及农业科学技术水平的提高，推动农业和农村经济的全面发展。

7. 农业科技革命中的技术更替变化使农业科技对资源的转换和替代作用日益得到有力的发挥

洲际引种不但丰富了农业生产的可种植品种选择，实质上也扩大了农业可以利用的耕地面积和复种生产的粮食产量，打开了当时有限的耕地面积对农业生产方面的制约"瓶颈"。石化革命在节约和替代劳动方面表现突出，使劳动制约不再成为农业生产发展的障碍。绿色革命在对农业投入的劳动和资本方面对资源的转换和替代作用大家更是有目共睹。而基因革命则在一定程度上打开了作物自然特性对农业生产的制约。

8. 农业科学技术国际合作迅速发展使农业科技革命进程加快

洲际引种时期，农业科技缺乏国际间的交流，甚至很多方面还存在很大程度的限制，所以引种和驯化进行得并不顺利，从引种初期到洲际引种给我国农业生产带来重大效益，用了大约300年的时间。石油革命时期，虽然我国有很长一段时间处于战乱，但农业科技的国际间交流已经大大加强了，因此，从发达国家开始实行农业机械化和化学化生产到我国掌握和使用各项技术用了60～70年的时间。由于发达国家和发展中国家在技术推广各方面的密切合作和交流，绿色革命只用20多年的时间就在世界各地发挥了巨大作用。基因革命也将在国际合作的大前提下迅速发展。

7.2 农业科技革命的一般驱动因素分析

英国历史学家汤因比有一个著名的"挑战—应战"理论，这个理论是说，人类的创造潜能只有在一定的外来压力之下才能发挥出来。挑战与应战就是人类文明发展的动力机制。而要使人类潜能得到充分发挥，条件是这个挑战的力度要不大不小正合适：太大了会把人压垮，太小了鼓不起人的干劲，激发不出人的斗志（马克垚，1997；汤因比，1959）。因此，在一定程度上可以说，阻碍农业生产发展的因素也会成为农业科技革命的驱动因素。但是，农业科技革命的驱动因素并不都是阻碍农业生产发展的因素，它包括的内容相对要更多一些。

7.2.1 从农业生产发展的角度分析农业科技革命的驱动因素

马克思曾经说过，生产力是一种"既得的力量"。一个时代的农业生产力状况是历史的产物，既不能自动消失，也不能任意增长，它是受客观条件限制的，因此，这个时期的农业生产力也是一种"既得的力量"，它体现着当时的资源利用状况、技术使用状况和社会体制等。通过对某一时期农业生产发展的限制条件的研究，可以得出农业科技需要改进的地方和农业科技革命需要努力突破的方向。从对农业生产发展发挥约束作用的角度，可以把阻碍农业生产发展的因素划分为三大类型，即资源性约束、技术性约束和制度性约束。

1. 资源性约束

资源性约束是阻碍农业生产发展的因素中最基本的约束条件。资源性约束来源于对农业生产的基本认识。农业生产过程是一个"投入产出"的过程。一般而言，随着农业发展"既得的力量"的积累，农业上使用的自然资源特别是不可再生资源（如土地、地下水等）日益减少，"资源性约束"的强度越大，人们对"资源性约束"就越加关注。"可持续发展"理论把资源代际约束作为研究的核心，这些无不表明人们对资源性约束的重视与日俱增。

2. 技术性约束

农业生产中有了资源没有一定技术也构不成农业生产力，资源只有在一定技术条件下才能"转化"成现实的生产力。"转化"理论是生产力经济学的一大贡献，这是因为一般意义上的资源不等于"生产力要素"，不能形成生产要素的资源不能影响生产力，因而不构成生产力。农业资源能不能转化成农业生产力则取决于农业生产技术。在有丰富资源的情况下，可能因为没有相应的技术而不能利用，因而农业生产发展就会相应受到限制。技术和知识的作用受到人们的日益重视，以至于把科学技术称作第一生产力。这种看法隐含着知识和技术的发展决定了生产力发展的思想：只要有相应技术，生产力可以突破限制而发展。

3. 制度性约束

有资源、有技术，但受制度的限制人们不能利用它们进行生产活动，这就是制度性约束的含义。笔者认为，农业可持续发展就是在既定农业生产技术条件和农业资源状况下，现有农业生产不可以达到最大产量的这样一种约束。农业可持续发展是关注农业生产环境和未来的农业生产能力而制约现在的农业生产能力，其实质是关注农业生产过程中的负作用。从农业生产环境和农业生产的负作用出发，如果一个农业生产过程对环境的损害过大，农业生产的负作用过强，即使我们有资源、有技术，也往往不能进行农业生产，或不能不加限制地进行农业生产，而这一限制只能用制度约束来实现，这是制度性约束的表现之一。

农业生产的各种约束都具有"二重性"，也就是说，既有绝对性的方面，也有相对性的方面。就绝对性方面而言，"农业生产资源的潜在总量是一个常数"是一个可以被接受的前提。另外，使用主要农业生产技术的变化、已形成农业生产制度的变革都是需要时间的，因而遵照经济学的一般说法，在"短期内"这些约束都是固定的，因而是绝对的。就相对方面而言，即使潜在的农业生产资源是有限的，但人们发现新的农业生产资源和可利用的资源则是随着技术的发展而发展。因此，从今天的眼光看，原始农业生产的不发达仅仅是技术原因。技术并非需要使用时就有，而是长期积累和创造的结果，这使从"长期看"的农业生产发展的约束具有相对性和演进性，并带有比较明显的时代特征。

当从长期的、历史的观点回顾农业生产发展的过程时，我们发现任何绝对的约束都不存在。人类技术进步的步伐可以把我们带到任何理想王国，这可能是技术乐观主义的根源。当我们用"现有技术条件不变"的"外推法"预测未来时，我们时刻会发现生产力约束的刚性，特别是资源约束的刚性。我们不能更具发展前途，只是因为我们没有更多的土地、更多的资本、更丰富的淡水资源，这往往是悲观主义的来源。无论如何，发达的农业生产技术在特定的时期都不可能突破资源和自身水平的绝对限制，而只要给定农业发展的需要，任何界限都有可能被突破。例如，"原始农业生产""机械化农业生产"等都隐含着自己的约束条件。在我们看来，当今农业生产发展正处在一个转型时期：农业生产发展正在从资源性约束和技术性约束为主的发展形式转向以制度性约束为前提的发展形式，或正在从以自然规律为主的约束形式转向以行为—后果为主的约束形式。在农业可持续发展的制度性约束前提下，农业生产中农业科技革命可以推动在资源性约束和技术性约束方面的突破。

7.2.2　从常态农业科技面临的反常问题角度分析农业科技革命的驱动因素

常态农业科技的基本目的不在于理论和技术的新颖性和独创性，它们只是为了指导正常状况的社会环境下的农业生产，解决一般性的生产矛盾。但如果常态农业科技所面临的社会情况有所改变，就会出现常态农业科技解释不了和解决不了的事实，我们可以称之为"反常"。当反常越积越多，甚至冲击常态农业科技的基本原则时，常态农业科技就会被动摇，引起常态农业科技的危机，从而使常态农业科技进入非常态农业科技。只有建立新的常态农业科技，扬弃旧的常态农业科技，进行农业科技革命，才能使危机得到解决。因此，从一定意义上说，农业科技革命就是从常态农业科技到另一个常态农业科技的转换，是一种生产方式和生产理念的根本改变。所以，要对农业科技是否面临革命这个问题做出明确的判断，必须首先明确常态农业科技是否面临着难以解决的反常与危机。常态农业科技面临的难以解决的反常与危机，事实上就是农业科技革命的驱动因素。在世界农业和我国农业发展进程中，一直面临着这样或那样难以解决的反常与危机，综合起来包括以下几个方面。

1. 人口问题

人口的压力主要体现在两个层次。第一个层次即当人口增长到一定的数量后出现的问题。当人口没有达到一定数量时，即使人类毁坏一小块自然资源，由于自然资源相当丰富，人们迁徙到一个新的环境里生活就逃过了自然界的惩罚。但是，当人口数量增长到一定程度后，世界上几乎所有地方都已开发完毕，人们无处可逃。第二个层次是工业化开始后，人们受利益的驱动对自然进行掠夺性的开发利用，破坏了环境和资源，影响到可持续发展。我国目前的可持续发展问题是这两个层次的问题交织在一起，本书主要侧重于第一个层次的研究。

早在大约200年前，英国经济学家马尔萨斯就曾作出人口"按几何级数增长"的断言，但在当时和以后一段时间里，还谈不上人口的高速增长。当时的人口年平均自然增长率不过4‰（邬沧萍，1983），到1900年，世界人口总数也不过在16亿~18亿之间。真正的人口高速增长是在第二次世界大战之后出现的。1950~1980年世界人口年平均增长率达到19‰（邬沧萍，1983；科林·麦克伊侣迪等，1992），差不多相当于马尔萨斯那个时代的5倍，从而使世界人口每增加10亿所需要的时间急剧缩短。由表7-1可知，1650年，地球上大约有5亿人口，19世纪初增长到10亿人左右，150年间翻了一番；20世纪初，世界人口约有16亿人，1950~1987年的37年间，由25亿人倍增到50亿人；

继 1987 年 7 月 11 日世界人口达到 50 亿人后，1999 年 10 月 12 日，全世界的人口总数又突破了震惊世界的 60 亿人大关，从 50 亿人增加到 60 亿人仅仅用了 12 年！这段时间世界人口的增长不仅是按指数增长，而且增长率也在增长，是"超"指数增长。美国人口普查局 2004 年发表的报告数据显示，2002 年全球人口为 62 亿人，2001～2002 年的增长率为 12‰，远比高峰期（1963～1964 年）的 22‰低。联合国粮农组织 2003 年发表的《世界农业：面向 2015/2030 年》中指出：今后 30 年中，世界人口的年均增长率将为 11‰，大大低于过去 30 年期间的 17‰；到 2030 年，世界人口将从目前的 60 亿人增长至 83 亿人。而美国人口普查局 2004 年发表报告，预测 2050 年全球人口将接近 91 亿人，但人口增长速度将明显放缓（见图 7 - 2），然而，由于人口的基数大，所以实际增长的数量依然巨大。"二战"后人口增长的另一个明显特点是发展中国家比发达国家增长速度快，例如，1950～1975 年全世界所增加的 15 亿人口中，有 12 亿人在发展中国家，从而使发达国家同发展中国家的人口比例由大约 33∶67 变化为大约 27∶73（科特切特柯夫，1989）。这种人口增长的时间与数量的奇特比例关系，形成了"人口爆炸"，由此产生了资源危机和粮食危机，从而构成了人类生存危机。人类生存危机的阴影迫使世界各国转变经济增长方式，寻求农业的新出路。

表 7 - 1　　　　　　　世界人口每增加 10 亿人所需时间

世界人口数（亿）	大致达到时间（年）	每增 10 亿人所需时间（年）
5	1650	近 300 年
10	1804	154
20	1927	123
30	1960	33
40	1974	14
50	1987	13
60	1999	12
70	2013	14
80	2030	17
90	2050	20

资料来源：根据邬沧萍（1983）和美国人口普查局 2004 年报告整理而得。

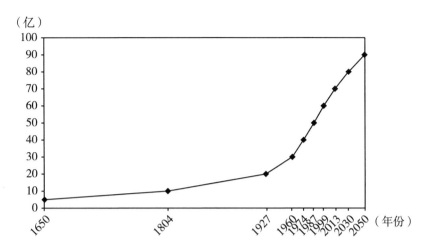

图 7 - 2　世界人口数随时间变化趋势

目前，人口高速增长惯性依然延续，农业的人口压力将进一步增加。据统计，18～19 世纪，世界人口增长率一直在 6‰以下，而在 20世纪 60 年代后期人口增长率出现了历史最高值 20.4‰。20 世纪初世界人口为 16.5 亿人，1960 年突破 30 亿人，1987 年达 50 亿人，20 世纪末人口突破 60 亿人。根据联合国人口署的方案预测，人口增长率将持续降低，其中发达国家人口增长率将在 2020 年基本降为零，并开始出现负增长；发展中国家于 2050 年下降到 5.5‰。但由于人口基数巨大，预计 2015 年世界人口将超过 70 亿人，2050 年将超过 90 亿人。同时，由于生活水平的提高，预计 2025 年要生产比现在多 50% 以上的食品才能满足需要，对农产品增长的压力不是降低而是比 20 世纪任何时候更大了。显而易见，当人口增加，我们对农产品的需求也会急速扩张。同时，由于人类物质生活标准的提高，人们对农产品的消费也从数量增长逐渐转变为数量和质量同时增长。而且随着人口数量的急剧增加，人们的其他生产、消费等活动会带来农业生产资源的急剧减少。《世界农业：面向 2015/2030 年》的研究报告指出，到 2030 年，世界人口将增长 23 亿人，但粮食增产速度将超过人口增长速度，这意味着到 2030 年世界饥饿人口将进一步减少，更多贫困家庭将能够享受到更好的生活条件，吃到更有营养的食物。但该报告同时也预计，到 2030 年，世界饥饿人口将减少到 4.4 亿,远远达不到 1996 年世界粮食会议在 2015 年前将世界饥饿人口减少一半的目标。以现在的农业生产所应用的科学技术平台和现在的世界农业资源状况发展农业生产,还远远不能解决人类由于数量增长所带来的问题。

到 2030 年,我国人口预计将增至 16 亿人,按年人均用粮 400 公斤(小康)、450 公斤(中等)、500 公斤(富裕)水平计算,2030 年需 6400 亿公斤(小康)、7200 亿公斤(中等)、8000 亿公斤(富裕)粮食。从实际出发,中国到 2030 年的人民生活水平应达到小康到中等水平,需要有 6.4 亿~7.2 亿吨粮食。我国粮食生产水平基数已很高,在现有农业科技水平上,如无较大突破,单产增长举步维艰。

2. 自然资源问题

(1)耕地资源。

耕地是最重要的农业资源,但 1989 年全球每分钟就有 10 公顷土地沙化,每年约有 600 万公顷土地沦为沙漠。沙漠化土地已占全球陆地面积的 35%(阎树文,1989),有 2/3 的国家面临着沙漠化的威胁(孙文俊,1987)。据美国国务院环境质量委员会的报告,土壤资源流失的结果,使世界人均耕地面积由 1975 年的 0.32 公顷减少为 2000 年的 0.15 公顷(美国国务院环境质量委员会,1981)。世界耕地资源的数量正在减少,后备耕地资源有限,耕地质量受到严重退化的威胁。世界上现有耕地 13.7 亿公顷,但每年损失 500 万~700 万公顷。联合国环境规划署(UNEP)主持的 2000 年的研究报告中指出,过去的 45 年中,由于农业活动、砍伐森林、过度放牧而造成中度和极度退化的土地达 12 亿公顷,约占地球上有植被地表面积的 11%。另据联合国环境规划署统计,世界旱地面积 32.7 亿公顷,受沙漠化影响的就有 20 亿公顷,占 61% 之多。世界每年有 600 万公顷土地变成沙漠,另有 2100 万公顷土地丧失经济价值。沙漠化威胁着世界 100 多个国家和 8 亿多人口。世界上大部分地区都存在土壤侵蚀问题,高出世界上土壤再造速度数倍。全世界每年由于水土流失损失土地 600 万~700 万公顷,受土壤侵蚀影响的人口

80%在发展中国家。许多发展中国家人口众多且增长迅速，而可供开垦的土地资源已十分有限，人与土地资源的矛盾日益突出（刘旭，1999）。

《2000年中国环境状况公报》指出：2000年我国耕地总面积为1.282亿公顷，人均耕地面积为0.101公顷，不足世界人均耕地的一半。由于基本建设等对耕地的占用，目前全国的耕地面积以每年平均数十万公顷的速度递减。同时，我国耕地的土壤质量呈下降趋势。全国耕地有机质含量平均已降到1%，明显低于欧美国家2.5%～4%的水平。我国东北黑土地带土壤有机质含量由刚开垦时的8%～10%降为1%～5%，缺钾耕地面积占耕地总面积的56%，约50%以上的耕地微量元素缺乏，70%～80%的耕地养分不足，20%～30%的耕地氮养分过量。由于有机肥投入不足，化肥使用不平衡，造成耕地退化，保水保肥的能力下降。2000年，西北、华北地区大面积频繁出现沙尘暴，与耕地的理化性状恶化、团粒结构破坏有很大关系。我国约有1/3的耕地受到水土流失的危害。每年流失的土壤总量达50多亿吨，相当于在全国的耕地上刮去1厘米厚的地表土（50年来，水土流失毁掉的耕地达4000万亩），所流失的土壤养分相当于4000万吨标准化肥，即全国一年生产的化肥中氮、磷、钾的含量。造成水土流失的主要原因是不合理的耕作方式和植被破坏。2000年对30万公顷基本农田保护区土壤有害重金属抽样监测发现，其中有3.6万公顷土壤重金属超标，超标率达12.1%。环境污染事故对我国耕地资源的破坏时有发生，2000年发生的891起污染事件共污染农田4万公顷，造成的直接经济损失达2.2亿元。这些情况加剧了我国的人地矛盾。

（2）水资源。

淡水资源的消耗也是十分惊人的。据估计，地球上水的总贮量约有13.9亿立方千米，其中约97%为海洋咸水，不能为人类利用，淡水的总量仅为0.417亿立方千米，可利用的地表淡水资源不过3.75万立方千米，而人类每年的全部用水量1989年前后已达3万亿立方米（龙期泰，1989）。由于天气干旱、水体污染等原因，全世界大约20亿人口居住在苦于缺水的地区，占全球陆地面积的 60%；还有 10 亿人口正在饮用被污染过的水（王正藩等，1989）。总之，淡水资源的不足，已经构成人类生存的严重威胁。在这种全球水资源条件下，随着人口的日益增多，为养活越来越多的人口，世界各国都在大力发展灌溉，使农业用水迅速增加。

我国是贫水国，水资源短缺、分布严重不平衡、污染以及相应的生态环境等问题非常严重。首先，我国水资源严重缺乏。水资源人均占有量仅为 2200 立方米，低于世界人均水量的 1/4。其次，我国水资源分布极不均匀。长江及其以南地区的流域面积占国土面积的 36.5%，水资源却占全国的 80.9%；西北内陆地区及额尔齐斯河流域面积占国土面积的 63.5%，水资源仅占全国的 4.6%（刘昌明等，1998）。除此以外，水资源年际年内变化也很大。最后，我国水资源污染严重，生态环境遭到严重破坏。中华人民共和国成立以来，对水资源的需求量不断增加。1949~2001 年，我国农业用水量增长了 2.8 倍。人口持续增长以及人们对粮食需求的不断增加还将导致农业用水量的进一步增长。然而，随着经济的高速增长以及工业化和城市化进程的加快，农业用水的比重却在下降，工业和生活用水的比重在逐渐增加。1949 年我国农业用水量约为 1001 亿立方米，占全国总用水量的 97%，到 2001 年，该比例下降到 68.7%；与此同时，工业和生活用水比例分别由 2.3% 和 0.6% 上升到 20.5% 和 10.8%。农业用水日益被其他用途挤占的根本原因是，单位水资源在工业和生活部门所产生的效益远远高于在农业部门所产生的效益。因此，随着工业化和城市化不断向前发展，只要有比较利益的存在，农业用水的份额还将持续下降，到 2050 年该份额将继续下降到 54%（Leshan et al.，2001；姜文来，1998）。由此可见，水资源严重短缺、淡水不足已成为发展农业生产的制约因素。

（3）品种资源。

20 世纪 80 年代中期以后，我国乃至世界主要国家的新品种选育工作处于艰难的"爬坡"阶段。作物产量徘徊不前，品质和抗性也少有突破性进展。究其原因，主要是亲本材料遗传基础狭窄。例如，育成的小麦品种数百个，其亲本大都离不开 14 个骨干亲本。更有甚者，生产上使用的小麦品种 80% 都有 IB/IR 代换/易位系的血统。又如大豆，1923～1992 年我国共育成 564 个品种，其中 208 个有金元的血统。玉米种植面积在 200 万亩以上的单交种有 24 个，其中 21 个分别利用了仅 9 个自交系。目前，我国杂交水稻占水稻种植面积的一半，而杂交水稻的不育系绝大部分为"野败"系统，大部分恢复系有 IR 品种的血统。国外情况也不例外，如美国大部分红硬（质）小麦与引自波兰和俄罗斯的两个品系有关。显而易见，品种遗传基础狭窄使农产品生产潜伏着严重危机，使作物育种很难有大的突破（刘旭，1999）。

20 世纪以来，随着新品种大量推广、人口增长、环境变化、滥伐森林和耕地沙漠化，以及经济建设等方面的原因，作物遗传资源多样性不断遭到破坏或丧失，而且数量巨大。1996 年在德国莱比锡召开的国际农业植物遗传资源会议上，各国提交报告都认为作物种质资源已大量消失。美国在过去 100 年间，玉米品种丧失了 91%，西红柿品种丧失 81%；1904～1994 年，美国的 7098 个苹果品种中有 86% 彻底消失了；韩国 1985 年一些农场种植的 14 种作物的品种，到 1993 年已有 74% 被替代；马来西亚、菲律宾和泰国等国的地方稻谷、玉米，非洲的地方硬质小麦，拉丁美洲的不少地方种植作物品种（如玉米、菜豆、苋菜、西瓜、番茄等）也正在被新品种替代或丧失。而这种种质资源的替代或丧失，随之而产生是遗传多样性的减少和一致性的增强，其后果是容易导致作物遗传脆弱性和病虫等自然灾害的暴发而造成农业损失。遗传一致性威胁最著名的例子是，19 世纪 40 年代马铃薯晚疫病流行成为爱尔兰"大饥荒"的生物致因。近代例子是，1970 年一种危害叶片的病菌突变体引起玉米小斑病，使美国玉米产量平均减产 15%，给农民造成数亿美元的损失。其原因是当时美国 70% 的种植玉米都使用一个胞质雄性不育系配制的杂交种子，含有这种胞质雄性不育的杂交种都高度感染了玉米小斑病。农业生物多样性的保护已经成为全球共同面临的问题，也是 21 世纪世界农业面临的严峻挑战（曹永生，2001）。

3. 农业污染问题

现代农业过度使用农药、化肥，这些化学物质释放到环境中，流入江河，污染水、土和空气，通过食物链又进入人体，其结果轻则致病、重则致死。据联合国卫生组织统计，全世界有 2/3 的水体被污染，有 10 亿人饮用受污染的水，5 亿人因此而得病。同时，生物圈的功能也受到严重破坏，危及农业的可持续发展。土壤污染除来自被污染的水源外，主要来自化学农药和化肥的大量使用。这不仅使土质恶化，有利于农作物生长的微生物被杀死，土壤肥力丧失，而且使有毒物质通过绿色植物进入食物链浓缩，间接或直接地危害人类和其他动物，造成生态系统的破坏。1971～1979 年，世界范围的平均肥料用量为 55 公斤/公顷，2000 年增加到 145 公斤/公顷，欧洲的肥料用量（化肥和有机肥的总量）将达到 400 公斤/公顷，[①] 发展中国家的化肥使用量也在不断增加。在大量施用化肥的情况下，农田排水携带大量的硝酸盐、磷酸盐，如果进入河流和湖泊，就很难避免供水的氮、磷污染和水体富营养化。农药的使用也带来极大的污染问题。《2000 年中国环境状况公报》指出，我国每年农药的使用量约 2.3 亿公斤，其中除草剂占 17%、杀菌剂占 21%、杀虫杀螨剂占 62%，而在杀虫剂中具有高毒性的有机磷农药占 70%。有机氯农药尽管在水中溶解度很小，但却是有毒的，地下水中含量非常微小的有机氯化合物就会使饮用水不安全。

另外，现代农业还面临着外援性投入增加带来的财政负担、能源等问题。由于农业在国民经济中具有基础地位且与社会稳定有着密切的关系，这些挑战不但影响农业领域，国家的经济、社会甚至国际政治领域都会受其影响。

洲际引种、石化革命、绿色革命和基因革命就是应对各个时期不同反常的科学技术回应，现在，除了基因革命外前面的几次农业科技革命

---

① 资料来源：粮农组织统计数据。

的主导科技已经成为常规科技的一部分。随着基因革命的日益发展，它也将变为常规农业科技的一部分。

7.2.3 从农业科技自身发展规律的角度分析农业科技革命的驱动因素

1. 原有农业科学技术与农业生产产生新的矛盾，是农业科技革命的重要驱动要素

每项农业技术都是在一定条件下形成的，因而其对农业生产的作用总有一定限度。当农业生产对农业科技提出新的要求并且提供了相应的环境条件，需要此项农业技术发挥有一个更大的飞跃，而该农业技术客观上无法实现时，它的存在便会出现危机。这时，作为农业技术研制主体的人，理所当然地就会产生研制新农业技术的动机，发动农业技术更替，以取代原有的农业技术。当农业生产的一项或多项关键生产技术发生更替时，就会产生农业科技革命。20世纪五六十年代绿色革命的高潮来临，就是因为原有的小麦、玉米、水稻等作物品种不仅最大生产力无法满足墨西哥、印度等国人口增长的需要，而且其生物学特性决定了它们无法吸收更多的化学能，从而推动了育种工作者选育和推广耐肥、耐水、抗倒、抗病的高产良种。例如，以推广高产品种为中心的绿色革命，使印度的农业生产，特别是小麦和水稻生产，取得了突破性进展，在低消费水平上实现了独立后的粮食自给。

2. 国际间农业技术交流可以促成农业技术革命的发生

在地理大发现时期，哥伦布在1492～1502年四次横渡大西洋，发现了美洲大陆。1492年哥伦布第一次远航美洲时随身带去一些作物种子，显然后来并没有成活。1493年第二次航行时他又带去小麦、瓜类、洋葱、萝卜等作物的种子（Crosby A. W.，1972）。同时期洲际商船开始运营，把许多美洲作物引种到四方。通过100余年的异地驯化和选择，玉米、甘薯、马铃薯、木薯等高产作物在亚、欧、非大陆

引种成功，由此导致一次农业生产的大发展。引种带来了高产作物的普及，改变了欧亚的农业种植结构，同时使原来许多不能利用的土地得到了利用、不能充分利用的土地提高了土地利用率，使粮食产量迅速增加（Baker H. G.，1970）。后来由水稻杂交育种技术突破为主的绿色革命也是依靠国际技术交流和技术推广迅速扩散到世界水稻主栽区，引起世界性的粮食增产，从作用机制上说也属于这一类型的因素在起作用。

3. 新工具、新能源等的应用推动了农业技术革命

英国是世界上最早进行工业革命的国家，但是由于在早期工业革命中获得了巨大的经济利益，因此，为了从工业发展中获得更多的利益，英国以工业品换取殖民地廉价农产品，而忽视了农业的发展。美国建国初期，农业生产比欧洲国家和中国落后。19世纪以前，美国农业耕作技术和农业工具主要引进于欧洲。直到19世纪初，美国农业生产方式仍以人畜力手工作业为主。进入19世纪后，由于工业革命的兴起，钢铁用于农具生产，蒸汽动力引入农业生产领域推进了农业机械设计制造工业的发展。烨犁、棉花播种机、谷物收割机、打谷机等在美国相继问世并推广应用，使美国工业化过程与农业半机械化进程形成前后呼应的关系。19世纪30~40年代，省力、高效的农业机械在农业生产中推广使用，被认为是美国农业半机械化的起始时期，由于南北战争的影响，农产品价格上涨和劳动力短缺，对农业机械化的需求更为迫切，进一步发展需要在农机动力和结构上有新的突破。1870年，美国第一台蒸汽拖拉机开始试验。19世纪90年代，蒸汽机在西部大农场较为广泛地使用，但由于太笨重，它所能从事的农业作业很有限，因此，蒸汽拖拉机不能完全取代畜力而成为农业生产的主要动力。直到20世纪，内燃拖拉机开始在农业生产中使用。1910年，美国农用内燃拖拉机保有量达1000台左右，美国农业机械化进入了一个新的发展时期——农业基本机械化时期。随着工业革命不断向纵深发展以及石油这个新能源的发现和利用技术的不断提高，美国结合自己本国的实际情况，在农业机械化

发展初期，由于农业机械化的推广使用，提高了农业生产能力和农业劳动生产率，解决了劳动力缺乏和扩大生产经营规模、降低农产品生产成本等问题，推进了农业生产的持续发展。

4. 科学理论的物化直接导致农业技术革命的发生

19世纪40年代，达尔文杂交优势理论和孟德尔遗传学理论推动了现代育种方法和种子产业的发展，俄国育种家伊凡诺夫掀起的家畜配种技术革命以及我国育种家袁隆平等掀起的杂交水稻技术革命等，都是建立在这两种重要科学理论基础上的。伊凡诺夫掀起的家畜配种技术革命使家畜生殖和生产得到极大的促进。袁隆平从20世纪60年代开始，经过12年的努力，成功培育出了"三系杂交稻"。但是，这些科学理论作为内在动力和催化剂，只能决定农业技术革命是否发生以及发生的速度，并不能决定农业技术革命究竟在哪个方向发生。农业技术革命的发生方向仍是由供给和需求的矛盾决定的。

5. 合理适宜的宏观农业政策可以加速农业科技革命的发展

我国农业科技与农业和农村经济结合不够紧密，科技投入偏低，体制上条块分割，力量分散，推广工作薄弱，严重制约着我国农业科技的快速发展。现在世界农业科技对资源的转换和替代作用日益得到有力的发挥。农业环境保护技术越来越受到极大的重视。适应资源、人口、生态环境良性循环、永续利用和农业可持续发展的需求涌现出的众多新兴学科，为人类利用和改造自然不断创造着条件。在农业科技领域，政府加强领导、加强计划、加强投入，成为近年农业科技发展的重要特征，反映出科技竞争日趋激烈的背景下，政府加大了对科技资源的协调配置力度，以尽快抢占农业科技和农业国际竞争的先机。

总的来说，只有掌握了农业科技革命的规律和特点，创造有利于农业科技革命发展的条件，制定有利于农业科技革命发展的政策，才能真正在可持续发展框架下，享受农业科技革命给我国带来的农业生产快速发展的好处。

7.3 本章小结

第一，以"生产→技术→科学""科学→技术→生产""科学←→技术←→生产"三种农业科技革命发展模式来分析各次农业科技革命的一般演化规律。

第二，从以往发生的农业科技革命总结出其特点：农业科技革命在农业科技指导理论和主要应用技术方面具有跨越性、阶段性的创新性和必然的取代性；农业科技革命产生的科技理论和关键技术对以后农业科学技术的发展具有奠基性作用；农业科技革命对产生农业科技革命的核心理论和关键技术以外的科技有强大的冲激效应和带动作用；农业科技革命的发生和发展在时空展开上具有不平衡特点；农业科技革命在农业生产上的经济、社会、生态效应表现滞后；农业科技革命促使农业科学在学科分化、分工与更新的同时，走向新的综合与联合；农业科技革命中的技术更替变化使农业科技对资源的转换和替代作用日益得到有力的发挥；农业科技国际合作迅速发展使农业科技革命进程加快。

第三，从农业生产发展的角度、常态农业科技面临的反常问题角度和农业科技自身发展规律的角度，分别分析农业科技革命的驱动因素。

本章在科技革命的理论和以前各章的研究基础上，提出农业科技革命的一般演化规律、特点和驱动因素分析，期望对我国制定农业科技革命发展战略提供有益参考。

第 *8* 章

几 点 讨 论

从近年的粮食生产和供需发展趋势看，到 2030 年有五个不可逆转的发展趋势：我国总人口每年增长的趋势不会变；耕地面积逐年减少、人均耕地更少的趋势不会变；我国粮食年总需求在 5 亿吨基础上逐年增加的趋势不会变；立足国内、依靠自身解决粮食供给的方针不会变；世界许多国家粮食短缺，我国不能依赖粮食进口的总格局不会变。这五个特点决定了我国解决粮食生产的艰巨性，必须依靠科技进步，推动农业科技革命，坚定不移地走可持续发展的道路。本书对此进行了研究，借以提出可持续发展框架下的我国农业科技革命的一些规律性结论和对推动我国农业科技革命进程有用的对策建议。但由于可持续发展框架下的我国农业科技革命演进是一个涉及面较广、难度较大的课题，而笔者的学识、时间、精力有限，所提出的一些结论、对策建议也还有不成熟的地方，特提出来加以讨论，真诚希望得到专家的指导。

1. 从我国和世界农业科技革命的演进过程来看，在农业发展过程中农业科技革命起到了根本性作用

制度变迁与技术变化是推动农业发展的两大动力。但是，究竟是制度变迁还是技术变化或是两者共同作用来推动我国农业发展的？二者到底是一种什么关系呢？本书通过引入时间因素对此做了一定的研究。笔者认为，在农业的发展中，从短期来看制度因素往往起着很重要的作用，有效率的制度会促进技术进步，而无效率的制度则反之；但是，如果从长期看技术因素则起着决定的作用，并且技术永远是不断发展变化的，基本上不受制度的影响。即使无效率的制度不能给技术发展以足够的推动力，它也不能完全阻止技术的发展，因为人们的利益驱使和好奇心的作用仍然会推动技术缓慢地发展。从根本来说，我国农业科技革命是推动农业发展的根本力量。但是，我们也不能忽视或低估制度因素的作用，在我国的农业发展中要制定好各项政策、措施，加速在可持续发展前提下的我国新农业科技革命尤显重要。

2. 从我国和世界农业科技革命的演进方向来看，农业科技革命属于诱致性技术变迁

从我国和世界一些国家的农业科技革命发展的主导技术应用和推广情况来看，各国都是根据本国资源禀赋和社会条件发展本国急需的技术。例如，英、美等地广人稀的国家优先考虑的是节约劳动力的技术，其计量农业生产率的主要衡量指标是劳动力人均的产出量。而这样的技术和衡量方法对像我国这样土地相对农业劳动力非常稀缺的国家实际意义可能并不大，我国急需的是提高单位面积土地的产出率，而对劳动力的消耗就显得不那么敏感了，所以我们在生产中可能更在意亩产量的提高。

3. 农业科技革命的发展规律和特点

历次农业科技革命表现的特点和发展规律：第一，具有全新的理论体系。如洲际引种的作物引种规律，石油农业的莱比希矿质营养学说，绿色革命的杂种优势和遗传规律，基因革命的 DNA 双螺旋结构发现。第二，具有突破性的技术支撑。如洲际引种的高产作物引种，石油农业的农业机械化与化肥、农药使用、绿色革命杂种优势利用，基因革命中转基因技术的应用。第三，农业科技革命的周期越来越短。第一次农业科技革命从发生到高潮大约用了 350 年，石化革命大约用了 130 年，而绿色革命仅用了大约 50 年的时间，相信基因革命将用更短的时间更大地发挥它的作用。第四，前一次农业科技革命中的制约农业发展的问题是新的科技革命突破的方向。

根据以往农业科技革命的发展，我国新的农业科技革命应具有四个重要特征。首先，新的农业科技革命以单项理论、技术突破为主，综合配套各项其他理论和技术；而以往农业科技革命以单项技术突破为主。其次，新的农业科技革命以农业发展为目标，要求有相应的理论和技术体系的突破；而以往农业科技革命以技术为主，其主次、因果是不同的。再其次，新的农业科技革命是广义的全面改革，它不仅包括理论、技术创新，还依赖于体制配套、制度创新和管理创新。最后，新的农业科技革命在技术方向上努力实现人和自然的统一、农业手段与目的的统一、技术效应与社会功能的统一，以及技术、生态、经济、社会诸方面的统一。

4. 新的农业科技革命是在前一次农业科技革命的基础上发展的

我们说发生洲际引种并不是原来的生产技术被全部替代了，而是在原有的技术模式下进一步发展。因此，当我们提出加快新的农业科技革命的发展时，并不是完全排除石化革命和绿色革命，而是在它们的基础上进一步完善我们的农业生产技术。同时，当我们强调农业持续发展时，不应得出不用化肥、农药、石油的结论，而应提倡正确有效地使用和不断地按照持续农业的要求对其进行改进。当建立适合我国现代农业的科学体系时，既要对生物技术的突飞猛进予以重视，同时又不应陷入片面。

5. 关于基因革命的问题

笔者通过阅读大量的文献，并在生物技术专业老师、同学的指导下，对研究基因革命积累了一定知识。由于知识结构和层次上的限制，有些说法可能需要进一步商榷。

6. 关于石化革命和绿色革命在以后农业生产中的完善发展

笔者认为，一项技术被广泛接受以后就变成了常规技术，而且它的演进可能包含在新的农业科技革命中。另外，考虑到本书主要研究内容的结构和连贯性，在研究过程中较少提及完善石化革命和绿色革命的努力方向以及技术完善给农业发展带来的好处，这样处理并不太完善，希望能得到广大专家的指导，在后继研究中继续完善这一部分。

笔者提出了一些个人的想法，有些还不太成熟，有许多需要进一步研究的地方，真诚希望得到各位专家、学者的指导和帮助。

附录 1　　1949～2002 年我国粮食产量与农业生产投入物质情况

年份	粮食产量（万吨）	农业机械动力（万千瓦）			农村用电量（亿千瓦时）	灌溉面积（千公顷）	化肥施用量（纯量）万吨	复合肥（万吨）	塑料薄膜（万吨）	农用油使用量（万吨）	农药使用量（万吨）
		总动力	大中型拖拉机	小型拖拉机							
1949	11318	8									
1952	16392	18					7.8				
1957	19505	121					37.3				
1962	16000	757					63.0				
1965	19453	1099					194.2				
1970	23936	2165					351.2				
1975	28452	7477					536.9				
1976	28631	8623									
1977	28273	10255									
1978	30477	11750									
1979	33212	13379									
1980	32056	14746					1269.4				
1981	32502	15680					1334.9				
1982	35450	16614					1513.4				
1983	38728	18022.10	2708.10	2391.70	428.1	44644.10	1659.80	86.2	351.4	58.4	86.2
1984	40731	19497.20	2119.70	2887.30	464	44453.00	1739.80	126.5	328.6	69.4	126.5
1985	37911	20912.50	2743.60	3367.00	508.9	44035.90	1775.80	179.6			
1986	39151	22950.00	2807.00	4003.00	586.7	44225.80	1930.60	180.8			
1987	40473	24836.00	2876.00	4713.00	658.8	44403.00	1999.30	208.7			
1988	39408	26575.00	2896.00	5319.00	712	44375.90	2141.50	241.2			
1989	40755	28067.00	2814.00	5848.00	790.5	44917.20	2357.10	280.9			
1990	44624	28707.70	2745.50	6231.40	844.5	47403.10	2590.30	341.6			
1991	43529	29388.60	2682.40	6528.60	963.2	47822.10	2805.10	405.5	64.2		76.5
1992	44266	30308.40	2630.20	6720.00	1106.90	48590.10	2930.20	462.4	78.1		79.9
1993	45649	31816.60	2532.50	7042.70	1244.80	49646.00	3151.90	529.4	70.7	938.3	84.5
1994	44510	33744.00	2454.30	7387.80	1473.70	48792.00	3317.90	600.6	88.7	966.6	97.9
1995	46662	36118.10	2404.00	7848.00	1655.50	49119.00	3593.70	670.8	91.5	1088.20	108.7
1996	50454	38546.90	2415.10	8385.20	1676.50	50381.40	3827.80	734.7	105.6	1076.10	114.1
1997	49417	42015.60	2486.50	9337.20	1980.10	51238.50	3980.70	798.1	116.2	1229.50	119.5
1998	51230	45208.00	2587.90	10031.50	2042.10	52296.00	4083.70	822.2	120.7	1314.10	123.2
1999	50839	48996.10	2772.80	11008.90	2173.40	53158.40	4124.30	873.7	125.9	1354.30	132.2
2000	46218	52573.60	2873.40	11663.90	2421.30	53820.30	4146.40	917.9	133.5	1405.00	128
2001	45264	55172.10	3409.90	12257.90	2610.10	54249.40	4253.80	983.7	144.9	1485.30	127.5
2002	45706	57929.90	3073.40	12695.00	2993.40	54354.80	4339.40	1040.40	153.9	1507.50	131.2

资料来源：历年《中国农业统计年鉴》及历年《农业统计报告》。

附录2　　　1961~2002 年世界主要国家的农用拖拉机总数　　单位：台

年份	加拿大	中国	法国	德国	日本	英国	美国
1961	549789	52661	743400	1027884	6978	459010	4690000
1962	558379	55360	804438	1099101	10746	468000	4730000
1963	567963	59657	867676	1164392	17157	475000	4755000
1964	577593	66290	952718	1224613	24846	482210	4783000
1965	586905	73021	996422	1288372	60000	475000	4800000
1966	597940	100432	1051173	1347457	90000	465220	5470000
1967	597162	125442	1106713	1395605	124300	462363	5450000
1968	596825	155602	1178657	1437257	200000	455375	5390000
1969	596634	180772	1209013	1485619	278000	462376	5305000
1970	596426	126440	1230200	1504965	278000	446813	5270000
1971	596244	151281	1277800	1542784	278170	458468	5235000
1972	605118	191220	1307100	1555127	290840	464915	5205000
1973	615822	235524	1321000	1561349	341280	470000	5180000
1974	617328	282282	1337200	1566691	550000	475796	5155000
1975	625840	346786	1363054	1577582	721090	494738	5120000
1976	634481	398946	1372400	1579496	832000	482871	5090000
1977	645623	469106	1399464	1590106	952000	480280	5050000
1978	656897	559638	1413000	1596915	1095860	480280	4989000
1979	657100	669675	1424500	1608292	1095800	508174	4880000
1980	657400	747900	1473600	1613502	1471400	512494	4726000
1981	657606	796867	1484600	1614884	1412900	515455	4697000
1982	672000	817857	1493600	1621523	1526000	520808	4669000
1983	686000	847916	1495000	1635812	1584300	529438	4671000
1984	700000	862078	1491400	1638576	1650300	523740	4676000
1985	714000	861364	1491200	1641625	1853600	525549	4670000

续表

年份	加拿大	中国	法国	德国	日本	英国	美国
1986	728074	876470	1484900	1644534	1833900	520495	4730000
1987	742200	891170	1481100	1634468	1904070	519495	4789000
1988	756300	880859	1475400	1616982	1984590	515000	4790000
1989	770400	858031	1458000	1594863	2049120	509780	4800000
1990	750000	824113	1440000	1567500	2142210	505000	4800000
1991	734149	795713	1410000	1500000	1966000	500000	4800000
1992	730000	770629	1390000	1321900	2003000	500000	4800000
1993	725000	734325	1360000	1300000	2041000	500000	4800000
1994	720000	705723	1330000	1261400	2060000	500000	4800000
1995	715000	685202	1311700	1215700	2123000	500000	4800000
1996	711335	684290	1290000	1190000	2122000	500000	4800000
1997	715000	703121	1279000	1116023	2121000	500000	4800000
1998	719000	738530	1274000	1072211	2120000	500000	4800000
1999	724000	798510	1269000	1030775	2120000	500000	4800000
2000	729000	989143	1264000	989488	2028000	500000	4800000
2001	732521	844192	1264000	948200	2028000	500000	4800000
2002	732600	926031	1264000	944800	2028000	500000	4800000

资料来源：FAO 官方网站。

附录3 　2003年我国主要农业机械年末拥有量

项　目	单位	数量	项　目	单位	数量
一、农业机械总动力	万千瓦	60446.62	9. 专用水稻直播机	万台	0.31
1. 柴油发动机动力	万千瓦	46788.05	10. 化肥深施机	万台	60.64
2. 汽油发动机动力	万千瓦	2573.85	11. 机引铺膜机	万台	18.66
3. 电动机动力	万千瓦	11020.04	12. 秸秆粉碎还田机	万台	36.02
4. 其他机械动力	万千瓦	64.71	(二)农用排灌机械		
二、拖拉机及配套机械			1. 排灌动力机械	万台	1601.15
(一)拖拉机	万台	1494.06		万千瓦	10988.18
	万千瓦	16416.58	其中:柴油机	万台	749.04
1. 大中型	万台	97.26		万千瓦	5609.78
	万千瓦	3196.73	电动机	万台	840.73
(1)其中:轮式	万台	73.53		万千瓦	5342.07
	万千瓦	2192.09	2. 农用水泵	万台	1575.59
(2)其中:36.78千瓦	万台	50.26	3. 节水灌溉类机械	(万套)	107.68
(含36.78千瓦)以上	万千瓦	2143.14	(三)植保机械		
(3)其中:变形拖拉机	万台	55.53	机动喷雾(粉)机	万台	194.95
	万千瓦	1111.39		万千瓦	332.38
2. 小型	万台	1396.80	(四)收获机械		
	万千瓦	13219.85	1. 联合收获机	万台	36.22
其中:小四轮	万台	736.55		万千瓦	1047.71
	万千瓦	7922.96	(1)自走式	万台	23.27
(二)拖拉机配套农具				万千瓦	973.48
1. 大中型	万部	168.95	(2)稻麦联合收割机	万台	33.29
2. 小型	万部	2123.32		万千瓦	954.40
三、种植业机械			(3)玉米联合收获机	万台	0.41
(一)耕整地及种植机械				万千瓦	14.04
1. 耕整机	万台	104.36	2. 棉花采摘机	万台	0.01
2. 机引犁	万台	928.58		万千瓦	2.12
3. 机引耙	万台	498.89	3. 油菜收获机	万台	0.01
4. 旋耕机	万台	244.56		万千瓦	0.47
5. 机耕船	万艘	8.62	4. 马铃薯及甜菜收获机	万台	0.46
6. 播种机	万台	299.29		万千瓦	0.38
其中:精量半精量播种机	万台	174.14	(五)脱粒烘干机械		
免耕播种机	万台	23.37	1. 机动脱粒机	万台	883.77
7. 机动水稻插秧机	万台	5.95	2. 谷物烘干机	万台	0.70
8. 机动水稻浅栽机	万台	1.48			

续表

项 目	单 位	数 量	项 目	单 位	数 量
(六)种子加工设备			1. 牧草播种机	万台	2.31
1. 种子包衣机	万台	0.33	2. 牧草收割机	万台	5.06
2. 种子清选机	万台	1.65	3. 草籽收获机	万台	0.04
(七)设施农业设备			4. 牧草翻晒机	万台	0.11
1. 水稻工厂化育秧设备	万套	0.52	5. 牧草打捆机	万台	0.38
2. 温室	万平方米	691923.86	6. 青贮饲料收获机	万台	3.58
			7. 饲料粉碎机	万台	223.73
其中:玻璃连栋温室	万平方米	497.19	8. 机动剪毛机	(万把)	0.47
			9. 机动挤奶器	(万套)	1.59
塑料连栋温室	万平方米	27644.82	六、林业机械	(万台)	4.41
				(万千瓦)	22.92
塑料大棚温室	万平方米	537019.13	七、渔业机械	(万台)	84.17
				(万千瓦)	1393.47
日光温室	万平方米	110354.82	八、运输机械		
			农用运输车	(万辆)	1028.59
3. 田园管理机	万台	4.06		(万千瓦)	13183.50
	万千瓦	16.19	其中:三轮运输车	(万辆)	866.79
四、农副产品加工机械				(万千瓦)	8622.85
(一)农副产品加工动力机械	万台	845.29	四轮运输车	(万辆)	155.66
				(万千瓦)	4100.84
	万千瓦	6488.10	九、农田基本建设机械		
1. 柴油机	万台	266.16	1. 推土机	(台)	84315.00
	万千瓦	2385.51		(万千瓦)	479.87
2. 电动机	万台	577.17	2. 挖掘机	(台)	21836.03
	万千瓦	4067.23		(万千瓦)	201.77
(二)农副产品加工作业机械	万台	709.49	3. 装载机	(台)	23561.00
				(万千瓦)	191.71
1. 粮食加工机械	万台	557.74	4. 平地机	(台)	6308.00
2. 棉花加工机械	万台	20.55		(万千瓦)	6.37
3. 油料加工机械	万台	54.03	5. 开沟机	(台)	19726.00
五、畜牧业机械	万台	317.23		(万千瓦)	8.16
	(万千瓦)	736.29	十、其他机械		
			1. 农用飞机	(架)	93.00

资料来源:2004年全国农业统计提要资料。

附录4　　　　**2002 年我国主要农业机械年末拥有量**

项　　目	单　位	数　量	项　　目	单　位	数　量
一、农业机械总动力	万千瓦	57906.46	7. 机动水稻插秧机	万台	5.27
1. 柴油发动机动力	万千瓦	44359.73	8. 机动水稻浅栽机	万台	1.34
2. 汽油发动机动力	万千瓦	2671.13	9. 专用水稻直播机	万台	0.46
3. 电动机动力	万千瓦	10813.08	10. 化肥深施机	万台	57.21
4. 其他机械动力	万千瓦	63.56	11. 机引铺膜机	万台	16.82
二、拖拉机及配套机械			12. 秸秆粉碎还田机	万台	33.45
（一）拖拉机	万台	1446.08	（二）农用排灌机械		
	万千瓦	15894.82	1. 排灌动力机械	万台	1571.50
1. 大中型	万台	90.35		万千瓦	11002.46
	万千瓦	3072.14	其中:柴油机	万台	749.99
（1）其中:轮式	万台	57.55		万千瓦	5672.44
	万千瓦	1796.25	电动机	万台	811.21
（2）其中:36.78 千瓦	万台	51.43	棉花采摘机	万台	0.01
（含 36.78 千瓦）以上	万千瓦	2171.86		万千瓦	2.12
（3）其中:变形拖拉机	万台	43.61	油菜收获机	万台	0.01
	万千瓦	837.23		万千瓦	0.36
2. 小型	万台	1355.73	马铃薯及甜菜收获机	万台	0.29
	万千瓦	12822.68		万千瓦	0.17
其中:小四轮	万台	727.01	2. 小型	万部	2009.12
	万千瓦	7688.85	（三）植保机械		
（二）拖拉机配套农具			机动喷雾（粉）机	万台	182.14
1. 大中型	万部	157.88		万千瓦	313.83
	万千瓦	5287.72	（四）收获机械		
2. 农用水泵	万台	1522.58	1. 联合收获机	万台	31.21
3. 节水灌溉类机械	（万套）	107.17		万千瓦	854.76
三、种植业机械			（1）自走式	万台	18.67
（一）耕整地及种植机械				万千瓦	784.93
1. 耕整机	万台	106.57	（2）稻麦联合收割机	万台	28.30
2. 机引犁	万台	893.47		万千瓦	785.07
3. 机引耙	万台	469.08	（3）玉米联合收获机	万台	0.44
4. 旋耕机	万台	240.28		万千瓦	15.57
5. 机耕船	万艘	7.80	2. 机动割晒机	万台	112.35
6. 播种机	万台	286.03	（五）脱粒烘干机械		
其中:精量半精量播种机	万台	163.26	1. 机动脱粒机	万台	899.03
免耕播种机	万台	21.98	2. 谷物烘干机	万台	0.82

续表

项　目	单　位	数　量	项　目	单　位	数　量
（六）种子加工设备			5. 牧草打捆机	万台	0.14
1. 种子包衣机	万台	0.37	6. 青贮饲料收获机	万台	3.55
2. 种子清选机	万台	1.46	7. 饲料粉碎机	万台	201.90
（七）设施农业设备			8. 机动剪毛机	（万把）	0.90
1. 水稻工厂化育秧设备	万套	0.86	9. 机动挤奶器	（万套）	0.93
2. 温室	万平方米	689502.91	六、林业机械	（万台）	2.79
其中:玻璃连栋温室	万平方米	500.59		（万千瓦）	18.09
塑料连栋温室	万平方米	16561.98	七、渔业机械	（万台）	79.21
塑料大棚温室	万平方米	498197.88		（万千瓦）	1379.07
日光温室	万平方米	91592.39	八、运输机械		
3. 田园管理机	万台	2.78	农用运输车	（万辆）	953.45
	万千瓦	14.54		（万千瓦）	12012.60
四、农副产品加工机械			其中:三轮运输车	（万辆）	800.20
（一）农副产品加工动力机械	万台	809.08		（万千瓦）	7830.44
	万千瓦	6348.69	四轮运输车	（万辆）	142.25
1. 柴油机	万台	257.10		（万千瓦）	3667.05
	万千瓦	2313.68	九、农田基本建设机械		
2. 电动机	万台	546.36	1. 推土机	（台）	80554.00
	万千瓦	3993.54		（万千瓦）	443.50
（二）农副产品加工作业机械	万台	665.87	2. 挖掘机	（台）	16494.00
				（万千瓦）	147.04
1. 粮食加工机械	万台	542.12	3. 装载机	（台）	20735.00
2. 棉花加工机械	万台	18.57		（万千瓦）	148.98
3. 油料加工机械	万台	49.96	4. 平地机	（台）	5870.00
五、畜牧业机械	万台	294.61		（万千瓦）	9.86
	（万千瓦）	686.22	5. 开沟机	（台）	96128.00
1. 牧草播种机	万台	3.24		（万千瓦）	6.11
2. 牧草收割机	万台	3.79	十、其他机械		
3. 草籽收获机	万台	0.11	1. 农用飞机	（架）	91.00
4. 牧草翻晒机	万台	0.42			

资料来源：2003 年全国农业统计提要资料。

附录5　　我国超级稻品种一览（28 个）

品种类型	品种名称	选育单位	联系人
籼型三系杂交稻 （17）	协优 9308	中国水稻研究所	程式华
	国稻 1 号	中国水稻研究所	程式华
	国稻 3 号	中国水稻研究所	程式华
	中浙优 1 号	中国水稻研究所	章善庆
	丰优 299	湖南杂交水稻研究中心	武小金
	金优 299	湖南杂交水稻研究中心	武小金
	Ⅱ优明 86	福建省农科院	谢华安
	Ⅱ优航 1 号	福建省农科院	谢华安
	特优航 1 号	福建省农科院	谢华安
	D 优 527	四川农业大学	吴宪军
	协优 527	四川农业大学	吴宪军
	Ⅱ优 162	四川农业大学	吴宪军
	Ⅱ优 7 号	四川省农科院	郑家奎
	Ⅱ优 602	四川省农科院	郑家奎
	天优 998	广东省农科院	李传国
	Ⅱ优 084	江苏省农科院	王伟明
	Ⅱ优 7954	浙江省农科院	李春寿
籼型两系杂交稻 （2）	两优培九	江苏省农科院、 湖南杂交水稻研究中心	武小金
	准两优 527	湖南杂交水稻研究中心、 四川农业大学	武小金
粳型三系杂交稻 （3）	辽优 5218	辽宁省农科院	华泽田
	辽优 1052	辽宁省农科院	华泽田
	Ⅲ优 98	安徽省农科院	张培江
籼型常规稻（1）	胜泰 1 号	广东省农科院	林青山
粳型常规稻 （5）	沈农 265	沈阳农业大学	陈温福
	沈农 606	沈阳农业大学	陈温福
	沈农 016	沈阳农业大学	陈温福
	吉粳 88	吉林省农科院	张三元
	吉粳 83	吉林省农科院	张三元

资料来源：http://www.seedchina.com/shengzhanmanage/searchview/seednews/file/20053983618.doc。

附录6　　　　　　　　　　　1949～2002年我国人口状况

年份	年底总人口（万人）	按性别分				按城乡分				全国		
		男		女		城镇总人口		乡村总人口		出生率（‰）	死亡率（‰）	自然增长率（‰）
		人口数	比重（%）	人口数	比重（%）	人口数	比重（%）	人口数	比重（%）			
1949	54167	28145	52	26022	48							
1957	64653	33469	51.8	31184	48.2							
1965	72538	37128	51.2	35410	48.8							
1970	82992	42686	51.4	40306	48.6							
1975	92420	47564	51.5	44856	48.5							
1978	96259	49567	51.49	46692	48.51	17245	17.92	79014	82.08	18.25	6.25	12
1979	97542	50192	51.46	47350	48.54	18495	18.96	79047	81.04	17.82	6.21	11.61
1980	98705	50785	51.45	47920	48.55	19140	19.39	79565	80.61	18.21	6.34	11.87
1981	100072	51519	51.48	48553	48.52	20171	20.16	79901	79.84	20.91	6.36	14.55
1982	101654	52352	51.5	49302	48.5	21480	21.13	80174	78.87	22.28	6.6	15.68
1983	103008	53152	51.6	49856	48.4	22274	21.62	80734	78.38	20.19	6.9	13.29
1984	104357	53848	51.6	50509	48.4	24017	23.01	80340	76.99	19.9	6.82	13.08
1985	105851	54725	51.7	51126	48.3	25094	23.71	80757	76.29	21.04	6.78	14.26
1986	107507	55581	51.7	51926	48.3	26366	24.52	81141	75.48	22.43	6.86	15.57
1987	109300	56290	51.5	53010	48.5	27674	25.32	81626	74.68	23.33	6.72	16.61
1988	111026	57201	51.52	53825	48.48	28661	25.81	82365	74.19	22.37	6.64	15.73
1989	112704	58099	51.55	54605	48.45	29540	26.21	83164	73.79	21.58	6.54	15.04
1990	114333	58904	51.52	55429	48.48	30191	26.41	84142	73.59	21.06	6.67	14.39
1991	115823	59466	51.34	56357	48.66	30543	26.37	85280	73.63	19.68	6.7	12.98
1992	117171	59811	51.05	57360	48.95	32372	27.63	84799	72.37	18.24	6.64	11.6
1993	118517	60472	51.02	58045	48.98	33351	28.14	85166	71.86	18.09	6.64	11.45
1994	119850	61246	51.1	58604	48.9	34301	28.62	85549	71.38	17.7	6.49	11.21
1995	121121	61808	51.03	59313	48.97	35174	29.04	85947	70.96	17.12	6.57	10.55
1996	122389	62200	50.82	60189	49.18	35950	29.37	86439	70.63	16.98	6.56	10.42
1997	123626	63131	51.07	60495	48.93	36989	29.92	86637	70.08	16.57	6.51	10.06
1998	124810	63629	50.98	61181	49.02	37942	30.4	86868	69.6	15.64	6.5	9.14
1999	125909	64189	50.98	61720	49.02	38892	30.89	87017	69.11	14.64	6.46	8.18
2000	126583	65355	51.63	61228	48.37	45844	36.22	80739	63.78	14.03	6.45	7.58
2001	127627	65672	51.46	61955	48.54	48064	37.66	79563	62.34	13.38	6.43	6.95
2002	128453	66115	51.47	62338	48.53	50212	39.09	78241	60.91	12.86	6.41	6.45

注：（1）1981年以前数据为户籍统计数；1982～1989年数据根据1982年、1990年两次人口普查数据有所调整；1990～1999年数据是人口变动抽样调查推算数。

（2）总人口和城镇人口中包括中国人民解放军现役军人。

（3）本表各年人口包括中国人民解放军现役军人数据，未包括香港、澳门特别行政区和中国台湾的人口数。

资料来源：国家统计局。

附录7　　农业转基因生物进口安全管理登记表（用作加工原料）

<table>
<tr><td rowspan="4">商品一般资料</td><td>商品名称</td><td colspan="2"></td><td>商品编码</td><td colspan="2"></td></tr>
<tr><td>物理状态</td><td colspan="2"></td><td>包装方式</td><td colspan="2"></td></tr>
<tr><td>储存方式</td><td colspan="2"></td><td>运输工具</td><td colspan="2"></td></tr>
<tr><td>是否具有
生命活力</td><td colspan="3" align="center">1. 具有　□</td><td colspan="2" align="center">2. 不具有　□</td></tr>
<tr><td rowspan="13">转基因生物的一般资料</td><td rowspan="2">生物名称</td><td colspan="3">"抗农达"®大豆 GTS40-3-2</td><td>产地</td><td>美国</td></tr>
<tr><td></td><td></td><td></td><td></td><td></td></tr>
<tr><td rowspan="2">受体生物</td><td>中文名</td><td>大豆</td><td></td><td>学名</td><td>Glycine max</td></tr>
<tr><td>起源或原产地</td><td colspan="4" align="center">中国</td></tr>
<tr><td rowspan="2">目的基因</td><td>名称</td><td>cp4 epsps</td><td></td><td>供体生物或
来源</td><td>Agrobacterium
sp strain CP4</td></tr>
<tr><td>功能特性</td><td colspan="4" align="center">编码合成芳香族氨基酸，抵御除草剂草甘膦
对植物的伤害</td></tr>
<tr><td>研发公司</td><td colspan="5" align="center">孟山都公司</td></tr>
<tr><td colspan="3" align="center">农业转基因生物安全证书
（进口）编号</td><td colspan="3" align="center">农基安证字（2004）第 002 号</td></tr>
<tr><td rowspan="4">产地国批准的文件</td><td>编　　号</td><td>BNF-0001</td><td></td><td colspan="2">93-258-01P</td></tr>
<tr><td>审批机构</td><td>（美国）食品与
药品管理局</td><td></td><td colspan="2">（美国）农业部</td></tr>
<tr><td>有 效 期</td><td>允许上市</td><td></td><td colspan="2">非监管状态</td></tr>
<tr><td>用　　途</td><td>食品、饲料</td><td></td><td colspan="2">允许释放</td></tr>
<tr><td rowspan="6">境外贸易商情况</td><td>国家(地区)</td><td colspan="5"></td></tr>
<tr><td>单位名称</td><td colspan="5"></td></tr>
<tr><td>主要经
营活动</td><td colspan="5"></td></tr>
<tr><td rowspan="3">联系方式</td><td>电　　话</td><td colspan="2"></td><td>传　　真</td><td></td></tr>
<tr><td>电子邮箱</td><td colspan="2"></td><td>联 系 人</td><td></td></tr>
<tr><td>通信地址</td><td colspan="4"></td></tr>
<tr><td rowspan="5">境内贸易商情况</td><td>单位名称</td><td colspan="5"></td></tr>
<tr><td>主要经
营活动</td><td colspan="5"></td></tr>
<tr><td rowspan="3">联系方式</td><td>电　　话</td><td colspan="2"></td><td>传　　真</td><td></td></tr>
<tr><td>电子邮箱</td><td colspan="2"></td><td>联 系 人</td><td></td></tr>
<tr><td>通信地址</td><td colspan="4"></td></tr>
<tr><td colspan="2" align="center">境外贸易商
法人代表</td><td colspan="2" align="center">（签字）
（单位公章）</td><td align="center">境内贸易商
法人代表</td><td colspan="2" align="center">（签字）
（单位公章）</td></tr>
<tr><td colspan="2" align="center">申请时间</td><td colspan="5"></td></tr>
<tr><td colspan="2" align="center">备　　注</td><td colspan="5"></td></tr>
</table>

参 考 文 献

［1］B. 凯德洛夫、A. 斯皮尔金：《科学、自然观与科学观》，知识出版社 1985 年版。

［2］白鹤文：《中国近代农业科技史稿》，中国农业科技出版社 1996 年版。

［3］北京市科委：《可持续发展词语释义》，学苑出版社 1997 年版。

［4］贝尔纳：《历史上的科学》，科学出版社 1981 年版。

［5］贝弗里奇：《科学研究的艺术》，科学出版社 1979 年版。

［6］伯纳德·科恩（Bernard Cohen）：《科学中的革命》，鲁旭东、赵培杰、宋振山译，商务印书馆 1978 年版。

［7］德怀特·H. 珀金斯：《中国农业的发展（1368—1968）》，宋海文等译，上海译文出版社 1984 年版。

［8］布罗代尔：《15 世纪至 18 世纪的物质文明、经济和资本主义（第一卷）》，三联书店 1996 年版。

［9］卜凯：《中国农家经济》，商务印书馆 1936 年版。

［10］Clive James：《2000 年全球转基因作物商品化概述》，张银定、王琴芳译，载于《生物技术通报》2001 年第 3 期。

［11］蔡承豪、杨韵平：《台湾甘薯文化志——发现台湾》，果实出版社 2000 年版。

［12］蔡衡溪：《中国农村之改进》，开封新时代印刷局印刷，1934 年。

［13］蔡旭：《近年中国麦产改进工作概况》，载于《农业推广通讯》1945 年第 6 期。

［14］曹俊杰：《生态农业、效益农业与我国农业的可持续发展》，载于《经济问题》2002 年第 3 期。

[15] 曹玲：《美洲粮食作物的传入，传播及其影响研究》，南京农业大学硕士学位论文，2004年。

[16] 曹鸣庆、谭振波、戴大鹏：《转基因植物的生物安全性》，收录于刘谦、朱鑫泉：《生物安全》，科学出版社2001年版。

[17] 曹树基：《玉米、甘薯传入中国路线新探》，载于《中国社会经济史研究》1988年第4期。

[18] 曹树基、刘仁团：《清代前期"丁"的实质》，载于《中国史研究》2000年第4期。

[19] 曹树基：《论明代的人口增长率》，收录于《中国学术（第3辑）》，商务印书馆2000年版。

[20] 曹树基：《中国人口史（第四卷〈明时期〉）》，复旦大学出版社2000年版。

[21] 曹树基：《中国人口史（第五卷〈清时期〉）》，复旦大学出版社2001年版。

[22] 曹树基：《经济史学的方法论：描述与分析——评〈中国经济通史·清代经济卷〉》，中国经济史论坛，2003年2月6日。

[23] 曹树基：《陈意新马尔萨斯理论与清代以来的中国人口——评美国学者近年来的相关研究》，载于《历史研究》2002年第1期。

[24] 曹幸穗：《我国近代农业科技的引进》，载于《中国科技史料》1987年第3期。

[25] 查尔默斯：《科学究竟是什么》，收录于吴晓明：《科学与社会》，上海远东出版社1995年版。

[26] 陈厚基：《持续农业与农村发展 – SARD 的理论与实践》，中国农业科技出版社1994年版。

[27] 陈建华：《"革命"及其流传——王韬与"法国革命"东渐》，载于《读书》1998年第6期。

[28] 陈筠泉、殷登祥：《新科技革命与当代社会》，人民出版社2001年版。

[29] 陈树平：《玉米和番落在中国传播情况研究》，载于《中国社会科学》1980年第3期。

［30］崔智敏、陈纯地：《试论我国新的农业科技革命》，载于《陕西经贸学院学报》1999 年第 10 期。

［31］村松祐次：《清末民初江南地主制度的文献研究》，载于《东方和非洲研究学院学报》1966 年第 3 期。

［32］戴维·皮尔斯：《世界无末日》，中国财政经济出版社 1996 年版。

［33］戴小枫、路文如、梅方权：《农业科技革命的特点与规律——兼论我国新农业科技革命的必然性》，载于《农业科技管理》1998 年第 4 期。

［34］［德］贡德·弗兰克：《白银资本——重视经济全球化中的东方》，中央编译出版社 2000 年版。

［35］丁建定：《1870－1914 年英国经济结构的调整于社会生活的变化》，载于《南都学坛（哲学社会科学版)》2000 年第 3 期。

［36］董昭和：《大力推进新的农业科技革命》，载于《发展论坛》1999 年第 6 期。

［37］董光荣：《关于土壤风蚀风洞模拟试验的某些结果》，载于《科学通报》1987 年第 4 期。

［38］杜石然等：《中国科学技术史稿》，科学出版社 1985 年版。

［39］邓宗兵、王炬：《中国农业科技的主要问题和发展对策》，载于《科技导报》2001 年第 12 期。

［40］［法］让－玛丽·佩尔特、马塞尔·马祖瓦耶、泰奥多尔·莫诺、雅克·吉拉尔东：《植物之美》，陈志萱译，时事出版社 2003 年版。

［41］范颖川：《从生物多样性到基因的"世纪之战"》，载于《学会月刊》2001 年第 5 期。

［42］樊龙江、周雪平：《转基因作物安全性——争论与事实》，中国农业出版社 2001 年版。

［43］范云六：《21 世纪农作物生物技术的挑战》，载于《生物技术通报》1999 年第 5 期。

［44］丁颖：《甜薯》，载于《农声》1928 年第 123 期。

［45］费正清等：《剑桥中国晚清史（1800—1911)》，中国社会科学出版社 1985 年版。

[46] 谷茂、信乃诠：《中国引种马铃薯最早时间之辨析》，载于《中国农史》1999 年第 3 期。

[47] 奉公：《关于"新的农业科技革命"的几点思考》，载于《中国软科学》1999 年第 4 期。

[48] 葛剑雄、侯杨方、张根福：《人口与中国的现代：1850 年以来》，学林出版社 1999 年版。

[49] 高石诚：《推动农业新技术革命的战略思考》，载于《科技日报》1997 年 11 月 15 日。

[50] 高志敏：《"成人教育科学"概念浅析》，载于《成人教育》2000 年第 7 期。

[51] 高王凌：《明清时期的耕地面积》，载于《清史研究》1992 年第 3 期。

[52] 葛剑雄：《中国历代疆域的变迁》，商务印书馆 1997 年版。

[53] 葛剑雄：《统一与分裂——中国历史的启示》，三联书店出版 1994 年版。

[54] 戈峰、李典漠：《可持续农业中的害虫管理问题》，载于《昆虫知识》1997 年第 1 期。

[55] 顾铭洪、朱立宏：《几个矮秆籼稻矮秆基因等位关系的初步分析》，载于《遗传》1979 年第 6 期。

[56] 谷茂等：《中国马铃薯栽培史考略》，载于《西北农业大学学报》1999 年第 1 期。

[57] H. 巴特菲尔德：《近代科学的起源》，张丽萍等译，华夏出版社 1988 年版。

[58] 何炳棣：《美洲作物的引进、传播及其对中国粮食生产的影响》，载于《大公报在港复刊 30 周年纪念文集（下册）》，1978 年。

[59] 何炳棣：《美洲作物的引进、传播及其对中国粮食生产的影响》，收录于《历史论丛》第 5 辑，齐鲁书社 1985 年版。

[60] 何炳棣：《中国人口的研究 1368—1953》，上海古籍出版社 1989 年版。

[61] 何清涟：《中国近代农村经济破产和人口压力的关系》，载于

《中国农史》1987 年第 4 期。

[62] 洪国藩：《水稻基因组工程》，上海科技出版社 1999 年版。

[63] 侯文胜、郭三堆、路明：《利用转基因技术进行植物遗传改良》，载于《生物技术通报》2001 年第 1 期。

[64] 胡天民：《新世纪的农业革命》，载于《中国科学》1998 年 4 月 20 日。

[65] 胡宗荣、钟玉香、田元春：《第二次绿色革命展望——利用亚种间杂种优势选育"超级稻"》，www. hzag. gov. cn/gdmt/2004219104140. htm，2004 年 2 月 19 日。

[66] 胡传铃：《关于新的农业科技革命问题的一些思考》，载于《山西农经》2000 年第 2 期。

[67] 胡乃武、金碚：《国外经济增长理论比较研究》，中国人民大学出版社 1990 年版。

[68] 胡明星、郭达志：《湖泊水质富价养化评价的模糊神经网络方法》，载于《环境科学研究》1998 年第 1 期。

[69] 黄溥：《闲中古今录摘抄》，收录于《纪录汇编》，清朝。

[70] 黄文钰等：《中国主要湖泊水库的水环境问题与防治建议》，载于《湖泊科学》1998 年第 9 期。

[71] 黄希源等：《中国近现代农业经济史（第一章）》，河南人民出版社 1986 年版。

[72] 黄俊杰编：《面对历史的挑战——沈宗瀚与我国农业现代化的历程》，台湾幼狮文化事业公司 1983 年版。

[73] 黄俊杰：《沈宗瀚先生年谱》（新版增订），巨流图书公司 1990 年版。

[74] 《基因技术将带来新的农业革命》，载于《国际经贸消息》1999 年第 3 期。

[75] 季义流：《基因专利利益的国际分配——发展中国家的利益保护》，载于《政法论丛》2003 年第 4 期。

[76] 贾继增、丁寿康、李月华、张辉：《中国小麦的主要矮秆基因及矮源的研究》，载于《中国农业科学》1992 年第 1 期。

[77]《金善宝文选》编委会：《金善宝文选》，中国农业出版社 1994
年版。

[78] 贾士荣：《转基因作物的安全性争论及对策》，载于《生物技术
通报》1999 年第 6 期。

[79] 贾士荣：《植物基因工程》，载于《科技日报》2002 年 1 月 31 日。

[80] 江泽慧：《对林业新科技革命的内涵、突破口和途径的探讨》，
载于《林业科学研究》1998 年第 11 期。

[81] 蒋志学：《人口与可持续发展》，中国环境科学出版社 2000 年版。

[82] 姜文来：《水资源价值论》，科学出版社 1998 年版。

[83] 金吾伦：《必须划清科学与技术的界限》，载于《科技日报》
2000 年 12 月 15 日。

[84] 金速：《辽宁省地下水硝酸盐污染成分析及其防治对策探讨》，
载于《辽宁地质》1997 年第 4 期。

[85] 景梅芳：《世界转基因作物种植状况及安全问题》，载于《中国
饲料》2001 年第 20 期。

[86] 克拉潘：《现代英国经济史（下卷）》，商务印书馆 1977 年版。

[87] 科林·麦克伊侣迪、理查德·琼斯：《世界人口历史图集》，陈
海宏、刘文涛译，东方出版社 1992 年版。

[88] 科特切特柯夫：《在〈国际发展规划〉国际讲座会上的报告》，
载于《国外科技政策与管理》1989 年第 1 期。

[89] 孔宪铎：《从绿色革命到基因革命（上）》，载于《农村实用工
程技术（农业产业化）》2004 年第 5 期。

[90] 雷加富：《新时期林业的战略性转变》，载于《中国林业》2002
年第 9 期。

[91] 李嘉图：《政治经济学及赋税原理》，商务印书馆 1962 年版。

[92] 李尚义：《新的农业科技革命的历史背景和内涵》，载于《安徽
农学通报》1995 年第 1 期。

[93] 李忠德、吕善勇、王磊等：《对新的农业科技革命几个问题的认
识》，载于《山东农业科学》1998 年第 4 期。

[94] 李灿辉等：《论马铃薯的文化意义和社会影响》，载于《云南师

范大学学报》2002年第3期。

［95］李中清、王丰：《人类的四分之一：马尔萨斯神话与中国的现实（1700－2000）》，三联书店2000年版。

［96］李文治：《中国近代农业史资料（第一辑）》，上海古籍出版社1953年版。

［97］李治民、徐小青：《中国农业生产方式与美国的比较》，中国农业科技信息网2004年4月7日。

［98］李欣、朱立宏：《粳稻矮生性的遗传研究》，载于《南京农业学院学报》1982年第3期。

［99］李晓岑：《关于玉米是否为中国本土原产作物的问题》，载于《中国农史》2000年第4期。

［100］梁方仲：《中国历代户口、田地、田赋统计》，上海人民出版社1980年版。

［101］梁瑞驹：《中国的水问题》，http：//www.cws.net.cn/CWSNews/newshtm/y001108－2.htm，2002年5月10日。

［102］刘秉华、杨丽：《矮败小麦及其在矮化育种中的应用》，载于《中国农业科学》1994年第5期。

［103］刘昌明、何希吾等：《中国21世纪水问题方略》，科学出版社1998年版。

［104］刘长岭：《抗除草剂作物对杂草科学的影响》，载于《农药科学与管理》2000年第4期。

［105］刘旭：《农业生物技术与生物安全的现状及对策》，http：//lcgz.caas.net.cn/paper，2001年9月28日。

［106］刘大椿：《科学技术哲学导论》，中国人民大学出版社2000年版。

［107］L.S.斯塔夫理阿诺斯（L.S.Stavrianos）：《世界通史》，吴象婴，梁赤民译，上海社会科学院出版社1999年版。

［108］刘婷：《美洲农作物与中国饮食文化》，收录于黄邦和、萨那、林被甸：《通向现代世界的500年》，北京大学出版社1994年版。

［109］刘翔：《现代农业科技革命与肥料技术》，载于《吉林农业科学》2000年第1期。

[110] 刘旭：《作物种质资源与农业科技革命》，载于《中国农业科技导报》1999 年第 2 期。

[111] 龙期泰：《论我国的水环境》，载于《科技导报》1989 年第 2 期。

[112] 李醒民：《简论凯德洛夫的科学革命观》，载于《自然辩证法通讯》1984 年第 1 期。

[113] 李醒民：《科学无禁区》，载于《科学时报》2002 年 7 月 19 日。

[114] 卢茨：《中国教会大学史 1850—1950》，曾钜生译，浙江教育出版社 1988 年版。

[115] 卢良恕：《21 世纪我国农业科学技术发展趋势与展望》，载于《中国农业科学》1998 年第 2 期。

[116] 卢永根、曾世雄、李镇邦等：《我国早籼稻矮生性基因源的表型表现和遗传传递的研究》，载于《遗传学报》1979 年第 3 期。

[117] 路遇、腾泽之：《中国人口通史》，山东人民出版社 2000 年版。

[118] 路遇：《清代和民国山东移民东北史略》，上海社会科学院出版社 1987 年版。

[119] 卢新雄、曹永生：《作物种质资源保存现状及发展方向》，http://icgr. caas. net. cn/paper/作物种质资源保存现状及发展方向 . html。

[120] 罗伯特·梅爵士：《基因改良食品：事实、担忧政策和公众的信心》，载于《生物技术通讯》1999 年第 3 期。

[121] 罗尔纲：《玉蜀黍传入中国》，载于《历史研究》1956 年第 3 期。

[122] 罗荣渠：《中国与拉丁美洲的历史联系（16 世纪末至 19 世纪初）》，载于《北京大学学报》1986 年第 2 期。

[123] 罗素：《宗教与科学》，收录于吴晓明：《科学与社会》，上海远东出版社 1995 年版。

[124] 马克垚：《中西封建社会比较研究》，学林出版社 1997 年版。

[125]《美国人口钟显示全球人口已达 60 亿》，载于《北京青年报》1999 年 7 月 21 日。

[126] 美国国务院环境质量委员会：《公元 2000 年的地球研究》，载于《国外科技动态》1981 年第 3 期。

[127]［美］斯塔夫里阿诺斯：《全球通史——1500 年以后的世界》，吴象婴、梁赤民译，上海社科出版社 1992 年版。

[128]［美］保罗·肯尼迪：《大国的兴衰——1500－2000 年的经济变迁与军事冲突》，王保存等译，求实出版社 1988 年版。

[129] 梅方权：《源头活水——资源、环境和人类的再生之路》，东北林业大学出版社 1996 年版。

[130] 孟庆琳、蒋景媛：《生产力经济分析》，黑龙江人民出版社 2001 年版。

[131] 孟庆琳、王朗玲：《"绿色生产力"是制度约束的生产力》，载于《生产力研究》2002 年第 6 期。

[132] 孟凡华、福德平：《北京地区小麦品种更换与产量组分的演变》，载于《种子》2000 年第 4 期。

[133] 闵绍楷、申宗坦、熊振民：《水稻育种学》，农业出版社 1996 年版。

[134]［美］牟复礼、［英］崔瑞德：《剑桥中国明代史》，中国社会科学出版社 1980 年版。

[135] 农贵新、何静：《试论新世纪我国的农业科技革命》，载于《河北学刊》2000 年第 2 期。

[136] 牛若峰：《几个国家发展农业生产的途径和措施》，载于《经济学动态》1962 年第 22 期。

[137] 牛若峰：《农业经济和宏观问题研究——我的学术实践、观点和方法》，中国科学技术出版社 1993 年版。

[138] 帕·平斯拉普·安德森、爱博·熊勒：《有争议的种子》，赵芝俊、李芸、李锐译，中国农业出版社 2001 年版。

[139] 潘简良、蔡笃康：《各省小麦改良种推广近况》，载于《农报》，1947 年，第 8 卷，1～6 期合刊．

[140] 钱学森：《社会主义现代化建设的科学和系统工程》，中共党校出版社 1987 年版。

[141] 钱学森：《九十年代科技发展与中国现代化》，湖南科学技术出版社 1991 年版。

[142] 钱学敏：《科技革命与社会革命——学习钱学森有关思想的心得》，载于《哲学研究》1993 年第 12 期。

[143] 钱迎倩、马克平：《经遗传修饰生物体的研究进展及其释放后对环境的影响》，载于《生态学报》1998 年第 1 期。

[144] 曲格平：《环境保护知识读本》，红旗出版社 1999 年版。

[145] R. 卡逊：《寂静的春天》，吕瑞兰译，科学出版社 1979 年版。

[146] 芮思娄：《金陵大学之改良小麦》，转引自郭文韬、曹隆恭：《中国近代农业科技史》，中国农业科技出版社 1989 年版。

[147] 桑新民：《技术—教育—人的发展》，载于《电化教育研究》1999 年第 2 期。

[148] 石川滋：《亚洲人眼光中的经济发展》，收录于费正清、刘广京：《剑桥中国晚清史（下卷）》，中国社会科学出版社 1993 年版。

[149] 沈志忠：《近代美国农业科技的引进及其影响评述》，载于《安徽史学》2003 年第 3 期。

[150] 沈孝宙：《基因污染》，载于《光明书评》2001 年 9 月 4 日。

[151] 沈宗瀚：《沈宗瀚自述·中年自述》，传记文学出版社 1984 年版。

[152] 石太林：《绿色革命与土地制度》，载于《北京行政学院学报》1999 年第 4 期。

[153] 史志宏：《摊丁入地的过程和各地实施中的特点》，载于《平准学刊》1989 年第 4 期。

[154] 施坚雅：《中国封建社会晚期城市研究——施坚雅模式》，辽宁教育出版社 1991 年版。

[155] 石元春：《新的农业科技革命与我国农业的发展》，载于《求是》1998 年第 3 期。

[156] 石元春：《中国农业发展的高技术战略》，载于《光明日报》2001 年 2 月 19 日。

[157] 斯塔夫理阿诺斯：《世界通史 第四编 欧亚大陆的中世纪文明 500－1500 年》，吴象婴、梁赤民译，上海社会科学院出版社 1992 年版。

[158] 宋健：《现代科学技术基础知识》，科学出版社 1994 年版。

[159] 速水佑次郎、弗农·拉坦：《农业发展的国际分析（修订扩充

版）》，中国社会科学出版社 2000 年版。

[160] 孙世民、冯毅：《新的农业科技革命的作用及对策》，载于《中国农业大学学报（社会科学版）》2001 年第 2 期。

[161] 孙彭力：《氮素化肥的环境污染》，载于《环境污染与防治》1995 年第 1 期。

[162] 孙毓棠、张寄谦：《清代的垦田与丁口的记录》，载于《清史论丛》1979 年第 1 期。

[163] 孙文俊：《世界面临的环境问题》，载于《国外科技动态》1987 年第 7 期。

[164] 孙培钧、刘创源：《南亚国家经济发展战略研究》，北京大学出版社 1990 年版。

[165] 孙义伟：《本世纪前五十年我国水稻育种的产生和发展》，载于《中国农史》1987 年第 3 期。

[166] T. H. 伏尔科夫：《科学社会学》，收录于夏禹龙：《科学学基础》，科学出版社 1983 年版。

[167] 汤因比：《历史研究》，上海人民出版社 1959 年版。

[168] 腾福星：《科技进步论》，吉林科学技术出版社 1995 年版。

[169] 托马斯·库恩：《科学革命的结构》，金吾伦、胡新和译，北京大学出版社 2003 年版。

[170] 万国鼎：《五谷史话》，中华书局 1961 年版。

[171] 王百江：《大力推进新的农业科技革命》，载于《安徽科技》1999 年第 1 期。

[172] 王俊峰：《中国能源·经济·环境（3E）协调发展的研究与政策选择》，中国社会科学院硕士学位论文，2000 年。

[173] 王志敏：《迈向新的绿色革命——全球粮食高产研究动向》，载于《中国农业科技导报》2004 年第 6 期。

[174] 王正藩等：《保护地球环境迫在眉睫》，载于《科技管理与成就》1989 年第 5 期。

[175] 王莹莹、周鸿：《农作物品种单一化的影响》，载于《云南环境科学》2001 年第 3 期。

[176] 王玉成、薛秀庄：《"矮变一号"小麦株高的单体分析》，载于《作物学报》1982 年第 8 期。

[177] 魏伟、钱迎倩、马克平：《转基因作物与其野生亲缘种间的基因流》，载于《植物学报》1999 年第 4 期。

[178] 邬沧萍：《世界人口》，中国人民大学出版社 1983 年版。

[179] 吴承明：《中国的现代化，市场与社会》，生活·读书·新知三联书店 2001 年版。

[180] 吴大猷：《必须划清科学与技术的界限》，载于《科技日报》2001 年 2 月 15 日。

[181] 吴大猷：《科学与科学发展》，远流出版社 1986 年版。

[182] 吴国盛：《边缘与中心之争》，载于《科学对社会的影响》2000 年第 4 期。

[183] 向安强：《中国玉米的早期栽培与引种》，载于《自然科学史研究》1995 年第 3 期。

[184] 小摩里斯·N. 李克特：《科学是一种文化过程》，顾昕等译，三联书店 1989 年版。

[185] 新华社：《绿色革命潜力将尽 农业转基因工程养活全球》，2003 年 11 月 4 日。

[186] 信乃铨：《农业科学研究要有一个超常规的发展》，载于《科技日报》1997 年 11 月 8 日。

[187] 信乃诠：《农业科技革命：过去与现在》，载于《海峡科技》1999 年第 9 期。

[188] 熊彼特·约瑟夫（Schumnpeter）：《经济发展理论》，商务印书馆 1990 年版。

[189] 徐茂军：《论基因工程技术对绿色食品产业的影响》，载于《科技进步与对策》2002 年第 2 期。

[190] 亚里士多德：《物理学》，商务印书馆 1982 年版。

[191] 阎树文：《土壤侵蚀与自然环境》，载于《科技导报》1989 年第 1 期。

[192] 杨洪祖、滕宗珍、以凡、马铃落：《中国农业百科全书·农作

物卷》，农业出版社 1991 年版。

［193］杨开忠：《一般可持续发展论（上）》，载于《中国人口资源与环境》1994 年第 1 期。

［194］杨玉林：《农业可持续发展与农业机械化》，中国农业大学博士学位论文，2001 年。

［195］杨景宇、王进仁：《农业机械化的一些情况》，载于《人民日报》1962 年 5 月 15 日。

［196］杨景厚：《耕作技术的创新、推广、竞争和中国发展农业的机遇（上）》，载于《国际技术经济研究》2003 年第 2 期。

［197］杨昌举：《标明特殊身份——转基因食品安全隐患与标签论争》，载于《国际贸易》2000 年第 7 期。

［198］杨崇良、李长松、王升吉：《农业转基因工程及其产品安全性检测研究现状》，载于《山东农业科学》2000 年第 5 期。

［199］姚红杰、郭平毅、王宏富：《抗除草剂转基因作物的潜在风险及其防范策略》，载于《中国农学通报》2001 年第 4 期。

［200］易炼红：《通向高效农业之路》，湖南教育出版社 1998 年版。

［201］游修龄：《玉米传入中国和亚洲的时间途径及其起源问题》，载于《古今农业》1989 年第 2 期。

［202］游修龄：《传统农业向现代农业转化的历史启发——中国与日本的比较》，载于《古今农业》1993 年第 1 期。

［203］袁隆平：《超级杂交水稻的现状与展望》，载于《粮食科技与经济》2003 年第 1 期。

［204］尹二苟：《〈马首农言〉中“回回山药”的名实考订——兼及山西马铃薯引种史的研究》，载于《中国农史》1995 年第 3 期。

［205］Yuan L. P.：《2000 年稻作展望——中国水稻研究所落成典礼暨稻作科学讨论会论文集》，中国水稻所 1996 年版。

［206］曾福生、罗峦：《世界农业科技革命的发展趋势》，载于《湖南农业科学》2003 年第 4 期。

［207］张建民：《明清农业垦殖论略》，载于《中国农史》1990 年第 4 期。

[208] 张华夏、张志林：《从科学与技术的划界来看技术哲学的研究纲领》，载于《自然辩证法研究》2000年第3期。

[209] 张东操：《"转基因食品是福还是祸"》，载于《中国青年报》2002年2月2日。

[210] 张屹、张士强：《农业基因工程与生态环境》，载于《生态经济》2000年第6期。

[211] 张秀娟：《转基因作物潜在风险分析》，载于《生物学通报》2002年第8期。

[212] 曾亚文：《作物基因资源在绿色革命中的作用探讨》，中国青年农业科学学术年报，2001年。

[213] 张乐天：《人民公社制度研究》，东方出版中心1998年版。

[214] 张箭：《论美洲粮食作物的传播》，载于《中国农史》2000年第3期。

[215] 张至警：《哥伦布航渡美洲——历史文献与现代研究》，商务印书馆1994年版。

[216] 张兴昌、卢宗凡：《陕北黄土丘陵坡耕地土壤肥力退化原因及其防治对策》，载于《水土保持研究》1996年第2期。

[217] 章有义：《中国近代农业史资料》（第二辑），三联书店1959年版。

[218] 郑有贵：《中国农业机械化改革的背景分析与理论反思，中国农村研究报告2000》，中国财政经济出版社2001年版。又见《中国共产党"三农"思想研究》，中国农业出版社2002年版。

[219] 张芝联等：《中英通使二百周年学术讨论会论文集》，中国社会科学出版社1996年版。

[220] 中国国情研究会：《中国国情大辞典》，中国国际广播出版社1991年版。

[221] 《中国大百科全书·哲学卷》，中国大百科全书出版社1987年版。

[222] 中国农业持续发展和综合生产力研究组：《中国农业持续发展和综合生产力研究》，山东科学技术出版社1995年版。

［223］中美农业技术合作团：《改进中国农业之途径——中美农业技术合作团报告书》，商务印书馆 1947 年版。

［224］周邦任、费旭：《中国近代高等农业教育史》，中国农业出版社 1994 年版。

［225］周拾禄：《三十年来中国稻作之改进》，载于《中国稻作》1948 年。

［226］朱希刚：《对新的农业科技革命的目标和内容的认识》，载于《科技日报》1998 年 1 月 3 日。

［227］朱干浩、王若海：《转基因植物研究新进展》，载于《世界农业》2000 年第 8 期。

［228］朱祯、刘翔：《转基因作物——恶魔还是救星》，载于《农业生物技术学报》2000 年第 1 期。

［229］朱守一：《生物安全与防止污染》，化学工业出版社 1999 年版。

［230］朱丽兰：《关于新的农业科技革命的几个问题》，http：//www. nercita. org. cn/kjlt/xny/gyx. htm。

［231］朱道华：《论农业机械化与精耕细作、提高单位面积产量的关系》，载于《光明日报》1963 年 9 月 16 日。

［232］朱济成：《关于地下水硝酸盐污染原因探讨》，载于《北京地质》1995 年。

［233］中国植被编辑委员会：《中国植被》，科学出版社 1980 年版。

［234］中国科学院《中国自然地理》编辑委员会：《中国自然地理（植物地理）》，科学出版社 1983 年版。

［235］中国国情研究会：《中国国情报告 1999》，中华工商联出版社 2000 年版。

［236］周永春、林琳、徐新来：《发展中的中国基因产业》，载于《中国科技论坛》2001 年第 3 期。

［237］周春平、殷荣：《英法农业革命比较》，载于《齐齐哈尔大学学报（哲学社会科学版)》2000 年第 1 期。

［238］竺可桢：《中国近五千年来气候变动的初步研究》，载于《中国科学》1973 年第 5 期。

［239］朱希刚：《对新的农业科技革命的目标和内容的认识》，载于《农业科技管理》1997 年第 10 期。

［240］朱勇：《新增长理论》，商务印书馆 1999 年版。

［241］邹德秀：《500 年科技文明与人文思潮》，科学出版社 2002年版。

［242］邹德秀：《世界农业科学技术史》，中国农业出版社 1995 年版。

［243］Baker，H. G，*Plants and Civilization*，California：Wadsworth Publishing Company，Belmont，1970：52.

［244］Butany W. T.，Bhattacharyya P. K. and Daiya L. R.，"Inheritance of Dwarf Character in Rice and Its Interrelationship with the Occurrence of Anthocyanin Pigment in Various Plant Parts"，*Indian J. Genet P*1. *Breed.*，1959，19（1）：64 – 72.

［245］C. S. Smith，G. T. McDonald，"Assessing the Sustainability at the Planning Stage"，*Journal of Environmental Management*，1998（2）：15.

［246］Conner A. J.，and Field R. J.，"Herbicide – resistant Crops：A New Approach to an Old Problem or a Radical New Tool?" In：McLean G. D. and Evans G.，eds.，*Herbicide Resistant Crops and Pastures in Australian Farming Systems*，Canberra，Australia：Bureau of Resource Sciences，1995：53 – 71.

［247］Conner A. J.，"Genetically Engineered Crops"，*Environmental and Food Safety Issues*，The Royal Society of New Zealand，Miscellaneous Series，1997（39）：1 – 34.

［248］Crosby，A. W，*The Columbian Exchange：Biological and Cutural Consequences of* 1492，Connecticut：Greenwood Press，1975：187.

［249］C. B. Cox，P. D. Moore，Biogeography，*An Ecological and Evolutionary Approach*，3rd ed.，Blackwell，Oxford，1980.

［250］Chiappelli Fredi，J. B. Allen，R. L. Benson，*The Frist Images of America*，Berkeley，1976，Ⅱ：854.

［251］Donald Ugent，*Potato*，*Encyclopedia Americana*，1976，22：467.

［252］Dunkle. R. L.，"Big or Small—All Farmers Gain from Research"，*Agric. Res.*，1997（2）.

[253] Dalrymple, D. G. , "Development and Spread of High Yielding Varieties of Wheat and Rice in Less Developed Nation", USDA – OICD Foreign Agric. Economics Rep. NO. 95 U. S. Gov. Print. Office, Washington, D. C. 1978.

[254] D. J. de S. Price, "Science, Technology and the Development of the Transistor", in: Barry Barnes & David Edge ed. , *Science in Context*, Massachusetts: MIT Press, 1982: 164 – 176.

[255] Dale P. J. , "The Release of Transgenic Plants into Agriculture", *J. Agric. Sci. Camb.* , 1993 (120): 1 – 5.

[256] De Wet J. M. J. , Harlan J. R. , "Weeds and Domesticates: Evolution in the Marr Made Habitat", *Econ. Hot.* , 1975 (29): 99 – 107.

[257] Ellstrand N. C. , "When Transgenes Wander, Should We Worry?" *Plant Physiol.* , 2001 (125): 1543 – 1545.

[258] E. C. Pielou, *Biogeography*, John Wiley & Sons, New York, 1979.

[259] E. D. Merrill, The Phytogeography of Cultivated Plants in Relation to the Assuned Pre – Columbian, Eurasian – American Contacts, *American Anthropologist*, 1931, 33.

[260] E. E. Rich, C. H. Wilson, *The Cambridge Economic History of Europe*, Vol. IV, Cambridge, 1980: 285, 276.

[261] F. Kuhnen, Sustainability, "Regional Development and Marginal Locations", *Applied Geography and Development*, 1992 (4): 101.

[262] FALK B. W. , Bruening G. , "Will Transgenic Crops Generate New Viruses and New Diseases?", *Science*, 1994 (263): 1395 – 1396.

[263] Greenberg J. , Baron R. A. , *Behavior in Organizations*. NJ: Prentice – Hall, Inc. , 1995.

[264] Guilford, J. P. , "Creativity", *American Psychologist*, 1950, 5, 444 – 454.

[265] Gaskell G. , Bauer M. W. , Durant J. , Allum N. C. , "Worlds Apart? The Reception of Genetically Modified Foods in Europe and the US", *Science*, 1999 (285): 38 – 387.

［266］G. Areiniegm, *America in Europe*, *A History of the New World in Reverse*, New York, 1975, 266.

［267］Harris P. M. , *The Potato Crop* (2nd Edition), London, 1982.

［268］Huang, Ray, *Taxation and Governmental Finance in Sixteenth - Century Ming China*, Cambridge: Cambridge University Press, 1974, 112 - 133.

［269］Hughes M. S. and Hughes E. T. , In Pursuit of the Cultural and Social Influence of the Potato, APA Proceedings, Kunming, 1988: 20 - 36.

［270］Harlan J. R. , "Genetic Resources in Wild Relatives of Crops", *Crol Sci.* , 1976, 16, 329 - 333.

［271］Harlan J. R. , "Crops and Man", in: Madison ed. , W1: *American Society of Agronomy and Crop Science Society of America*, 1992.

［272］Harlan J. R. , and de Wet J. M. J. , "The Compilo Species Concept", *Evolution*, 1963 (17): 497 - 501.

［273］H. H. Love and John H. Reisner, *The Cornell - Nanking Story*, Ithaca, New York: New York State College of Agriculture, 1964: 46.

［274］Hulin, C. , Roznowski, M. and Hachiya, D. , "Alternative Opportunities and Withdrawal Decision: Empirical and Theoretical Discrepancies and an Integration, *Psychological Bulletin*, 1985, 97 (2): 233 - 250.

［275］Hicks, J. R. *The Theory of Wages*. London: Macmillan & Co. Ltd. , 1963.

［276］H. A. Simon, *The Science of the Artificial*, Cambridge, Mass: MIT Press, 1981, 5: 132.

［277］Hulin, C. L. , Roznowski, M. , Organizational Technologies: Effects on Organizations' Characteristics and Individuals Responses. In L. L. Cummings & B. M. Staw (eds.), *Research in Organizational Behavior*, Greenwich, CT: JAI Press, 1985: 39 - 86.

［278］ISAAA, Briefs No. 32 - 2004: Executive Summary, 2004 - 11 - 30, http: //www. isaaa. org/kc/bin/ESummary/index. htm.

［279］IRRI, "Earth into the Next Millennium", *China - IRRI Dialogue*,

7 – 8 November, 1997: 1 – 20.

[280] John B. Braden, *Measuring the Demand for Environmental Quality*, North – Holland, 1991.

[281] James C. , *Global Review of Commercialized Transgenic Crops*, ISAAA Brief, ISAAA: Ithaca. NY. 1999: 12.

[282] James C. , World Wide Deployment of GM Crops: Aims and Results – state of the Art. In: Discourse on Genetically Modified Plants, Bad Neuenahr, Germany, 2002 – 04 – 19.

[283] J. Barraclouh, *The Times Atlas of World History*, London, 1979, 38 – 39: 178.

[284] Jacques Barrau, Plants and the Migrations of Pacific Peoples: A Symposium Honolulu, 1963.

[285] J. Dales, New Directions for Sustainable Development, UNDP, 1998: 56.

[286] John Melolam, Sweet Potato, *Encyclopedia Americana*, 26: 124.

[287] Konzak C. F. , "Evaluation and Genetic Analysis of Semi-dwarf Mutants of Wheat", in IAES – TECDOC 268. Int. Atomic Energy Agency, Vienna, Austria, A. J. Worland Euphytica. 1982, 35: 857 – 866.

[288] Kloppenburg, J. K. , *First the Seed: The Political Economy of Plant Biotechnology* 1492 – 2000. Cambridge: Cambridge University Press, 1988.

[289] K. Kornwachs, *A Formal Theory of Technology*, PHIL&TECH 4: 1 Fall, 1998: 54.

[290] Leshan Jin, Warren Young, "Water Use in Agriculture in China: Importance, Challenges, and Implications for Policy", *Water Policy*, 2001 (3).

[291] McEvedy, Colin and Richard Jones, *Atlas of Word Population History*, New York: Penguin Book, 1979: 170 – 174.

[292] L. S. Stavrianos, *The World to* 1500: *A Global History*, New Jersey, 1988: 24 – 25.

[293] Laufer B. , The American Plant Migration, Part I, Potato, Field Museum of Natural History, Vol. XXVIII, Chicago, 1938.

[294] Meadows D. H. et al. , *The Limits to Growth*. New York; Univers. Books, 1972.

[295] M. Gibbons & C. Johnson, Science, Technology and the Development of the Transistor, *Science in Context*, ed. by Barry Barnes & David Edge, Massachusetts: MIT Press, 1982: 183.

[296] McEvedy, etc. , *Atlas of Word Population History*, New York: Penguin Book, 1979: 170 – 174.

[297] McAlister, McAlister, L. N. , *Spain and Portugal in the New World*, 1492—1700, Minneapolis: University of Minnesota Press, 1984: 469.

[298] M. Munasingha, W. Shearer, *An Introduction to the Defining and Measuring Sustainability*, New York: The Bio – geophysical Foundations, 1996: 19.

[299] M. Munasingha, J. Mcmeely, *Key Concepts and Technology of Sustainable Development*, New York: The Bio – geophysical Foundations, 1998, 56.

[300] Nordee J. , "Identification of a Brazil – nut Allergen in Transgenic Soybean", *The New England J Medic*, 1996 (334): 688 –692.

[301] Marx W. Wartofsky, *Conceptual Foundations of Scientific Thought: An Introduction to the Philosophy of Science*, New York: The Macmillan Company, 1968: 123.

[302] P. Kroes, M. Bakker, *Technological Development and Science in the Industrial Age*, Kluwer Academic Publisher, 1992: 20 – 21, 236.

[303] P. Kores, Technological Explanations: The Relation Between Structure and Function of Technological Objects, PHIL & TECH 3: 3 Spring 1998.

[304] PABE, *Public Perceptions of Agricultural Biotechnologies in Europe, Final report of the PABE Research Project*, Lancaster, UK: Lancaster University, 2001: 113.

[305] Paul Kennedy, *The Rise and Fall of the Great Powers —Economic Change and Military Conflict From* 1500 *to* 2000, Random House, New York, 1987.

[306] Potato, "Encyclopedia Britannica", *Micropedia*, 1974, 8: 156.

[307] Ramiah K. M. Sc et al. , "Inheritance of Height of Plant in Rice", *Indian Jour*, *Agri Sci*, 1933 (3): 411 –413.

[308] Rachel Carson, SILENT S Meadows D. H. et al. , *The Limits to Growth*, New York: Univers. Books, 1972; Boston: Pring Houghton Mifflin company, 1962.

[309] Romer, "Endogenous Technological Change", *Journal of Political Economy*, 1998 (5).

[310] Reader J. , *Man on Earth*, London, 1988.

[311] R. Good, *The Geography of the Flowering Plants*, 4th ed. , Longman, London, 1974.

[312] Schumpeter, J. A. , *Capitalism*, *Socialism and Democracy*, London: Allen and Unwin, 1952.

[313] Salaman R. , *The History and Social Influence of the Potato*, Cambridge, 1985.

[314] S. A. Heady, "Science, Technology and Future Sustainability", *Futures*, 1995 (1): 1.

[315] S. Richards, *Philosophy and Sociology of Science*, Basil Blackwell, 1985: 126.

[316] Teng P. S. et al. , "Pest Management Research into the Next Millennium", *China – IRRI Dialogue*, 1997 (9): 1 –20.

[317] Thomas S. Kuhn, *The Structure of Scientific Revolution*, First edition and Second edition, enlarged, Chicago: The University of Chicago Press, 1962, 1970.

[318] *World Commission on Environment and Development*, *Our Common Future*, Oxford: Oxford University Press, 1987.

[319] W. Rostow, *The Word Economic*, London, 1973: 52.

[320] W. H. Newton – Smith, *A Comparison to Philosophy of Science*, Blockwell Press, 1999.

[321] Wang, Yeh – chien, *Land Taxation in Imperial China*, 1750 –

1911, Cambridge, Mass. : Harvard University Press, 1973: 20 – 66.

[322] W. D. Phillipa Jr. , C. R. , Phillips, *The World of Christopher Columbus*, 1980, 266.

[323] Woodham Smith C. , *The Great Hunger: Ireland* 1845 – 1849, New York, 1962.

[324] Woolfe J. , *The Potato in the Human Diet*, Cambridge, 1987.

[325] Ziman, *The Force of Knowledge*, Cambridge University Press, 1976.

后　　记

　　本书是在我 2005 年完成的博士论文基础上，略有改动完成的，基本保持了原来研究原貌。历经十余年变化，个人感觉本书对农业科技规律发展研究仍有一定意义。本书是在我尊敬的导师刘旭先生的悉心指导下完成的，三年来先生谆谆教诲，予我学术，教我做人。从本书的最初构思到最后定稿，无不凝聚着先生的心血。先生坦荡宽容的胸怀、严谨务实的治学态度、宏远缜密的学术思路、渊源博深的知识积累，通过一言一行深深影响着我。若谈及先生在生活方面所给予的关怀和启示，绝非终身受益所能言及的。对先生的感激之情，远不是言语所能表达的，但在本书出版之际，仍愿借机向先生致以最诚挚的谢意。

　　在这里还要特别感谢另一位尊敬的导师钱克明研究员。在我 2002 年准备报考农业经济管理专业博士时，没有方向的我四处了解咨询，但一直也决定不了人生方向，是钱老师在百忙之中的接待和亲切平易的谈话，坚定了我从事农业经济研究的决心和信心，毅然报考中国农业科学院农业经济研究所（以下简称"农经所"）博士。可以说，是钱老师把我领进了农经所这座高水平研究殿堂。在农经所攻读博士的三年时间里，我时刻能感受到钱老师在学习、生活和学术上对我的巨大帮助和影响。钱老师在工作非常繁忙的情况下，教我做人，予我学术，他的谆谆教导使我的学业得以完成，对于他的教诲我终生难忘。

　　在研究过程中，有幸得到了中国历史博物馆农业历史研究所曹幸穗研究员，南京农业大学王思明教授，中国人民大学孔祥智教授，中国农业大学辛贤教授，中国农业科学院农业经济研究所李先德研究员、吴敬学研究员、任爱胜研究员、李宁辉研究员等先生们的指导和教诲。三年的博士生活，得到了中国农业科学院农业经济研究所的许健民博士、孙东升博士、朱立志博士、李锁平研究员、栾春荣主任、杨慧芬处长、高琼瑶副研究员、靳淑平高级会计师，以及原文献中心的许世卫研究员、孙君茂博士等多位老师的热情帮助和教导。

原农经所218室作为一个温暖的集体，李澜、于爱芝、王明利、郑海霞等诸位博士后和张银定等博士在学习和生活中给予了我许多帮助，他们在本书的设计和写作过程中提出了十分中肯的建议，特向他们表示衷心的感谢。我一届入学的师兄柴建芳博士、师姐秘彩丽博士、南京农业大学的王宝卿博士、曹铃博士、封铃博士、施威博士、郑林博士、朱红启博士等学友，中国农业科学院博士班的李小军、杨敬华、钱贵霞、何忠伟、刘芳、梁子谦、纪绍勤、李本军、李莹星、王向阳、王卫中、温阳、田亚东、郝转芳、王宏庭、徐兆师、王克如、卢艳丽、赵光耀、蒋卫杰等同学都给予了我热情的关心和帮助，结下了深厚的友谊。

在撰写本书的三年时间里，尤其要感谢时任南京农业大学农学院副院长万建民教授和中国农业遗产研究室的各位老师，他们为我的研究提供了大量的帮助。王思明教授开阔的思路，惠富平教授扎实的研究基本功，张芳教授的细致、严谨都给我带来了巨大的影响。另外，沈志忠博士、曾京京博士、李群博士、夏如冰博士、杨坚博士和资料室的王金祥老师为我的研究都提供了有益的帮助，在此向他们表示深深的谢意。

感谢我的硕士导师赵邦宏教授，他的鼓励使我在学术研究方面有了继续前行的勇气。

最后，感谢我的父母与家人，感谢我的爱人和可爱的女儿，他们的支持和关爱是我自强不息的动力和源泉。

王秀东

2018 年 12 月

图书在版编目（CIP）数据

可持续发展框架下我国农业科技革命研究／王秀东著．
—北京：经济科学出版社，2018. 12
（"三农"若干问题研究系列）
ISBN 978 - 7 - 5218 - 0106 - 4

Ⅰ.①可…　Ⅱ.①王…　Ⅲ.①农业技术－技术革新－
可持续性发展－研究－中国　Ⅳ.①F323. 3

中国版本图书馆 CIP 数据核字（2018）第 292220 号

责任编辑：齐伟娜　初少磊
责任校对：王肖楠
责任印制：李　鹏

可持续发展框架下我国农业科技革命研究
王秀东　著
经济科学出版社出版、发行　新华书店经销
社址：北京市海淀区阜成路甲 28 号　邮编：100142
总编部电话：010 - 88191217　发行部电话：010 - 88191540
网址：www. esp. com. cn
电子邮箱：esp@ esp. com. cn
天猫网店：经济科学出版社旗舰店
网址：http://jjkxcbs. tmall. com
北京季蜂印刷有限公司印装
710 × 1000　16 开　22 印张　320000 字
2019 年 7 月第 1 版　2019 年 7 月第 1 次印刷
ISBN 978 - 7 - 5218 - 0106 - 4　定价：65. 00 元
（图书出现印装问题，本社负责调换。电话：010 - 88191510）
（版权所有　侵权必究　打击盗版　举报热线：010 - 88191661
QQ：2242791300　营销中心电话：010 - 88191537
电子邮箱：dbts@ esp. com. cn）